OBJECTIF AVENTURE

IRLANDE

Objectif Irlande

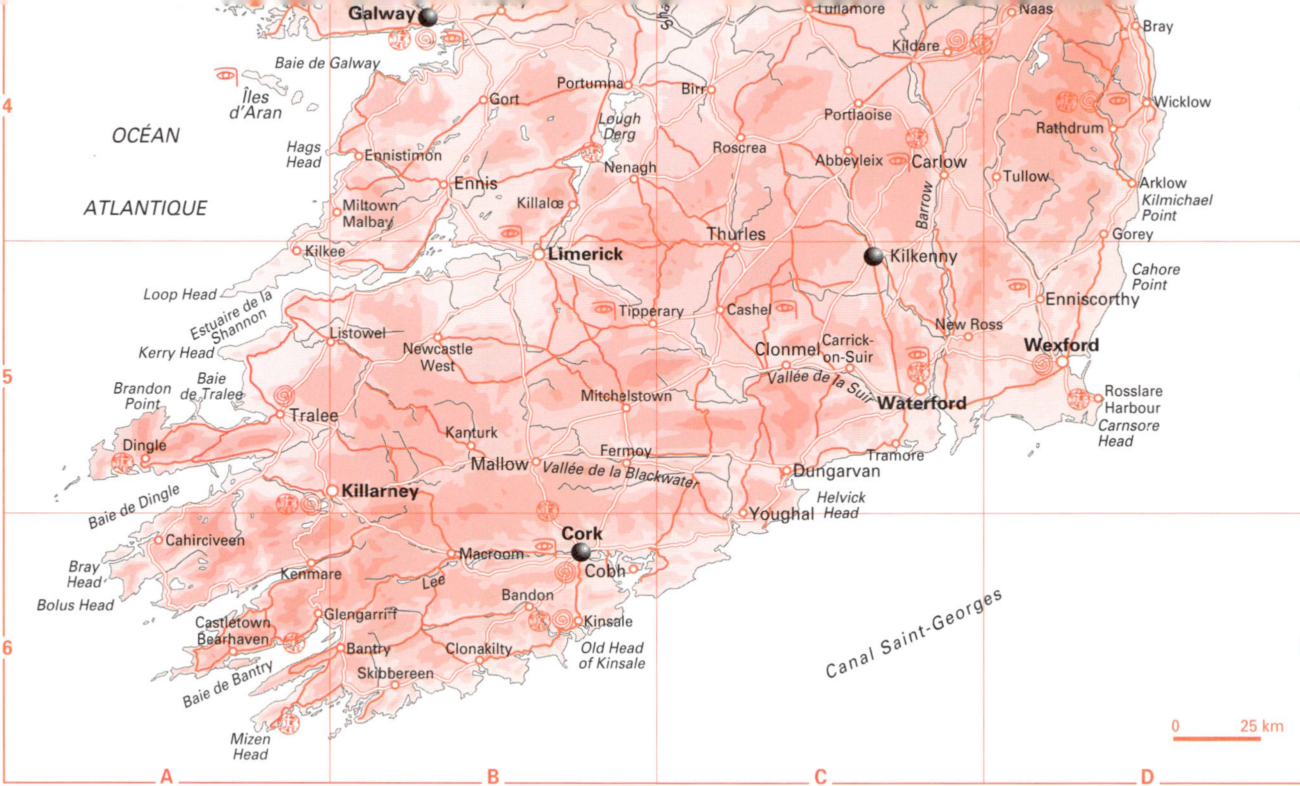
Galway
Baie de Galway
Îles d'Aran
OCÉAN
ATLANTIQUE
Hags Head
Ennistimon
Ennis
Miltown Malbay
Kilkee
Loop Head
Estuaire de la Shannon
Kerry Head
Brandon Point
Baie de Tralee
Tralee
Dingle
Baie de Dingle
Cahirciveen
Bray Head
Bolus Head
Castletown Bearhaven
Baie de Bantry
Mizen Head
Gort
Portumna
Lough Derg
Killaloe
Nenagh
Limerick
Listowel
Newcastle West
Kanturk
Mallow
Killarney
Kenmare
Glengarriff
Bantry
Skibbereen
Clonakilty
Macroom
Lee
Bandon
Kinsale
Old Head of Kinsale
Cork
Cobh
Vallée de la Blackwater
Fermoy
Mitchelstown
Tipperary
Birr
Roscrea
Thurles
Cashel
Clonmel
Carrick-on-Suir
Vallée de la Suir
Dungarvan
Youghal
Helvick Head
Tramore
Waterford
Tullamore
Portlaoise
Abbeyleix
Kilkenny
Kildare
Carlow
Barrow
New Ross
Naas
Tullow
Rathdrum
Bray
Wicklow
Arklow
Kilmichael Point
Gorey
Cahore Point
Enniscorthy
Wexford
Rosslare Harbour
Carnsore Head
Canal Saint-Georges
0 25 km
4
5
6
A
B
C
D

Mise en pages : PFC-Préface, Dole

Cartographie : Édigraphie, Rouen

Les erreurs ou omissions qui auraient pu subsister dans ce guide malgré nos soins et les contrôles de l'équipe de rédaction, de même que les modifications d'ordre tarifaire, téléphonique, etc., ne sauraient engager la responsabilité de l'éditeur.

26, rue Racine
75278 Paris Cedex 06

ISBN : 2-7003-2865-5
ISSN : 0982-6769

OBJECTIF

IRLANDE

AVENTURE

SUZAN MCCRANN

GUIDES
ARTHAUD

Sommaire

Faire pour être acteur de votre propre voyage

Vivre pour rencontrer l'Irlande vivante et authentique

Voir pour rencontrer l'Irlande historique et archéologique

ENCADRÉS

CARTES

OBJECTIF IRLANDE

Le bout du monde est à une heure et demie de vol de la France : l'Irlande, dernière terre d'Europe. Cette île, où le ciel semble plus près de la terre que partout ailleurs, est enchâssée comme un joyau dans une superbe couronne de côtes ciselées. Baignées par l'éblouissante lumière du Nord, dotées d'un climat aux changements légendaires, ces côtes de plus de 5 000 km sont fouettées par les mers déchaînées qui les ont façonnées.

Faire Vivre Voir

IRLANDE, TERRE D'AVENTURE

Si, en ville, la campagne n'est jamais bien loin, aucun point du pays ne se situe à plus de 96 km de la mer. L'Irlande est la véritable patrie de tous les sports nautiques et de la pêche, mais aussi du golf et du cheval. À l'intérieur du pays, un important réseau de voies fluviales s'offre à la découverte à bord de yachts de croisière, de voiliers et de péniches.

Sports nautiques

Sans extrêmes, le climat irlandais, doux et tempéré, convient à tous les sports aquatiques. Entre les côtes sauvages et les sublimes plages balayées par les vents de l'Atlantique, celles plus douces de la mer d'Irlande ou les lacs et rivières de l'intérieur du pays, les amateurs n'ont que l'embarras du choix.

Canoë

Les pratiquants de tout niveau peuvent exercer toute l'année sur les rivières irlandaises, mais c'est en hiver, en période de hautes eaux, que l'aventure devient la plus excitante. La Liffey, qui traverse les comtés de Kildare et de Dublin avant de se jeter dans la baie de Dublin, et la Barrow, qui s'écoule à travers les comtés de Kildare, Carlow et Kilkenny jusqu'à Waterford, sont les principaux sites du pays. D'autres cours d'eau, comme la Lee, la Blackwater ou la Shannon, pour le canoë sur lac, offrent des moments inoubliables. En été, canoë en mer, courses sprint et marathon sur les côtes atlantique nord, ouest et sud-ouest séduiront canoéistes marins et « surf canoéistes ». La descente de la Liffey, événement de l'année du canoë irlandais, se déroule tous les mois de septembre près de Dublin. Cette épreuve attire les meilleurs pagayeurs internationaux pour une démonstration spectaculaire d'endurance, de force et de courage.

Planche à voile

Toutes les conditions sont réunies pour pratiquer la planche à voile, sport très populaire depuis quelques années en Irlande, aussi bien sur la côte que sur les lacs et les rivières. Les véliplanchistes expérimentés iront défier la houle et chercher la diversité sur les plages de l'Atlantique de l'ouest et du sud-ouest. Rosslare, point d'arrivée des ferries d'Angleterre et de France, est un spot idéal. Les citadins ont la possibilité de surfer en ville tout près de Dublin, à Malahide au nord ou en pleine ville sur le Grand Canal Dock.

Plongée

Le climat, la position géographique et le littoral découpé du pays sont autant de signes prometteurs d'une vie aquatique intense. Les plongeurs ne seront pas déçus, car les eaux des côtes d'Irlande tiennent toutes leurs promesses : visibilité sous-marine d'environ 12 m le long des côtes atlantiques et diversité exceptionnelle de la flore et de la faune. Les côtes des comtés de Cork et de Kerry, au sud et au sud-ouest, réunissent des conditions idéales pour la plongée, tout comme Mayo et Galway à l'ouest et Donegal au nord. Les centres de plongée de l'Est et du Sud-Est sont à Wexford, Waterford et Dublin. La saison se déroule de mars à octobre.

Ski nautique

Du nord au sud, les possibilités de ski nautique sont nombreuses et les clubs se sont développés un peu partout dans le pays. Les sportifs débutants ou accomplis y sont les bienvenus. Au nord, le centre de Lough Muckno propose enseignement et compétitions. À Macroom, sur la Lee, site national officiel pour skieurs handicapés, la saison s'étend d'avril à octobre. Plus près de Dublin, à Ballymore Eustace, et sur les lacs de Blessington, dans le comté de Wicklow, le skieur bénéficie d'excellentes prestations dans un cadre magnifique.

Surf

L'Irlande comme destination de surf est un secret bien gardé, mais le pays qui a accueilli les championnats européens de surf à plusieurs reprises est le rendez-vous des passionnés de grande houle. Les meilleurs spots de surf sont situés au nord du pays, autour des côtes du Donegal avec vagues de l'ouest et

L'Irlande au fil de l'eau

Au pays des 800 lacs, paradis du pêcheur, les rivières se jettent dans une mer aussi riche que vivante, univers d'aventure pour la voile, le ski nautique, la plongée, le surf et la planche à voile.

du nord. Rossnowlagh, dans le sud du comté, est le fief du plus grand club de surf national. Plus au sud, les plages d'Enniscrone, Easkey et Strandhill, dans le comté de Sligo, sont des spots exceptionnels. Le surfeur trouvera encore son bonheur au large du comté de Clare ou du Kerry, sur la côte ouest, et à Waterford ou à Rosslare, sur la côte sud.

Voile

Du yacht de luxe à l'embarcation la plus simple, tous les bateaux peuvent se louer en Irlande, avec ou sans équipage. Cork est la capitale de la voile avec une centaine de clubs, dont le plus ancien du monde, le Royal Cork Yacht Club, à Crosshaven, fondé en 1720. Howth et Malahide, au nord, et Dun Laoghaire, au sud de Dublin, sont des ports de plaisance animés qui offrent des mouillages très agréables tout près de la capitale. Régates et courses côtières s'y déroulent de mai à la mi-juillet et se poursuivent sur la côte ouest jusqu'en août. Dans le Nord, là où l'Écosse se dessine à l'horizon, Belfast Lough, avec Carlingford et les îles de Strangford Lough, est un havre de navigation tranquille. Pour les loups de mer, il est possible de vivre l'expérience authentique de la voile traditionnelle en louant une hourque de Galway à Cashel.

La grande dame d'Irlande, la « rivière » Shannon

Le fleuve le plus long des îles britanniques est navigable sur plus de 200 km. La descente de la majestueuse Shannon, qui doit son nom à l'une des petites-filles du roi Lir, se fait à 10 km/h, au cœur des régions centrales jusqu'à Limerick. Voiliers et yachts de croisière se rencontrent sur les mers intérieures que sont les lacs principaux Lough Ree et Lough Derg, constellés de mystérieuses îles désertes. Carrick-on-Shannon, l'une des principales bases d'embarquement des croisières sur la Shannon, permet aussi d'accéder à la voie navigable Shannon-Erne, véritable labyrinthe de rivières et de lacs de 63 km de long. Rouverte en 1994, cette voie permet la navigation entre les deux voies fluviales principales d'Irlande, la Shannon et l'Erne.

L'autre grand réseau, moins fréquenté, suit un cours plus paisible. Le Grand Canal, qui rejoint la Shannon à Shannon Harbour, part de Dublin ; à 132 km à l'est, un bras du canal rejoint la Barrow, moins connue, vers le sud, traversant la région la plus ensoleillée du pays jusqu'à Waterford.

L'île de toutes les pêches

L'Irlande s'est taillé une réputation bien méritée de paradis du pêcheur, avec une proportion terre/eau de 1 pour 35, parsemée de centaines de lacs et quadrillée de 14 000 km de fleuves et de rivières. Moins connues que la pêche en eau douce, la pêche en haute mer dans les épaves submergées ou la pêche au requin bleu ont de plus en plus de succès.

Le saumon de printemps

On peut pêcher le saumon de printemps partout en Irlande. La pêche au saumon de l'Atlantique (saumon irlandais ou encore saumon de printemps) se fait à la mouche, dès le mois de janvier dans certaines rivières, comme la Drownes qui se jette dans la baie de Donegal, mais aussi dès le mois de mars sur certains lacs comme le Lough Beltra, près de Newport, dans le comté de Mayo. Les saumons des lacs ont des repaires connus, comme le Lough Furnace, dans ce même comté.

Toujours dans le Mayo, c'est à partir de juin, dans l'environnement spectaculaire de la pêcherie de Delphi, que les montées de grilses, saumons qui ont passé un hiver en mer, offrent les meilleures chances de prises au pêcheur.

La truite

L'Irlande est l'un des rares pays d'Europe où le pêcheur puisse prendre la truite sauvage à la mouche. La pêche est bonne dès le mois d'avril et jusqu'en juin dans les lacs calcaires des Midlands. Au mois de

Brendan le navigateur

C'est au VIe siècle que saint Brendan fonda les monastères d'Ardfert (comté de Kerry) et de Clonfert (comté de Galway). Le récit de ses voyages d'Islande en Amérique est conté dans le *Navigatio Sancti Brendani*, rédigé vers 1050. La traversée vers l'Amérique ne fut peut-être qu'un voyage initiatique imaginaire, inspiré des aventures du héros celte Bran, qui avait pris la mer à la recherche d'une terre promise. En 1976, l'écrivain Tim Severin a fait la traversée de l'Atlantique sur les traces du saint dans une embarcation à coque de cuir semblable à celle du moine. Le *Brendan* est aujourd'hui exposé dans le parc du Craggaunowen Project (comté de Clare). Saint Brendan se fête dans le Kerry, le 16 mai, avec l'ascension du mont Brandon.

juillet, la tradition est de pêcher la nuit sur le Lough Owel, dans le comté de Westmeath. Vers la mi-août, les truites remontent dans les grands lacs de l'ouest, comme le lac Corrib et le lac Carra, dans le comté de Galway. La pêche en lac se poursuit jusqu'au début d'octobre, notamment sur le Lough Ennel, près de Mullingar.

Poissons blancs et carnassiers

La pêche aux poissons blancs et aux carnassiers est autorisée en toute saison. Le mythique brochet irlandais peut dépasser les 50 livres. Comme la perche et l'anguille, il se plaît dans tout le pays et on peut le pêcher dans des pièces d'eau grandes et petites. Ces dernières années, c'est la Barrow qui a produit les plus gros spécimens. Le splendide rotengle aux nageoires écarlates est l'hôte des eaux claires des lacs du comté de Roscommon. Le Royal Canal et le Grand Canal sont peuplés de brèmes, mais celles de la Shannon sont plus grosses. Les eaux de cette région centrale, ainsi que celles de la Barrow, sont riches en tanches.

La pêche en mer

La meilleure période se situe de mai à septembre, mais les trois catégories de pêche en mer (pêche côtière en bateau, pêche du bord et pêche en haute mer pour les grosses espèces et les requins) se pratiquent toute l'année. Pas moins de 80 espèces différentes sont à prendre au large de l'Irlande. Le requin bleu se pêche au large des côtes sud et ouest (Westport, Fenit ou Dingle, dans le comté de Kerry, Kinsale, dans le comté de Cork, Sligo). Les épaves submergées sont nombreuses au large des côtes irlandaises et abritent congre, lingue, lieu, colin, ainsi que d'autres espèces comme le turbot.

Le tour de l'île à pied, à vélo, à cheval

L'Irlande est un pays qui vit à un rythme paisible et où il est possible de ralentir et de voyager autrement. Les petites routes sont encore peu fréquentées par les voitures et faire le tour de l'île à pied, à vélo ou à cheval, sans accélération aucune, est une des meilleures façons de profiter du séjour. Il serait dommage de passer à côté de cette possibilité, qui fait partie du dépaysement.

Randonnées pédestres

La marche est sans aucun doute la meilleure façon de découvrir le pays et de s'imprégner de ses plus beaux paysages. Les circuits, extrêmement variés, sillonnent les lacs, les canaux, les rivières et les montagnes, ainsi que les sites mythiques et historiques. Depuis l'ouverture du premier chemin de randonnée d'Irlande, le Wicklow Way, en 1982, l'aménagement d'une trentaine d'autres parcours balisés a suivi. L'un des circuits les plus longs, l'Ulster Way (« chemin de l'Ulster ») décrit une boucle de 800 km autour de l'Irlande du Nord. Cette très longue randonnée – il faut compter un mois pour l'effectuer d'un bout à l'autre – s'achève à la Chaussée des Géants, site spectaculaire classé par l'Unesco.

Escalade et alpinisme

Les montagnes d'Irlande sont d'une taille modeste, mais s'élèvent souvent directement depuis le niveau de la mer. Carrauntoohil, sommet culminant des Macgillycuddy Reeks, dans le comté de Kerry, est la plus haute, avec ses 1 038 m. Les péninsules du Sud-Ouest, Mitzen Head Peninsula, Sheep's Head Peninsula et Beara Peninsula, sont bordées de falaises, et plusieurs montagnes hautes de 400 à 700 m offrent des ascensions peu difficiles dans des paysages exquis. Plus au nord, les falaises de l'île d'Achill (comté de Mayo), plus grande île occidentale de l'Irlande, sont aussi un site recherché pour l'escalade. Si les conditions météorologiques le permettent, l'ascension du mont Errigal (752 m), dans le comté de Donegal, et des falaises de Fair Head, dans le comté d'Antrim, sont des expériences inoubliables.

Randonnées cyclistes

Si le cheval est roi, la bicyclette est reine pour explorer le dédale des petites routes qui relient villes et villages d'Irlande. L'idéal est de commencer au sud du pays et de remonter vers le nord en profitant des vents dominants. La péninsule de Dingle et l'anneau de Kerry, à partir de Killarney, sont l'un des parcours les plus célèbres, mais parfois trop fréquentés, de la côte sud-ouest. Mais les paysages dramatiques, comme Conor's Pass ou le Gap of Dunloe, valent largement le détour. Le Connemara est idéal pour la randonnée cycliste. Dans ce pays des poneys sauvages, les petites routes sinueuses contournent les montagnes dénudées et les landes couvertes de bruyère ou longent la côte déchiquetée de l'Atlantique. Émotion garantie. L'aventure d'un tour complet du pays est une expérience excitante et tout à fait possible à tenter, pour apprécier le charme d'une certaine lenteur propre à ce pays et pour se rapprocher d'une population encore très attachée à ce mode de transport. La distance du Nord au Sud-Est est de 486 km, et de 275 km de l'Est à l'Ouest.

Randonnées équestres

Nous sommes ici au royaume du cheval : l'Irlande est le pays où l'*equus* est roi. Tout ce qui le concerne de près ou de loin passionne ses sujets au plus haut point, à commencer par les courses, bien sûr, mais aussi les concours hippiques, la chasse à courre et la randonnée. Le très vert comté de Kildare, siège du Haras national, est la capitale de toute cette activité, mais partout dans le pays des centres équestres de qualité proposent une multitude de formules pour cavaliers de tous niveaux, débutants ou confirmés : randonnées, cross-country à cheval, trekking à cheval, dressage, polo, saut d'obstacles, chasse à courre. On choisit d'abord son paysage, plage ou forêt, plaine ou montagne, à moins que l'on ne veuille tout cela à la fois, et l'on peut être sûr qu'il existe un centre correspondant à son souhait. Le centre national est situé à Punchestown (comté de Kildare), à 35 km de Dublin.

Vacances en roulotte

Quoi de plus tentant que de prendre la route en roulotte, celle des gens du voyage d'Irlande, les *travellers* ? Découvrir, au fil des routes tranquilles, Croagh Patrick, la montagne sainte d'Irlande, ou l'abbaye de Ballintubber, près de Castlebar, dans le comté de Mayo. Tisser des liens étroits avec le cheval de trait irlandais, l'irish-draught, et vivre à son rythme un moment d'évasion dans les paysages grandioses du comté de Kerry, en partant de Tralee, ou de Wicklow, au sud de Dublin.

La Chaussée des Géants

Le paysage lunaire de la Chaussée des Géants dans le comté d'Antrim, au nord de Belfast, est peut-être le site le plus singulier du pays. Les 37 000 « tomettes » de cette chaussée sont en fait des colonnes de basalte résultant d'un refroidissement soudain de la lave, d'où leur forme hexagonale en nid d'abeille, d'une étonnante symétrie. Les Irlandais préfèrent l'explication traditionnelle selon laquelle le guerrier et géant légendaire Fionn Mac Cumhail, amoureux d'une géante écossaise de l'île de Staffa, aurait posé ce chemin pour pouvoir rendre visite à sa bien-aimée dans les plus brefs délais. Il existe plusieurs parcours autour de ce site classé par l'Unesco au patrimoine mondial de l'humanité, mais la meilleure façon de le visiter est de prendre le sentier du bas et de revenir par celui du haut, ce qui permet d'avoir la meilleure vue panoramique.

Autant de golfs que de jours dans l'année

L'Irlande est la Mecque du golf en Europe et il est difficile de ne pas succomber à la beauté à couper le souffle des greens irlandais. C'est bien ici, dans le cadre superbe de ces immenses domaines d'émeraude bordés de montagnes majestueuses, de lacs féeriques ou de plages dorées, en pleine ville ou à la lisière des petites villes provinciales, qu'une des chansons les plus populaires du pays, *Fourty Shades of Green* (« quarante nuances de vert »), prend tout son sens.

Plus de 360 golfs

Le golf est un sport populaire dans les quatre provinces et chaque comté possède plusieurs parcours. Le comté de Dublin, avec ses 53 parcours, est largement en tête. Il existe une vingtaine de clubs à Dublin même et plus de 30 parcours supplémentaires dans le comté autour de la capitale. Les parcours de Sutton, Howth et Malahide, au nord de la ville, sont ceints par la mer, et celui de North Bull Island occupe une petite île dans la baie de Dublin. Au sud, le parcours de Milltown est un havre de verdure à proximité du centre-ville et Kiltiernan, plus loin au sud, est tapi au pied des montagnes du Wicklow. S'il faut en général réserver pour jouer dans les clubs urbains, en particulier le week-end, ailleurs, il n'est jamais difficile de profiter des fairways somptueux et de participer à un grand nombre de tournois amateurs en équipe ou en individuel. L'événement majeur de l'année, l'Irish Open Golf Championship, se déroule au mois de juillet.

Magie et prestige

Il est certain que les Irlandais aiment le golf et sont très fiers de leurs champions, tels Christy O'Connor père et fils. Une cinquantaine de clubs possèdent des terrains de tournois internationaux, comme celui de Kilkenny, le Mount Juliet, conçu par l'illustre champion Jack Nicklaus et considéré comme l'un des meilleurs parcours d'Europe. En Irlande du Nord, les 45 trous du Royal Portrush et les 36 trous du Royal County Down sont des parcours de rêve, véritables paradis du golfeur. Du paradis à la magie il n'y a qu'un pas : nous sommes tout de même en Irlande. Au Lee Valley Golf & Country Club, dans le comté de Cork, on voit tous les golfeurs, y compris ceux qui ne sont pas superstitieux, parcourir avec délicatesse les 13ᵉ, 14ᵉ, 17ᵉ et 18ᵉ trous, sur le site d'anciens tumuli respectés et redoutés de tous, les « collines des Fées ». Féerique aussi, le Waterford Castle Golf & Country Club, superbe parcours situé sur une île de 120 ha dans l'estuaire de la Suir, accessible par bac.

Les sports irlandais

Deux sports traditionnels, le hurling et le football gaélique, restent aujourd'hui encore les sports les plus populaires du pays. Le camogie, version féminine du hurling, est très populaire dans les milieux ruraux, où d'autres sports autrefois cotés, comme le handball, ont décliné. Le rugby, qui réunit les Irlandais du Nord comme du Sud, est suivi surtout dans les villes universitaires. Ces dernières années, ce sport a gagné en popularité, tout comme le football, autrefois négligé dans la République.

Les jeux gaéliques

Le hurling est le jeu national irlandais, déjà pratiqué à l'époque des héros mythiques, qui s'affrontaient des jours et des nuits entières. Chaque comté a son équipe, massivement soutenue par une population pour qui les rencontres sont toujours l'occasion de parer maisons, voitures, cheminées ou poteaux télégraphiques aux couleurs de son équipe. Jeu d'adresse proche du hockey, mais beaucoup plus dangereux, le hurling se joue par équipe de 15 avec une crosse en frêne, le *hurley*, et une balle de cuir appelée *sliothar*.

Moins impressionnant que le hurling, le football irlandais comporte deux équipes de 15 et deux mi-temps de 30 mn. Légèrement plus petit que celui du *soccer*, le ballon se passe avec le pied ou d'un coup de poing. On peut dribbler, mais pas lancer à la main.

Les finales de hurling et de football gaélique, en septembre, sont le point fort de l'année sportive en Irlande, et les billets pour ces matchs, à Dublin, sur le terrain de Croke Park, sont terriblement convoités. La fédération qui gère ces sports, le Cumann Luthchleas Gael, ou GAA, fondée en 1884 pour l'encouragement des jeux traditionnels, y a aménagé un musée consacré aux sports gaéliques.

● *Renseignements :* ***T 01 83 63 222***.

Le handball

Autrefois, chaque petit village d'Irlande avait un fronton de handball où les garçons de tous âges s'essayaient à ce jeu dans l'espoir de participer aux grands tournois nationaux. Rien à voir avec le jeu de handball tel qu'il est pratiqué en France. Il faudrait plutôt chercher du côté de la pelote basque pour trouver une parenté à ce beau jeu. Les parties se disputent à deux, ou à quatre pour les doubles.

Les courses hippiques

Dans un pays où l'on ne tarit pas d'éloges sur la vie de Nijinsky, il ne faut surtout pas se méprendre : il s'agit du cheval et non pas du danseur. Ici, les gens suivent les carrières des chevaux comme ailleurs on suit celles des vedettes de cinéma. Les courses ont lieu pratiquement tous les jours et chacun est concerné, de près ou de loin. Les principales courses se déroulent près de Dublin, l'Irish Grand National à Fairyhouse, le Derby et l'Irish Oaks dans le Curragh (comté de Kildare). Les réunions de Punchestown et Leopardstown sont aussi très populaires. Il est traditionnel d'assister aux courses le lendemain de Noël, jour de la Saint-Stephen (Saint-Étienne) en Irlande, tandis qu'en été l'activité de la ville de Galway est paralysée une semaine entière pour laisser place aux célèbres Galway Races. Les courses les plus étonnantes sont celles qui ont lieu sur la plage de Laytown, dans le comté de Meath, à la mi-août. La course se déroule à marée basse, sur un parcours aménagé en toute hâte sur le sable. La saison du flat-racing a lieu de mars à novembre, celle du steeple-chase dure toute l'année.

- *Informations sur les hippodromes et le calendrier des courses : Irish Horseracing Authority, Leopardstown Racecourse, Foxrock, Dublin 18,* ***T 01 28 92 888****.*
- *Informations sur les services de bus spéciaux : Bus Éireann,* ***T 01 87 34 222****.*
- *Informations sur les trains spéciaux les jours de courses :* ***T 01 83 66 222****.*

Les courses de lévriers

Moins traditionnelles que les courses hippiques, les courses de lévriers, *greyhounds*, n'ont jamais démenti leur

Le chien irlandais

Les Irlandais aiment les chiens, presque autant que les chevaux. La robe acajou du plus célèbre des canidés irlandais est connue dans le monde entier. Le setter irlandais, chien plutôt nerveux au tempérament quelque peu fantaisiste, est le plus élégant des setters. Moins connu, l'irish-wolf-hound est un géant gris de 60 kg, compagnon, déjà, des héros de la mythologie celte, du temps où les loups étaient nombreux dans un pays encore couvert de forêts épaisses. L'un des plus grands héros de la mythologie irlandaise, le champion d'Ulster Cuchulainn, s'appelait Setanta avant d'être connu sous son nom le plus célèbre. Ayant tué accidentellement le chien de Culainn, Setanta proposa de prendre sa place en se vouant à la protection de son maître et de ses terres. Il devint ainsi Cuchulainn, « le chien de Culainn ». Son courage légendaire est conté dans le cycle d'Ulster, fameux ensemble de légendes qui relate l'histoire mythique de la province et de ses héros, tandis qu'à Dublin une statue le représente dans le bâtiment de la poste principale, le GPO.

popularité en Irlande depuis 1927. Les courses se déroulent tous les soirs sauf le dimanche au Harold's Cross ou au Shelbourne Park à Dublin et au Celtic Park de Belfast. Des villes comme Galway, Longford, Tralee ou Clonmel ont des cynodromes. Le pays en possède 19. Mais les courses ont aussi lieu dans des stades. Tous ont amélioré leurs tribunes et leurs prestations et l'on y passe d'excellentes soirées entouré d'Irlandais fous des chiens et de ce sport. Les paris se placent auprès des bookmakers ou bien au *tote*, l'équivalent du PMU. Il faut être attentif : la course est rapide. À Dublin, on peut dîner avec vue sur les courses. La pratique du *coursing*, au cours duquel deux lévriers se disputent un lièvre vivant devant les parieurs, est très mal vue aujourd'hui et donne lieu à des manifestations d'associations contre les *bloodsports* (« sports de sang »).

● *Renseignements :* ***T 01 49 71 081*** *et* ***01 66 83 502****.*

L'héritage d'un pays celte

Grâce à sa position relativement isolée au milieu de l'océan, l'Irlande est l'un des rares pays d'Europe à n'avoir pas connu la domination romaine. D'autres voisins plus proches n'ont pas résisté aux attraits d'Hibernia. Chacun des passages de ces envahisseurs a transformé le visage du pays. Les bâtisseurs des tombes mégalithiques ont laissé la place aux Celtes, qui eux-mêmes ont peu à peu cédé devant le christianisme. Les moines ont bâti des tours insolites, encore intactes, pour se protéger des pillages des Vikings, et l'invasion normande a laissé derrière elle les plus beaux châteaux, forteresses imprenables de granit sombre.

Les vestiges archéologiques

Si les Irlandais croient encore aux héros légendaires, c'est bien parce que le pays tout entier est riche de tombes et de monuments qui témoignent de leur existence. La civilisation des mégalithes apparaît vers la fin du IVe millénaire avant J.-C.

Les vestiges préhistoriques les plus importants se trouvent dans la vallée de la Boyne (comté de Meath), Brugh na Boinne – « le palais de la Boyne » –, à Dowth, Knowth et surtout Newgrange, qui s'étend sur 1 ha. Newgrange date d'environ 3200 avant J.-C., soit quelque 1 000 avant Stonehenge, lequel fut édifié de 2400 à 1700 environ avant J.-C. Les pierres gravées de ce dolmen à couloir sont ornées de motifs que

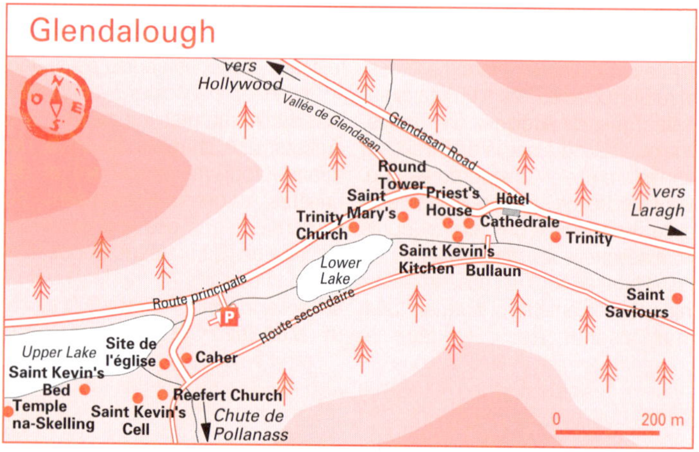

l'on crut longtemps décoratifs, mais qui correspondent en réalité à des annotations astronomiques précises. À Cushendall (comté d'Antrim), un cercle de pierres levées marque la tombe d'Ossian, fils du héros et guerrier Fion. D'autres sont situées à Drombeg (Cork) ou Lough Gur (Limerick).

Les dolmens ont parfois des pierres posées gigantesques, comme celle de Brown's Hill (Carlow), la plus volumineuse, qui pèse une centaine de tonnes, ou celle de Proleek (Louth).

L'Irlande compte plusieurs milliers de forts circulaires, les *raths*, qui datent du début de la période celtique. Dans le Donegal se trouve le Grianan of Aileach, « le palais du soleil d'Aileach ». Restauré au XIXe siècle, ce magnifique fort de 23 m de diamètre est entouré de murs de 5 m de hauteur et 4 m d'épaisseur.

Dun Aengus, sur la plus grande des îles d'Aran, au large du comté de Galway, est sans aucun doute l'un des sites préhistoriques les plus spectaculaires du pays. Au sommet d'une falaise de 90 m qui tombe à pic dans l'océan, le fort d'Aengus, protégé par trois enceintes de pierre et une impressionnante barrière de pierres pointues dressées à angles différents, s'étend sur 4 ha. Il existe trois autres forts sur l'île : Dun Eochla, Dun Duchathair et Dun Eoghanachta.

Les monastères

Souvent situés près d'une source d'eau importante, sur les berges d'une rivière ou dans une île au milieu d'un lac, parfois perdus en pleine campagne, les vestiges des monastères irlandais se trouvent toujours sur des sites d'une extraordinaire beauté. Dans ces lieux aujourd'hui si paisibles, il est difficile d'imaginer les scènes d'une violence extrême qui ont pu se jouer à l'arrivée des Vikings, à la fin du VIIIe siècle.

Mellifont Abbey, sur les berges de la

Mattock (comté de Louth), fut le premier monastère cistercien du pays. L'abbaye, dont une grande partie est en ruine, fut fondée en 1142 par saint Malachy, archevêque d'Armagh. Quelques kilomètres la séparent du monastère de Monasterboice, où, parmi les trois *high cross* du cimetière, se dresse l'une des plus célèbres croix sculptées d'Irlande, la croix de Muiredagh (Xe s.). Ce modèle d'orfèvrerie sur pierre, typiquement celtique, montre sur une face le jugement dernier et des scènes de l'Ancien Testament, sur l'autre des scènes du Nouveau Testament.

À Clonmacnoise, fondé au VIe siècle par saint Ciaran sur la frontière des comtés de Roscommon et d'Offaly, les croix sculptées sont protégées à l'intérieur du musée qui se trouve sur le site. Des copies les ont remplacées à l'extérieur. Depuis des centaines d'années, tous les 9 septembre, jour de la Saint-Ciaran, les pèlerins viennent faire trois fois le tour du site, comme le veut la tradition.

Un autre saint plus connu hors d'Irlande, saint Kevin, a fondé Glendalough (« la vallée des deux lacs »), le plus beau monastère du pays, dans le comté de Wicklow. L'ensemble des bâtiments est important : sept églises, une chapelle primitive, une grande tour ronde (33 m) et des grottes sacrées s'étendent sur 1,5 km dans un site spectaculaire à l'entrée du Glendalough Forest Park.

Bâtie sur un rocher au-dessus de la ville, l'ancienne forteresse des rois de Munster à Cashel (comté de Tipperary) est l'endroit où saint Patrick a baptisé le roi Aengus au Ve siècle. Mais aussi celui où Cromwell et ses hommes ont massacré 3 000 personnes en 1647. Au pied de ce rocher, devenu centre religieux au XIIe siècle, la dernière abbaye cistercienne du pays, Hore Abbey, est en ruine.

Dans le même comté, la forteresse de Holy Cross, aujourd'hui restaurée, accueille à nouveau les fidèles, qui peuvent se désaltérer dans un pub aménagé dans l'enceinte de l'abbaye.

Solstice d'hiver à Newgrange

Il est aujourd'hui possible de faire un voyage dans le temps et de remonter plus de 3 000 ans avant notre ère. Tous les ans, lors du solstice d'hiver, entre le 19 et le 23 décembre, la plus grande tombe à couloir d'Europe s'illumine comme par magie. Une sorte de miracle rendu possible par les hommes qui l'ont bâtie, il y a plus de 5 000 ans. C'est à Newgrange, dans la vallée de la Boyne, qu'a lieu ce phénomène. Au lever du jour, les rayons du soleil pénètrent dans la tombe et traversent un couloir de 19 m pour éclairer pendant 16 mn la dalle gravée de la chambre principale.

Les tours rondes

L'une des architectures les plus étonnantes du paysage irlandais est la tour ronde, clocher qui atteint parfois 40 m de haut, érigé près des monastères entre les Xe et XIIe siècles. Ces tours de garde, qui pouvaient servir de cachettes géantes, avaient leur entrée à 3 m au-dessus du sol. On y accédait au moyen d'échelles que l'on rentrait ensuite pour accéder aux étages supérieurs. C'est ici que l'on protégeait les manuscrits des pilleurs vikings. La tour du monastère Saint-Declan, à Ardmore (comté de Waterford), est l'une des mieux conservées du pays. Plus au nord, celle de Devenish Island (Fermanagh) abrite un musée situé au 5e étage et auquel on accède en empruntant des échelles.

Les châteaux

De magnifiques châteaux se dressent dans chaque comté d'Irlande. Habité, en ruine ou transformé en musée, chaque château conserve dans ses murs la mémoire de centaines d'années d'histoire.

Du château d'Aughnanure (comté de Galway), le puissant clan des O'Flaherty régna en maître absolu sur l'ouest du Connaught et résista vaillamment aux Anglais. Au XVIe siècle, la célèbre pirate Grainne O'Malley s'unit à ce clan en épousant Donal O'Flaherty.

Carrickfergus (comté d'Antrim) assurait la défense de Belfast Lough. Bâti au XIIe siècle, ce donjon fut habité jusqu'en 1928.

Le château d'Enniscorthy (comté de Wexford) domine la petite ville du même nom. Cette bâtisse du XIIIe siècle abrite aujourd'hui un petit musée consacré à l'histoire de la région.

Près du joli village de Slane, Slane Castle, construit au XVIIIe siècle sur ordre du vicomte de Conyngham, est aujourd'hui habité par son descendant, Lord Henry Conyngham, qui

Saint Kevin

Kevin de Glendalough vécut au VIe siècle. Né dans une famille noble de la province de Leinster, au Fort of the White Fountain, Kevin fut éduqué par les moines. Il se retira ensuite dans les bois pour y méditer durant sept ans, après quoi il fonda son propre monastère à Glendalough. Les légendes abondent sur la vie du saint, canonisé en 1226, notamment sur les liens privilégiés qu'il entretenait avec les animaux : il aurait apprivoisé une loutre qui lui apportait un saumon tous les jours à l'heure du dîner ; une autre fois, un merle confiant aurait pondu un œuf dans sa main, et le saint l'aurait ainsi gardé sous sa protection jusqu'à l'éclosion. Moins tendre avec les femmes, il aurait jeté dans un lac une tentatrice venue le dissiper. Kevin est fêté le 3 juin en Irlande.

ouvre ponctuellement ses grilles pour accueillir de grands concerts de rock dans son parc.
Trim Castle (comté de Meath) s'est ouvert aux vedettes modernes, avec le tournage du film de Mel Gibson *Braveheart*, qui s'y déroula en 1995. Vingt ans plus tôt, celui de Cahir servit de décor au film de Stanley Kubrick *Barry Lyndon*. L'imposante forteresse de la famille anglo-normande des Butler, qui y vécut jusqu'en 1964, se dresse au milieu de cette petite ville du comté de Tipperary. Aujourd'hui ouvert au public, cet édifice du XIIIe siècle est un des châteaux les plus grands du pays et les mieux conservés.
Bunratty (comté de Limerick) fait partie des châteaux bien conservés. Le château fort le plus visité du pays doit sa restauration à Lord Gort, qui l'acquit en 1954. Des banquets médiévaux sur fond de musique celtique y attirent toute l'année de nombreux touristes.
Des banquets ont également lieu à Dunguaire Castle, pittoresque donjon au bord de l'eau, à Kinvarra (comté de Galway).
Le plus grand château normand du pays, situé dans la ville de Roscommon, est aujourd'hui en ruine. Érigée en 1268, l'énorme bâtisse fut détruite presque aussitôt par les rois de Connaught. Subsistent quatre grandes tours d'angle, ainsi que deux tours de chaque côté du portail.

Les musées

Les grandes villes comptent de nombreux musées passionnants, dont certains incontournables, comme le musée des Écrivains, à Dublin. Les provinces possèdent elles aussi nombre de musées qui valent le détour. Depuis peu, d'anciennes prisons, casernes ou hôpitaux militaires complètement rénovés et aménagés en musées font revivre la mémoire et

Fleadh Cheoil ne hÉireann

Véritables marathons de musique traditionnelle, les *fleadh cheoil* réunissent des musiciens de tout le pays mais aussi d'horizons plus lointains. Pendant tout un week-end, chants et musique irlandaises envahissent les rues, et surtout les pubs. Il n'est pas rare, lors d'une *session* de musique, de voir une quinzaine de musiciens ou plus former un orchestre à l'improviste pour jouer en continu jusqu'à la fermeture des pubs. La fête se poursuit dans la rue ou chez les gens. Tous les musiciens qui le souhaitent s'intègrent au groupe et tout le monde a la possibilité de chanter. Les mélodies et les chansons sont connues de tous, mais le *fleadh* est aussi l'occasion d'échanger des airs nouveaux et de renouveler son répertoire.

le passé du pays. En Irlande, les salons de thé ou restaurants des musées sont toujours des lieux populaires de rendez-vous, pour déjeuner ou prendre le thé.
Au sud de la ville de Belfast, l'Ulster Museum, situé au milieu des jardins botaniques dans l'élégant quartier de l'université de Queen's, abrite des collections consacrées à la province ainsi qu'un superbe trésor, celui du galion espagnol *Girona*, échoué au large de la côte nord d'Antrim vers 1588. Ce trésor, fierté du musée, est resté immergé jusqu'en 1968, année de sa découverte par le Belge Robert Stenuit. Les superbes serres du jardin botanique, à proximité du musée, sont un exemple d'architecture de style victorien.
À Dublin, d'autres trésors, chefs-d'œuvre de l'art celtique du bronze au Moyen Âge, sont exposés au National Museum. Une partie du musée est consacrée à l'Irlande au temps des Vikings. Le musée des Écrivains, le Dublin Writer's Museum, agrémenté d'un petit jardin japonais, est situé dans une agréable maison du XVIIIe siècle à Parnell Square. Ce musée intimiste propose au public ses collections rares de correspondances, éditions originales et photographies d'auteurs célèbres, ainsi que des lectures, conférences et expositions temporaires. Un nouveau Musée national d'arts et traditions populaires, situé dans l'ancienne caserne Collin's, abrite des collections fascinantes et une touchante exposition consacrée à 250 ans d'histoire vestimentaire, *The Way we Wore*. À Dublin aussi, au Musée national d'histoire naturelle, connu des Dublinois comme le « zoo mort », le grand cerf d'Irlande, géant disparu il y a quelque 10 000 ans, occupe une place d'honneur.
Dans le comté de Roscommon, à Strokestown, le Famine Museum, situé dans le domaine de Strokestown House, retrace l'histoire de la Grande Famine qui a frappé le pays et décimé la population en 1845. Toujours à l'ouest, dans le comté de Mayo, le Granuaile Visitor's Centre, à Louisburgh, consacre aussi une section à la Grande Famine, mais ce musée est surtout celui de Grainne (ou Grace) O'Malley, illustre femme pirate qui, à la fin du XVIe siècle, contrôla les mers autour de la côte ouest à la tête d'une flottille puissante et redoutée. Dans le même comté, le musée de Céide Fields, près de Ballycastle, présente dans un bâtiment moderne un site resté enfoui pendant 5 000 ans, Achaidh Chéide. Tous les aspects de cet important village néolithique conservé dans la tourbe sont expliqués à l'aide de documents audiovisuels.
Ailleurs, l'évocation du passé, grâce à la reconstitution d'habitations au cours des siècles, permet d'appréhender la vie des Irlandais d'antan, comme à l'Ulster American Folk Park, près d'Omagh, à l'Ulster History Park, au Craggaunowen Project, Quin (Clare), ou à l'Irish National Heritage Park, à Ferrycarrig, près de Wexford, immense parc qui retrace 9 000 ans d'histoire.

OBJECTIF AVENTURE

Sports nautiques

Située en plein océan Atlantique, l'Irlande est un royaume maritime extraordinaire. Tradition et croissance des infrastructures ont évolué en parfaite harmonie, pour le bonheur du visiteur en quête d'aventure ou d'initiation.

PLONGÉE

Si l'aventure de la visite d'épaves ne peut manquer de tenter les plongeurs, les eaux claires et non polluées d'un des plus beaux sites de plongée d'Europe occidentale séduiront aussi l'amateur de photographie sous-marine, avec une visibilité de 12 m, voire de 30 m certains jours. Attention ! pour la protection de l'environnement, le règlement en cours interdit aux plongeurs, avec ou sans bouteilles, de pêcher ou de ramasser tout crustacé ou coquillage.

SKI NAUTIQUE

Il est conseillé de choisir les clubs affiliés à l'Irish Water Ski Federation, affiliée à l'Union mondiale de ski nautique. C'est une garantie de sécurité : les meilleurs bateaux, des équipements impeccables et une assurance complète.

SURF

Depuis une trentaine d'années, le surf est bien organisé et très recherché par les amateurs qui n'hésitent pas à affronter l'Atlantique, gonflé par la houle dans son mouvement nord-est vers la masse continentale scandinave.

● *Conseils aux surfeurs : Irish Surfing, Tirconnell Street, Donegal,*
***T (073) 21 053*.**

VOILE

En ce qui concerne la voile, les formules proposées sont aussi nombreuses que les possibilités de la côte, très riche en ports naturels très peu encombrés.
Compter à partir de 40 IR £ (50,80 €) pour location d'un dériveur à la journée, et env. 270 IR £ (343 €) pour un stage de 5 jours, hébergement compris.

NAVIGATION FLUVIALE

On peut louer des bateaux de toute taille, ainsi que des péniches, des voiliers et des canoës, à partir de points stratégiques le long de la Shannon, sur la voie navigable Shannon-Erne ou encore sur le Lough Erne. Aucun permis n'est requis pour naviguer en bateau à cabine sur les

fleuves et les rivières. Une seule séance avec un moniteur et une excursion d'essai suffisent à se familiariser avec le fonctionnement de ces engins.
Il faut prévoir des étapes quotidiennes d'environ 40 à 50 km, la vitesse étant limitée à 10 km/h. Les bateaux, qui peuvent loger de 2 à 8 personnes, sont entièrement équipés, cartes de navigation et guides multilingues fournis. Compter env. 700 IR £ (889 €) par semaine en haute saison pour 4 à 6 personnes. Il faut réserver à l'avance.

Pêche

Pour la pêche en eau douce des poissons autres que les salmonidés, il n'y a ni permis, ni ouverture, ni fermeture. En revanche, pour pêcher le saumon et la truite de mer, il faut une licence d'État et un permis, disponibles dans les bureaux des pêcheries et les boutiques de pêche. Permis annuel valable sur l'ensemble du territoire : 25 IR £ (31,75 €) ; permis pour 21 jours : 10 IR £ (12,7 €) ; permis pour 1 journée : 3 IR £ (3,8 €).

LES CONCOURS

Conviviaux et de plus en plus populaires, des festivals de pêche sont organisés d'avril à octobre du nord au sud du pays. Le plus souvent, ils s'accompagnent de manifestations parallèles, régates, tournois de billard, concours de fléchettes et même élection de Miss. Quelques grandes compétitions, comme l'Irish Masters Fly Angling, sur le Lough Corrib, offrent un grand prix de 10 000 IR £ (12 000 €). Les visiteurs peuvent participer à plusieurs grands concours, comme le Brown Trout Wet Fly Angling Festival, au mois de juin sur le Lough Conn, et le World Cup Brown Trout Wet Fly Angling Championship, en août sur le Lough Mask.

Les meilleures périodes de pêche pour le saumon et la truite

Saumon de printemps : de janvier à juin.
Truite de lac : de février à octobre.
Truite de rivière : de mars à septembre.
Truite de mer : d'avril à septembre.
Grilse (saumon ayant passé un hiver en mer) : de mai à septembre.
On doit parfois passer par des terres arables privées pour accéder aux eaux. En règle générale, les agriculteurs autorisent les pêcheurs à traverser leur propriété.

L'ÉQUIPEMENT

Les boutiques de pêche sont de bons centres d'information. Elles louent parfois le matériel et délivrent des permis de pêche valides pour leur localité. Le port de cuissardes est recommandé pour pêcher en rivière, ainsi que celui du gilet de sauvetage. Il est conseillé au pêcheur en lac de se faire accompagner par un guide dans un premier temps, car certains grands lacs peuvent être dangereux. Compter de 10 à 20 IR £ (12,7 à 24,14 €) pour la location d'un bateau, 20 IR £ (24,14 €) pour un bateau à moteur, env. 45 IR £ (56,35 €) pour un bateau avec guide.

Les bateaux de pêche en mer sont généralement équipés de cannes et d'accessoires de pêche que l'on peut louer. Compter 20 IR £ (24,14 €) par personne et par jour, et de 150 à 200 IR £ (181 à 241,40 €) par jour pour l'affrètement du bateau.

Randonnées pédestres

Les paysages lunaires irlandais ne sont jamais très loin de la civilisation, si bien que, même sur des circuits longs, le randonneur peut trouver à se loger dans des auberges, *bed & breakfast* ou hôtels. La pluie est l'élément inévitable du climat et il faut s'habiller en conséquence. Si vous ne marchez pas avec un organisme de randonnée, il est important de consulter le County Council de la région choisie, car certains chemins peuvent être dangereux, fermés temporairement ou définitivement. Chacun des quelque 30 chemins de randonnée a son guide, publié par les comités régionaux. Les cartes Ordinance Survey Discovery Series sont à l'échelle 1/50 000.

Randonnées cyclistes

Malgré ses sautes d'humeur, le climat irlandais est tempéré et convient parfaitement à la randonnée cycliste. Sur la côte ouest, il faut tenir compte de la direction des vents dominants et faire un circuit du sud au nord. Prévoir des vêtements de pluie.

Pour la location des vélos, compter 40 IR £ (50,80 €) pour 1 semaine, de 6 à 10 IR £ (12,7 €) pour 1 journée. Ces prix s'entendent assurance comprise, et il est parfois possible de rendre les vélos dans une autre ville. Transport d'un vélo en train : 6 IR £.

De nombreux circuits à thème avec transport des bagages et hébergement sont proposés par des organismes fiables. Compter env. 390 IR £ (495 €) pour 1 semaine.

Équitation

Il existe énormément de possibilités pour pratiquer l'équitation en Irlande, et il serait dommage de ne pas passer au moins une journée à cheval dans un pays qui voue une telle passion à cet animal.

Pour les cavaliers de tous niveaux, du débutant jusqu'au plus chevronné, les centres équestres de tout le pays proposent trekking, randonnées en étapes, leçons de saut, dressage, cross-country, polo-cross et même chasse à courre. La qualité des installations est variable, mais, en général, excellente.

Compter 15 IR £ (19,05 €) pour 1 h d'équitation, 60 IR £ (76 €) pour 1/2 journée d'équitation, env. 355 IR £ (450,85 €) pour 1 semaine de trekking, et env. 200 IR £ (250 €) par jour de chasse à courre (taxe de participation et location des chevaux).

Vacances en roulotte

Équipées de couchettes pour 4, parfois 5 personnes, les roulottes sont aménagées de telle sorte qu'il est possible d'y préparer et d'y prendre ses repas, ce qui est fort appréciable en cas de mauvais temps. Sans feux de route, elles ne doivent pas circuler après la tombée de la nuit. Les haltes pour la nuit se font dans des fermes, des pubs ou des hôtels disposant d'installations pour l'accueil des roulottes : au minimum, herbe pour le cheval et sanitaires, parfois repas chauds, service de garde d'enfants. Avant de partir sur les routes, le visiteur reçoit une formation sur l'entretien du cheval et de son harnachement et sur la conduite de la roulotte. Compter env. 650 IR £ (873,13 €) par semaine en haute saison, plus 7 IR £ (8,90 €) par étape le soir. Certains loueurs pratiquent des tarifs moins élevés : 540 IR £ (680 €), avec emplacement nocturne gratuit. C'est le cas de Mayo Horsedrawn Caravan Holidays, Belcarra, Castlebar (Mayo), **T (094) 320 54**.

Golf

Le Trophée de l'Irlande est organisé chaque année depuis 10 ans, avec éliminatoires en France et finale en Irlande.

● *Renseignements à l'Office national du tourisme irlandais, 33, rue de Miromesnil, 75008 Paris,* ***T 01 53 43 12 12****.*

Les clubs de golf accueillent les visiteurs, même débutants, sur leurs parcours. Compter à partir de 10 IR £ (12,7 €) par jour en semaine, plus en fin de semaine, et au moins trois fois

Les grandes manifestations sportives

The Liffey Descent, concours international de canoë, au mois de septembre.

● *Renseignements à l'Irish Canoe Union, House of Sport, Long Mile Road, Walkinstown, Dublin 12,* ***T 01 45 09 838****.*

Dublin Horse Show, du 9 au 13 août. Le couronnement de la saison équestre.

All Ireland Hurling Final, Croke Park, Dublin 3, le 1er dimanche de septembre. C'est l'occasion d'assister à la rencontre la plus excitante de l'année de ce sport national.

plus pour accéder aux greens les plus prestigieux. La leçon de 30 mn avec professeur coûte 12 IR £ (15,24 €). Certains clubs louent le matériel.

Adresses utiles sur place

Les activités sportives et de plein air sont bien organisées en Irlande et les associations spécialisées sont nombreuses.

SKI NAUTIQUE

Dans tout le pays, des clubs de ski nautique proposent des cours et la location d'équipement et de bateaux.

- *Irish Water-Ski Federation, 29 Hermitage Road, Lucan (Dublin),* ***T (01) 62 40 526****.*

VOILE ET PLANCHE À VOILE

- *Irish Association for Sailing Training, c/o Irish Federation for Marine Industries, Confederation House, Kildare Street, Dublin 2,* ***T (01) 67 79 801****. Renseignements sur les écoles de voile.*
- *Irish Yachting Association, 3 Park Road, Dun Laoghaire,* ***T (01) 80 02 39****. Calendrier des régates, adresses des centres nautiques et des loueurs.*

PÊCHE

- *Central Fisheries Board, Balngowan House, Mobhi Boreen, Glasnevin, Dublin 9,* ***T (01) 83 79 206****. Renseignements et permis.*
- *Fisheries Conservancy Board, Mahon Road, Portadown, Craigavon (Armagh),* ***T (028) 38 334 666****. Pour tout ce qui concerne l'Irlande du Nord.*
- *Foyles Fisheries Commission, 8 Victoria Road, Derry BT47 2AB,* ***T (028) 71 442 100****.*

PÊCHE EN MER

Sur les côtes sud-ouest et ouest de l'Irlande, le nombre de nouveaux bateaux destinés à la pêche en mer récréative a augmenté de façon significative. Toutes ces embarcations répondent aux normes de sécurité du ministère de la Marine. On en trouve la liste détaillée dans le *The Angler's Guide to Ireland*, brochure d'information gratuite publiée par l'Office du tourisme irlandais à l'intention des pêcheurs.

RANDONNÉES PÉDESTRES

- *National Waymarked Ways Advisory Committee, Irish Sports Council, 21 Fitzwilliam Square, Dublin 2,* ***T (01) 67 63 837****.*
- *Sports Council for Northern Ireland, House of Sport, Upper Malone Road, Belfast BT9 5LA,* ***T (028) 90 381 222****.*
- *Walking Cycling Ireland, PO Box 5520, Ballsbridge, Dublin 4,* ***T (01) 66 88 278****.*

ESCALADE

De nombreuses sorties sont organisées dans plusieurs centres.

- *Renseignements : Mountaineering Council of Ireland, AFAS House of Sport, Longmile Road, Dublin 12,* ***T (01) 49 67 376****.*

RANDONNÉES CYCLISTES

- *Celtic Trails, 28 Upper Fitzwilliam Street, Dublin 2,* ***T (01) 66 19 546****.*
- *Irish Cycling Safaris, Belfield House, University College Dublin (UCD), Dublin 4,* ***T (01) 26 00 749****.*

LOCATION DE VÉLOS

● *Irish Cycle Hire, Mayoralty Street, Drogheda (Louth),* ***T (041) 410 67***.
● *Raleigh Ireland, Raleigh House, Kylemore Road, Dublin 10,* ***T (01) 62 61 333***.
● *Rent-a-Bike Ireland, 58 Lower Gardiner Street, Dublin 1,* ***T (01) 87 25 399***.

ÉQUITATION

● *AIRE, 11 Moore Park, Newbridge (Kildare),* ***T (045) 431 584***. *Le représentant officiel des établissements équestres en Irlande.*
● *Equestrian Federation of Ireland, Ashton House, Castleknock (Dublin),* ***T (01) 83 87 611***. *L'organisme directeur de tous les sports équestres, à l'exception du pur-sang, affilié à la Fédération équestre internationale.*
● *Equestrian Holidays Ireland, PO Box 590, Limerick ;* ***email : info@ehi.ie ; www.ehi.ie***. *Ce groupe national propose des séjours dans les meilleurs centres équestres de l'ensemble de l'Irlande.*

COURSES HIPPIQUES

● *Irish Horseracing Authority, Leopardstown Racecourse, Foxrock, Dublin 18,* ***T (01) 28 92 888***. *Calendrier des courses hippiques en Irlande.*

VACANCES EN ROULOTTE

Nul besoin de bien connaître les chevaux, car ces chevaux, en revanche, ont une grande expérience des hommes !

● *Clissman Horse-Drawn Caravans, Carrigmore Farm, Wicklow (Wicklow),* ***T (04) 04 81 88***.
● *Slattery's Horse-Drawn Caravans, 1 Russel Street, Tralee (Kerry),* ***T (066) 26 777***.

GOLF

L'Office de tourisme irlandais propose des brochures complètes.

● *Golfing Ireland, 18 Parnell Square, Dublin 1,* ***T (01) 87 26 711***. *Renseignements et réservations sur 28 terrains, dont le Mount Juliet.*
● *Golfing Union of Ireland, 81 Eglington Road, Donnybrook, Dublin 4,* ***T (01) 26 94 111***.
● *Irish Ladies Golf Union, 1 Clonskeagh Square, Clonskeagh Road, Dublin 14,* ***T (01) 26 96 244***. *Pour les dames.*

Les spécialistes en France

● *Northern Ireland Tourist Board, 23, rue des Volontaires, 75015 Paris,* ***T 01 45 66 89 38***.
● *Office national du tourisme irlandais, 33, rue de Miromesnil, 75008 Paris,* ***T 01 53 43 12 12***.
● *Bennett Voyages-Destination Nord, 11, rue de la Ferronnerie, 75001 Paris,* ***T 01 44 88 54 54***. *Bennett organise tous les séjours irlandais : randonnées, cyclotourisme, bateaux à cabines, roulottes, voyages culturels.*
● *Gaéland Ashling, 4, quai des Célestins, 74004 Paris,* ***T 01 42 71 44 44*** *; 5, rue des Lois, 31000 Toulouse,* ***T 05 62 30 56 60***. *Grand choix de séjours à la carte ou organisés : golf, pêche, équitation, randonnées, cyclotourisme, bateaux à cabine, vacances en roulotte.*
● *Grand Large Voyages, 455, promenade des Anglais, « Nice Premier », 06200 Nice,* ***T 04 92 29 42 24***. *Grand choix de séjours et d'activités.*
● *Irlande Passion, 61, rue des Petits-Champs, 75001 Paris,*

T 01 42 60 65 65. Golf, équitation, cyclotourisme, bateaux à cabine.

- *Republic Tours, 1 bis, avenue de la République, 75541 Paris cedex 11, **T 01 53 36 55 50**. Cette agence propose de nombreuses formules avec transport, circuits en autocar, golf, pêche, équitation, randonnées, cyclotourisme, bateaux, roulottes et voyages culturels.*

NAVIGATION DE PLAISANCE

- *Les Glénans, quai Louis-Blériot, 75781 Paris cedex 16, **T 01 53 92 86 00**.*
- *Northern Ireland Tourist Board, 23, rue des Volontaires, 75015 Paris, **T 01 45 66 89 38**.*
- *Office national du tourisme irlandais, 33, rue de Miromesnil, 75008 Paris, **T 01 53 43 12 12**.*

PÊCHE

- *GP Chasse et Pêche, 12, rue de Saussure, 75017 Paris, **T 01 47 64 47 47**. Ce spécialiste des séjours de pêche en Irlande propose aussi des séjours d'équitation, de randonnée et de cyclotourisme.*
- *Halieutours Espace Évasions, BP 49, 69741 Genas, **T 04 78 90 15 10**. Séjours à la carte avec hébergement en hôtel ou chez l'habitant, ou location de maison.*

RANDONNÉES PÉDESTRES ET CYCLISTES

- *Grand Angle, 38112 Méaudre, **T 04 76 95 23 00**. Randonnées et cyclotourisme.*
- *Travel Solutions, 155, rue de Vaugirard, 75015 Paris, **T 01 44 49 79 69**. Séjours et randonnées.*

VACANCES À CHEVAL ET EN ROULOTTE

- *Viking Voyages, 16, rue du Général-Giraud, BP 272, 14013 Caen cedex, **T 02 31 27 12 34**. Pour découvrir l'Irlande à cheval, ce spécialiste des randonnées équestres propose des parcours à thème : « Jardins d'Irlande », « Landes et tourbières », « Magie celte ». Pour cavaliers sportifs, mais aussi pour débutants. Des séjours mixtes linguistiques/équitation sont au programme, ainsi que des séjours en roulotte.*

VACANCES EN PÉNICHETTE

- *Locaboat Plaisance, BP 150, 89303 Joigny, **T 03 86 91 72 72**. Ce loueur installé dans l'Yonne est également implanté en Irlande, sur la base de Ballinamore.*

GOLF

- *Grand Golf, 18, rue Servient, 69009 Lyon, **T 04 72 61 91 71**.*
- *Greens du monde, BP 4, 83350 Ramatuelle, **T 04 94 55 97 77, fax 04 94 55 97 78**. Un spécialiste des séjours de golf.*
- *Griserie/Astrop, 2, rue Vézelay, 75008 Paris, **T 01 42 93 31 81**. Golf, mais aussi séjours culturels.*
- *GR Tourisme/Golf Évasions, 6, rue de Solferino, 75007 Paris, **T 01 47 53 89 21**. Un spécialiste du golf qui propose aussi des séjours d'équitation.*
- *Sports Away Voyages, BP 109, 13321 Marseille cedex 16, **T 0 803 013 000**. Séjours spécialisés dans le golf.*

Livres et cartes

L'Office national du tourisme irlandais édite plusieurs brochures détaillées contenant maints renseignements utiles.

La boutique irlandaise située à la même adresse vend guides et cartes, notamment la carte Michelin *Irlande* (n° 923) et les cartes routières de l'Ordinance Survey.

● *Au coin d'Irlande,*
33, rue de Miromesnil, 75008 Paris,
***T 01 40 07 09 08** et 01 **40 07 10 18**.*

RANDONNÉES PÉDESTRES
Cinquante Randonnées en Irlande, L'Astrolabe, 46, rue de Provence, 75009 Paris.

Discovering Ireland's Woodlands, guide des parcs forestiers et des randonnées en forêt. Vente en librairie ou chez Coillte, Leeson Lane, Dublin 2, **T 01 66 15 666**.

ESCALADE
Vente de guides et du magazine *The Irish Mountain Log* au Mountaineering Council of Ireland, AFAS House of Sport, Longmile Road, Dublin 12, **T (01) 45 07 376**.

VOILE
The Irish Cruising Club Sailing Directions fournit toutes les informations utiles pour naviguer, dont les plans et les capacités des ports. En vente en librairie sur place.

airfrance.fr
faire du ciel le plus bel endroit de la terre
AIR FRANCE
NEW YO
MOSKVA
PA
Tarifs Tempo. Envolez-vous à petits prix.
Membre de SKYTEAM
EURO RSCG / BETC 552 043 002 RCS Bobigny

TEMPÉRATURES MOYENNES DANS QUELQUES GRANDES VILLES
(EN °C)

	JANV.	FÉV.	MARS	AVRIL	MAI	JUIN	JUIL.	AOÛT	SEPT.	OCT.	NOV.	DÉC.
Dublin	8	8	10	12	15	18	19	19	17	14	10	8
Belfast	6	7	9	11	14	18	18	18	16	15	9	7
Cork	8	9	11	13	16	19	20	20	17	14	11	9
Galway	8	9	11	13	16	18	19	19	17	14	11	9

PRÉPARER SON VOYAGE

Quand partir

Grâce à un climat tempéré et à de faibles écarts de température, il est agréable de voyager en Irlande toute l'année.

Le printemps est la meilleure saison pour découvrir l'Irlande en fleur : les espèces rares du Burren ou les vergers du comté d'Armagh, les rhododendrons qui envahissent jardins et parcs. Les pêcheurs de truite en lac choisiront le mois de mai, à l'éclosion de la mouche. En général, la période de Pâques à juin est aussi la plus ensoleillée. Le 17 mars, le pays célèbre sa plus grande fête, la Saint-Patrick.

En été, les jours sont merveilleusement longs, avec une moyenne de 18 h de lumière. C'est le moment idéal pour faire de grandes randonnées à pied, à cheval ou à vélo. Il est rare qu'il fasse trop chaud, la température de juillet-août, mois les plus chauds, étant d'environ 17 °C et dépassant rarement les 23 °C. Les Irlandais ne trouvent pas l'eau trop froide pour se baigner, mais il faut savoir que la température est plus élevée sur la côte ouest (15 °C) qu'en mer d'Irlande (13 °C).

L'automne arrive tôt en Irlande, et il suffit de suivre l'ancien calendrier celte pour retrouver le mois d'août au début de l'automne, mai, juin et juillet étant les mois d'été. En réalité, le climat irlandais est un exemple parfait de cet ancien découpage des saisons. Dès la mi-août, les jours raccourcissent et les gens se rassemblent à l'occasion des festivals et des foires. L'automne est une bonne saison sportive, avec de nombreux matchs et des concours importants. L'une des plus anciennes foires de chevaux d'Europe se déroule à Ballinasloe, dans le comté de Galway.

L'hiver n'est pas particulièrement rude en Irlande, mais la nuit tombe vite et les soirées sont longues. Il est plus difficile de circuler en transport en commun pendant les mois d'hiver et certaines activités cessent complètement. Les crues hivernales peuvent mettre les cours d'eau hors d'état de navigation et interdire l'accès aux lacs. Toutefois, l'hiver est une saison parfaite pour découvrir les grandes villes, comme Belfast, Dublin ou Cork. Les mois les plus froids sont janvier et février (de 4 à 8 °C).

Comment partir

EN AVION

Au départ de la France

- *Aer Lingus*, ***T 01 55 38 38 55*** ;

www.aerlingus.ie. *Vols directs pour Dublin, Cork et Shannon au départ de Roissy-Charles-de-Gaulle-1. Vols quotidiens avec correspondance vers Galway, Kerry et Sligo. Vols saisonniers pour Dublin et Cork au départ de Rennes.*

- *Air France/Cityjet,* **T 0 802 802 802** *;* **www.airfrance.fr**. *4 vols par jour pour Dublin au départ de Roissy-Charles-de-Gaulle-2F.*
- *Ryanair,* **T 01 44 55 20 00**. *3 à 4 vols par jour pour Dublin au départ de Beauvais, à des tarifs intéressants à condition de s'y prendre à l'avance. Navette payante (50 F) entre la porte Maillot, à Paris (terminus et billets au James-Joyce Pub, à l'angle de la rue Belidor et du bd Gouvion-Saint-Cyr), et Beauvais.*
- *USIT Connect, 12, rue Vivienne, 75002 Paris,* **T 08 25 08 25 25**. *Vols réguliers à tarifs réduits au départ de Paris et de la province. Tarifs économiques pour les moins de 26 ans et les étudiants.*

Vols charters

- *Gaéland Ashling, 4, quai des Célestins, 75004 Paris,* **T 01 42 71 44 44** *; et 5, rue des Lois, 31000 Toulouse,* **T 05 62 30 56 60** *;* **www.gaeland-ashling.com**. *D'avril à septembre, vols pour Shannon au départ de Paris, Bordeaux, Lyon, Marseille et Toulouse.*
- *Go Voyages, 20, rue du Sentier, 75002 Paris,* **T 0 803 803 747** *;* **www.govoyages.com**. *Du 26 mai au 8 septembre, vols pour Shannon tous les vendredis au départ de Paris, Lyon, Montpellier, Nantes et Toulouse.*
- *Nouvelles Frontières, 87, bd de Grenelle, 75015 Paris,* **T 0 803 333 333** *;* **www.nouvelles-frontieres.fr**. *En saison, vols charters pour Dublin, Shannon et Cork au départ de Paris, vols pour Shannon au départ de Bordeaux, Marseille et Toulouse.*
- *Plein Vent Voyages,* **T 04 92 12 38 38**. *Du 20 mai au 9 septembre, tous les samedis, vols pour Shannon au départ de Lyon et Marseille.*
- *Starter, 9, av. Foch, 68100 Mulhouse,* **T 03 89 36 26 26**. *Du 27 mai à la mi-septembre, tous les samedis, vol pour Shannon au départ de Mulhouse.*
- *Westair, aéroport international de Brest, 29490 Guipavas,* **T 02 98 84 89 66**. *Du 21 avril au 29 septembre, tous les vendredis, vol pour Cork au départ de Brest.*

Via la Grande-Bretagne

- *British Airways/Cityflyer Express, 13-15, bd de la Madeleine, 75001 Paris,* **T 0 825 825 400**. *Vols quotidiens pour Dublin via Londres-Gatwick au départ de Roissy-Charles-de-Gaulle-1 et de la province.*
- *Ryanair,* **T 0 825 071 626** *;* **www.ryanair.com**. *Vols pour Dublin, Cork et Knock-Connacht via Londres-Stansted au départ de Biarritz, Carcassonne, Dinard (navette vers Rennes) et Saint-Étienne (navette vers Lyon).*

Via la Belgique

- *Sabena, 4-14, rue Ferrus, 75014 Paris,* **T 0 820 830 830** *;* **www.sabena.com**. *Vols quotidiens* *pour Dublin via Bruxelles au départ de Roissy-Charles-de-Gaulle-2D ou Orly-Sud, Ajaccio, Bordeaux, Lyon, Marseille, Nantes, Nice, Strasbourg et Toulouse.*

EN FERRY

Liaisons directes

- *Brittany Ferries, port du Bloscon, BP 72, 29688 Roscoff cedex,* **T 0 803 828 828**. *De fin mars à octobre, liaison tous les vendredis pour Cork au départ de Roscoff (durée de la traversée : 14 h). Liaisons également depuis Saint-Malo.*
- *Irish Ferries, 32, rue du Quatre-Septembre, 75002 Paris,* **T 01 42 66 90 90**. *Liaison avec Rosslare au départ de Cherbourg ou Roscoff.*

Via l'Angleterre

- *Brittany Ferries, port du Bloscon, BP 72, 29688 Roscoff cedex,* **T 0 803 828 828**. *Liaisons quotidiennes en tarifs combinés.*
- *P & O Portsmouth, 19, rue des Mathurins, 75009 Paris,* **T 0 803 013 013**. *Traversées Le Havre-Portsmouth ou Cherbourg-Portsmouth, puis Pembroke-Rosslare ou Holyhead-Dublin.*
- *P & O Stena Line, 41, place d'Armes, 62226 Calais cedex,* **T 0 802 051 051**. *Liaisons Calais-Douvres, puis Fishguard-Rosslare ou Holyhead-Dun Laoghaire. Propose aussi des séjours forfaitaires en Irlande.*

Le catamaran HSS traverse la mer d'Irlande en 1 h 40 de Holyhead à Dun Laoghhaire, contre 4 h pour le ferry. Le Lynx met 1 h 45 de Fishguard à Rosslare, contre 3 h 30 pour le ferry. Au départ de Calais, réservation 48 h au moins avant le départ.

- *Seafrance Voyages,* **T 0 803 044 045**. *« Landbridge » : tarif combiné pour la traversée de la Manche avec Seafrance Sealink.*

PAR EUROTUNNEL

Irish Ferries propose une formule combinant un passage Eurotunnel et une traversée de la mer d'Irlande.

- *Réservations et renseignements : Irish Ferries,* **T 01 42 66 90 90**.

EN AUTOCAR ET FERRY

Toute l'année, départs en autocar grand tourisme avec correspondance à Londres.

- *Eurolines, gare routière internationale Paris-Gallieni, 28, av. du Général-de-Gaulle, 93541 Bagnolet cedex,* **T 0 836 695 252**.

Formalités

Passeport ou carte d'identité nationale en cours de validité, permis de conduire obligatoire, autorisation parentale pour les mineurs voyageant seuls. Pour la voiture, carte grise, carte verte internationale, permis de conduire, plaque d'identité nationale à l'arrière de la voiture.
Pour tous les animaux venant du continent, quarantaine obligatoire de 6 mois. Aucune dérogation n'est possible.
Il est interdit d'importer des produits laitiers ou de la viande. Saucissons et fromages sont saisis à l'arrivée. Les personnes travaillant ou vivant dans une ferme doivent le déclarer à la douane.

Devises

La République et les six comtés d'Irlande du Nord n'ont pas la même monnaie.
En République, c'est la livre irlandaise (IEP), *punt*, qui a cours. Fin 2000, elle valait 8,33 F, soit 1,27 € (1 € valant 0,79 IEP). La livre irlandaise existe en billets de 5, 10, 20, 50 et 100 livres, et en pièces de 1 penny, 2, 5, 10, 20, 50 pence et 1 livre.
Dans les comtés du Nord, c'est la livre sterling (GBP) qui a cours. Fin 2000, elle valait 10,94 F, soit 1,668 €. La livre sterling existe en billets de 5, 10, 20, 50 et 100 livres, et en pièces de 1 penny, 5, 10, 20, 50 pence, 1 livre et 2 livres.
Les cartes de crédit internationales sont acceptées partout en Irlande.

Santé

Aucun vaccin n'est obligatoire. Pour les ressortissants des pays de l'Union européenne, il est prudent de se munir du formulaire E111, fourni par les bureaux de la Sécurité sociale, qui permet de bénéficier de soins gratuits en Irlande du Nord ou de se faire rembourser en cas de dépenses pour soins en République d'Irlande.

Adresses utiles avant le départ

- *Ambassade d'Irlande, 4, rue Rude, 75116 Paris,* **T 01 44 17 67 00**.
- *Collège des Irlandais, 5, rue des Irlandais, 75005 Paris,* **T 01 45 35 59 79**. *Il n'y a pas de véritable centre culturel d'Irlande à Paris, mais cet ancien séminaire organise des événements culturels, des conférences et quelques expositions. Au moment des grandes fêtes, comme la Saint-Patrick (17 mars), la Sainte-Brigid (2 février), Pâques ou Noël, des messes sont célébrées dans la petite chapelle Saint-Patrick, suivies par des festivités avec musique.*
- *Office national du tourisme irlandais (Bord Failte), 33, rue de Miromesnil, 75008 Paris,* **T 01 53 43 12 12 ; www.irlande-tourisme.fr** *et* **www.irlande.travel.ie**.
- *Tourisme d'Irlande du Nord, Centre PO 166, 23, rue Lecourbe, 75015 Paris,* **T 01 49 39 05 77**.
- *Office national du tourisme irlandais (Bord Failte), avenue de Beaulieu 25-12, B-1160 Bruxelles,* **T (32) 02 673 99 40**.

Bibliographie

Ouvrages généraux

- Histoire et civilisation de l'Irlande, *C. Maignant, Nathan, 1996.*
- Histoire de l'Irlande, *Pierre Joannon, Plon, 1973.*
- Histoire d'Irlande, *R. Frechet, PUF, « Que sais-je ? », 1992.*
- Irlande, *Camille Bourniquel, Seuil, « Petite Planète », 1972 (épuisé).*
- Le Monde irlandais, *Brian de Breffney, Albin Michel, 1978.*

Art, architecture, beaux livres

- L'Art médiéval en Irlande, *Peter Harbison, Éditions du Zodiaque, 1999. Nouvel ouvrage de référence pour remplacer celui, épuisé, publié en 1963 par le même éditeur.*

- Deux Vagabonds en Irlande, *Pierre Josse et Bernard Pouchèle, Terre de Brume, 1998.*
- L'Irlande que j'aime, *Michel Déon, Pierre Joannon et Erwan Quéméré, Sun, 1978 (épuisé).*
- Irlande, le style géorgien, *Herbert Ypma, Éditions Assouline, « Design du monde », 2000. Décors et intérieurs des grandes demeures irlandaises.*
- L'Irlande, terre des Celtes, *Pierre Joannon et Seamus Daly, Ouest-France, « Itinéraires de découvertes », 1999.*
- Merveilleuse Irlande, *Peter Harbison, Könemann, Cologne, 2000. 140 clichés format panoramique en couleur par les grands photographes du paysage en Irlande. Texte d'un éminent archéologue irlandais.*
- Tendre et fougueuse Irlande, *Jill et Leon Uris, Robert-Laffont, 1978. Portrait de l'Irlande par le célèbre auteur et son épouse photographe.*
- The Stars and the Stones, *Martin Brennan, Thames & Hudson, 1983. Fascinante étude sur les liens entre l'art, l'astronomie et les pierres mégalithiques irlandaises.*

Poésie

- An Duanaire, Poems of the Dispossessed, *Sean O'Tuama, trad. Thomas Kinsella, The Dolmen Press, Portlaoise, 1981. Recueil bilingue (gaélique-anglais) de 300 ans de poésie (1600-1900).*
- Anthologie de la poésie irlandaise du XXᵉ siècle, *sous la dir. de Jean-Yves Masson, Verdier, 1996. Important recueil trilingue (français-anglais, français-gaélique) de la poésie irlandaise de 1890 à 1990.*
- A Rich and Rare Land, *introd. par Joseph McMinn, Gill & Macmillan, 1998. Recueil de poésies romantiques du XVIIIᵉ au XXᵉ siècle, illustré de peintures irlandaises.*
- Sachant toute solitude, *René Agostini, La Différence, « Orphée », 1995.*
- The Irish Eros, *sous la dir. de Davis Marcus, Gill & Macmillan, 1996. Recueil de nouvelles, de poésies et de traductions de textes gaéliques anciens.*

Littérature contemporaine

- À l'irlandaise, *Joseph O'Connor, trad. Isabelle D. Philippe, « 10-18 », 2000.*
- Comme au ciel, *Niall Williams, trad. Erika Abrams, Denoël, « Et d'ailleurs », 1999.*
- Eureka Street, *Robert McLiam Wilson, trad. Brice Mathieussent, « 10-18 », 1999.*
- Finbar's Hotel, *anthologie contemporaine, trad. Florence Lévy-Paolini, Joëlle Losfeld, 1999.*
- La Filière Émeraude, *Michael Collins, trad. Jean Guiloineau, Christian Bourgois, 2000.*
- La Légende d'Henry Smart, *Roddy Doyle, trad. J.-F. Hel Guedj, Denoël, « Et d'ailleurs », 2000.*
- Le Garçon boucher, *Patrick McCabe, trad. Édith Soonckindt-Bielok, « 10-18 », 1996.*

Filmographie

- Agnes Brown, *Anjelica Huston, 1999. La réalisatrice, qui a grandi dans le comté de Galway, où son père possédait une propriété, s'inspire d'une « mère Courage » des années 60 à Dublin pour créer un personnage touchant et drôle.*

- Angela's Ashes, *Alan Parker, 1999. Tournée à Limerick (Dublin), la biographie de Frank McCourt transposée à l'écran, la misère en Irlande dans les années 50.*
- Au nom du Père, *Jim Sheridan, 1993. Les troubles en Irlande du Nord. D'après un fait réel, Daniel Day-Lewis joue Gerry Conlon, victime d'une erreur judiciaire dans les années 70.*
- Barry Lyndon, *Stanley Kubrick, 1975. Tournée au château de Cahir et dans le comté de Kilkenny, une romantique fresque historique sur fond musical des Chieftains.*
- Braveheart, *Mel Gibson, 1995. L'épopée écossaise de Mel Gibson se passe au château de Trim. Le réalisateur réunit 1 500 cavaliers dans le Curragh (Kildare) pour la reconstitution de la bataille de Stirling.*
- Excalibur, *John Boorman, 1981. Tournée à Cashel (Tipperary) et dans les comtés de Kerry et Wicklow, la légende de l'épée mythique.*
- High Spirits, *Neil Jordan, 1988. Askeaton (comté de Limerick), châteaux hantés, Halloween et bonne humeur à l'irlandaise.*
- Horizons lointains, *Ron Howard, 1992. Dans ce film tourné à Dunquin (Kerry), Tom Cruise et Nicole Kidman jouent deux émigrants irlandais dans les années 1890.*
- Il faut sauver le soldat Ryan, *Steven Spielberg, 1998. C'est sur une plage du comté de Wexford qu'a lieu le débarquement de Spielberg. L'armée irlandaise a mis 750 figurants à disposition de la production pour le tournage.*
- La Fille de Ryan, *David Lean, 1970. Grand spectacle romanesque. Les plages de Dingle dans toute leur beauté.*
- Le Cheval venu de la mer, *Mike Newell, 1992. Le « Crin Blanc » irlandais. L'histoire poignante de deux enfants du voyage.*
- Le Secret de Roan Inish, *John Sayles, 1994. Tournée à Rosbeg (Donegal), une histoire poétique et mystérieuse fondée sur un personnage mythique irlandais, la femme-phoque.*
- L'Homme d'Aran, *Robert O'Flaherty, 1934. La vie pénible d'une famille courageuse dans les îles d'Aran.*
- L'Homme tranquille, *John Ford, 1952. La chaumière des rêves de John Wayne, dans ce film tourné à Cong (Mayo), existe toujours à Teernakill, dans la vallée de Maam.*
- Michael Collins, *Neil Jordan, 1996. Tournée à Dublin et à Cork, la vie et la mort d'un patriote irlandais sur fond de révolte de 1916.*
- Moby Dick, *John Huston, 1956. L'écrivain Ray Bradbury travailla comme scénariste pour cette grande fresque adaptée du roman d'Herman Melville et tournée à Youghal (Cork), avec Gregory Peck dans le rôle du capitaine Achab.*
- My Left Foot, *Jim Sheridan, 1989. Daniel Day-Lewis a reçu un oscar pour son interprétation de l'écrivain handicapé Christy Brown, décédé à Dublin en 1981 à l'âge de 48 ans.*
- The Butcher Boy, *Neil Jordan, 1998. Tournée à Clones (comté de Monaghan), l'histoire touchante et terrible d'un petit garçon devenu tueur, d'après le roman de Patrick McCabe. La Madonna nationale,*

la chanteuse Sinead O'Connor, apparaît dans le film dans le rôle de la Vierge Marie.

● The Commitments, *Alan Parker, 1991. Musique soul à la sauce irlandaise.*

● The Dead *(Gens de Dublin), John Huston, 1987. Tourné à Dublin, le testament d'un réalisateur qui aimait l'Irlande. Cette adaptation à l'écran de l'œuvre de James Joyce est le dernier film de John Huston.*

● The General, *John Boorman, 1998. La vie d'un gangster pas comme les autres qui a vécu à Dublin dans les années 70.*

● The Snapper, *Stephen Frears, 1993. Portrait comique d'une famille modeste à Dublin.*

● Un taxi mauve, *Yves Boisset, 1977. Les Français ont découvert le Connemara avec cette adaptation d'un roman de Michel Déon, avec Fred Astaire et Philippe Noiret.*

BIEN VIVRE EN IRLANDE

Argent

Il est conseillé de changer son argent dans les banques pour bénéficier du taux le plus intéressant. Dans presque toutes les villes, des guichets automatiques permettent de retirer de l'argent liquide avec une carte de crédit internationale. Les cartes de crédit sont acceptées dans les hôtels, restaurants et magasins partout en Irlande. Attention, ne pas oublier que la monnaie irlandaise, la *punt*, n'a pas cours en Irlande du Nord et que celle du Nord, la livre sterling, n'a pas cours dans la République. De plus, les billets émis par les quatre banques provinciales d'Ulster (Bank of Ireland, Ulster Bank, Northern Bank et First Trust Bank) ne sont pas reconnus en République d'Irlande : il faut donc les échanger avant de quitter le Nord.

Circuler

EN AVION

Belfast, Dublin, Cork et Shannon sont des aéroports internationaux. Les lignes intérieures assurent des liaisons avec les aéroports de Waterford, Kerry County Airport, Galway, Knock, Sligo, Carrickfinn.
Les vols vers les îles d'Aran sont assurés par Aer Arann. Les distances étant peu importantes à l'intérieur du pays, aucun vol ne dure plus de 30 à 40 mn.

● *Aer Arann,* ***T 091 593 034.***

EN TRAIN

La compagnie des chemins de fer, Iarnrod Éireann (Irish Rail), a un réseau qui relie les principales villes du pays, mais qui néglige totalement les comtés au nord de Sligo. En dehors de la ligne qui relie Dublin à Belfast, une grande partie du Nord est privée de liaison ferroviaire. Ce manque est comblé par le réseau d'autobus.

● *Irish Rail (Iarnrod Éireann), Connolly Station, Amien Street, Dublin 1,* ***T (01) 83 63 222.***

À Dublin, il n'y a pas de métro, mais le Dart, un train express qui traverse le centre-ville et relie 26 gares entre Howth au nord et Bray au sud de la ville. Les enfants de moins de 16 ans bénéficient du demi-tarif sur l'ensemble des services.
Railtours propose de découvrir une région d'Irlande en une journée, en train au départ de Dublin. Neuf circuits différents sont proposés tous les jours, sauf les dimanches et les jours fériés. Compter de 29 à 59 IR £ par personne (36,83 à 74,93 €).

● *Railtours,* ***T (01) 856 00 45.***

EN AUTOBUS

Le réseau d'autobus, Bus Éireann, relie toutes les villes irlandaises. Ses bus sont reconnaissables à ce qu'ils arborent l'effigie d'un setter irlandais. La compagnie propose de nombreux tarifs spéciaux permettant, par exemple, de combiner des trajets avec Ulsterbus. D'autres formules sont proposées, comme « famille » (pour 5 personnes), « week-end », « retour dans les 3 jours » ou « retour mensuel ». Le billet « aller simple » est rarement intéressant. Les enfants de moins de 16 ans bénéficient du demi-tarif.

● *Bus Éireann (terminus national), Busàras, Store Street, Dublin 1,* ***T (01) 83 66 111****.*

De nombreuses compagnies privées proposent des services très peu chers vers des destinations comme Galway ou Donegal. Ces compagnies n'ont pas de structure officielle, mais fonctionnent par annonces dans les journaux régionaux. Leurs bus sont garés le long des quais à Dublin, près des gares.

Dans le Nord, où il n'existe pas de compagnie privée, le service est assuré par Ulsterbus.

● *Ulsterbus, Milewater Road, Belfast BT3 9BG,* ***T (028) 90 351 201****.*

EN VOITURE

On roule à gauche en Irlande. Il faut donc s'habituer à céder la priorité à gauche aux ronds-points et à doubler par la droite. Les panneaux de signalisation peuvent sembler compliqués puisqu'ils indiquent les distances en miles, en kilomètres ou les deux. Les noms de lieux sont indiqués en irlandais et en anglais, mais il arrive que les noms anglais soient effacés. Enfin, le panneau qui commande de céder le passage est marqué *Yield* en République, *Géill Sli* dans le Gaeltacht et *Give* en Irlande du Nord.

Les transports en commun sont peu efficaces à Dublin et il est difficile de compter sur les bus. Le nombre de voitures particulières est donc très élevé et la circulation qui en résulte pose un sérieux problème dans la capitale, comme dans la plupart des villes. Les grandes villes pratiquent la pose de sabots ou l'enlèvement des voitures en stationnement illégal.

Voiture de location : env. 225 IR £ (285,75 €) par semaine en haute saison, kilométrage illimité, assurance comprise ; option possible avec assurances tous risques.

Location de voitures sur place : le prix de location des voitures est élevé en Irlande, il est conseillé de louer avec un agent de voyage du pays de départ pour bénéficier d'un tarif plus intéressant. Pour Leinster, les grandes compagnies sont représentées à l'aéroport de Dublin.

● *Avis, Dublin Airport et 1 Hanover Street, Dublin 2,* ***T (01) 60 57 555****.*

● *Budget Rent-a-Car, 151 Lower Drumcondra Road, Dublin 9,* ***T (01) 83 79 611****.*

EN TAXI

Au nord, Belfast et Derry possèdent des *black cabs* (taxis londoniens) et des *mini-cabs* (voitures normales), qui pratiquent des tarifs raisonnables.

Dans les villes de la République, la plupart des taxis, identifiables à leur lumière jaune sur le toit, sont munis

Lignes de train et de bus

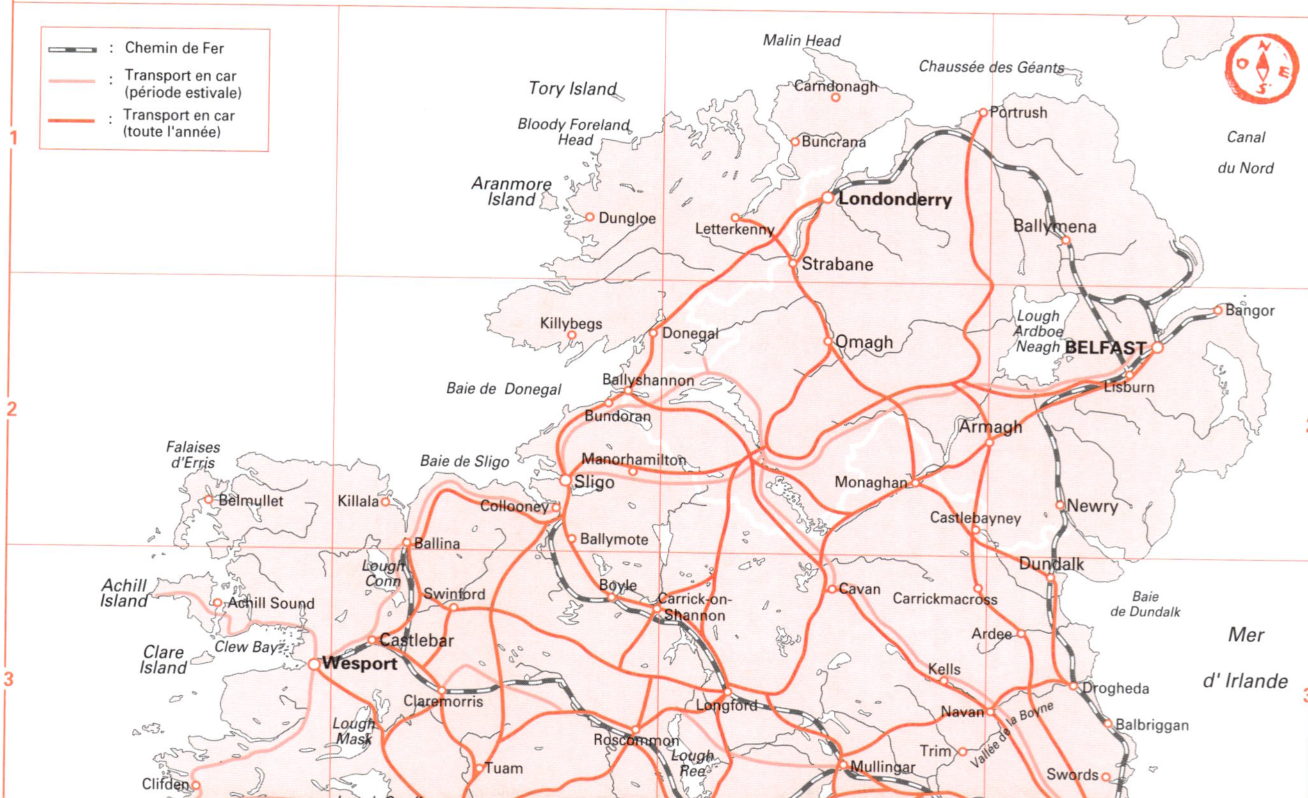

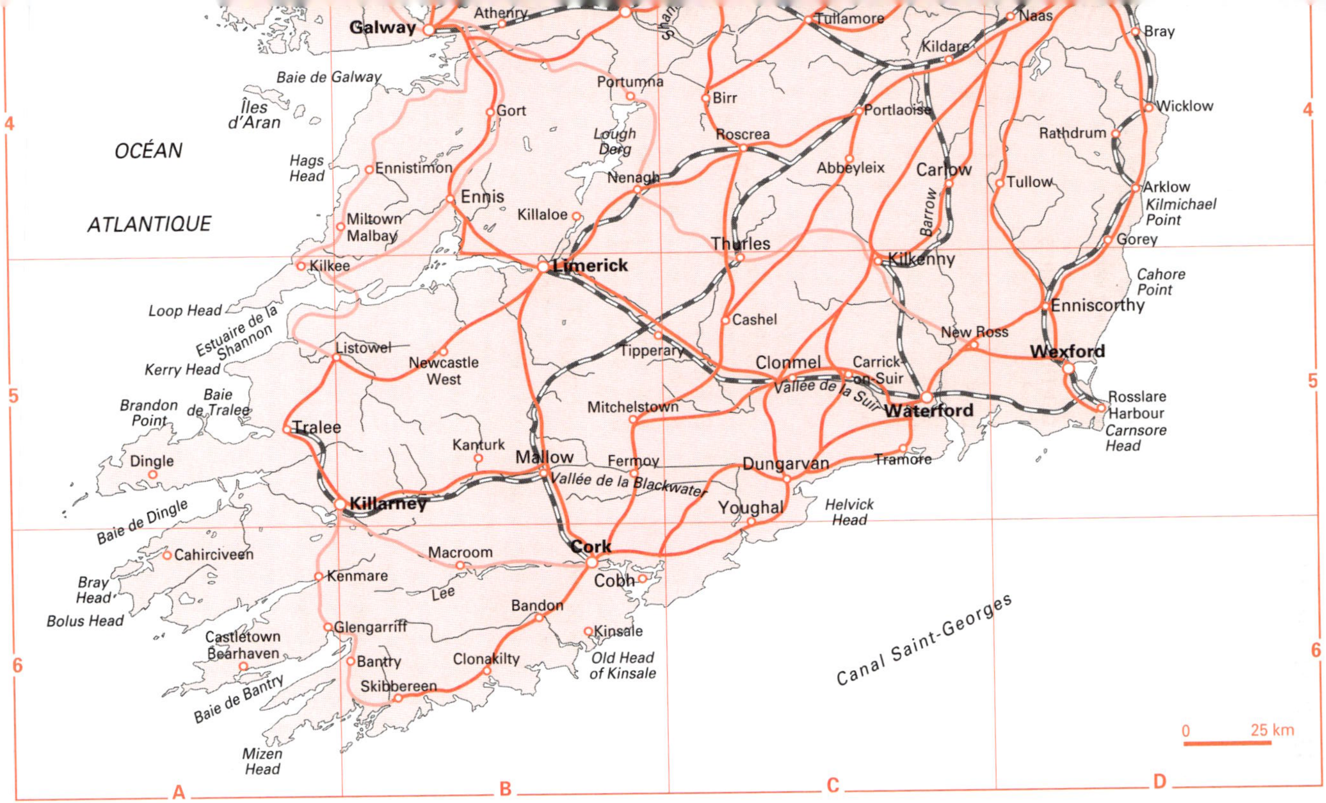
Galway
Athenry
Tullamore
Naas
Bray
Kildare
Baie de Galway
Portumna
Birr
Wicklow
Îles d'Aran
Gort
Portlaoise
Rathdrum
OCÉAN
Lough Derg
Roscrea
Hags Head
Ennistimon
Abbeyleix
Carlow
Tullow
Arklow
Ennis
Nenagh
Kilmichael Point
ATLANTIQUE
Miltown Malbay
Killaloe
Barrow
Gorey
Thurles
Kilkee
Limerick
Kilkenny
Cahore Point
Loop Head
Enniscorthy
Estuaire de la Shannon
Cashel
New Ross
Listowel
Tipperary
Wexford
Kerry Head
Newcastle West
Clonmel
Carrick-on-Suir
Brandon Point
Baie de Tralee
Vallée de la Suir
Rosslare Harbour
Mitchelstown
Waterford
Tralee
Carnsore Head
Kanturk
Dingle
Mallow
Fermoy
Dungarvan
Tramore
Vallée de la Blackwater
Killarney
Youghal
Helvick Head
Baie de Dingle
Cork
Cahirciveen
Macroom
Kenmare
Cobh
Bray Head
Lee
Bolus Head
Bandon
Glengarriff
Kinsale
Castletown Bearhaven
Old Head of Kinsale
Bantry
Clonakilty
Canal Saint-Georges
Baie de Bantry
Skibbereen
Mizen Head
0
25 km
4
5
6
A
B
C
D

de compteur. Dans les régions plus rurales, certaines voitures n'en possèdent pas et il faut se mettre d'accord sur le prix de la course avant le départ.

Se loger

AUBERGES DE JEUNESSE ET HÉBERGEMENT ÉCONOMIQUE

Il y a environ 190 hébergements économiques à travers le pays : auberges de jeunesse ou appartements à louer sur les campus universitaires. Tarif des auberges de jeunesse : à partir de 5 IR £ (6,35 €) la nuit.

- *An Oige-Irish Youth Hostel Association, 61 Mountjoy Square, Dublin 1,* ***T (01) 83 04 555 ; e-mail : anoige@iol.ie****. En France : FUAJ, 10, rue Notre Dame-de-Lorette, 75009 Paris,* ***T (01) 42 85 55 40****.*
- *Independent Holidays Hostels, 57 Lower Gardiner Street, Dublin 1,* ***T (01) 83 64 700 ; e-mail : ihh@iol.ie****.*
- *MUSA Marketing University Summer Accommodation, UCC Castlewhite Apartments, University College Cork,* ***T (021) 49 02 793****.*
- *Plassey Campus Centre Ltd., University of Limerick,* ***T (061) 202 983 ; e-mail : kate.sheahan@ul.ie****.*
- *USIT Accommodation Centre,* ***T (01) 70 61 071 ; e-mail : accom@usit.ie****.*

CAMPINGS

L'Irlande compte 135 terrains de camping et caravaning agréés par l'Office national du tourisme.
Emplacement d'une tente : env. 4 IR £ (5,08 €) la nuit.
Location d'une caravane en haute saison : à partir de 200 IR £ (254 €) la semaine.

- *Irish Caravan & Camping Council, PO Box 4443, Dublin 2,* ***fax (98) 28 237 ; www.camping-ireland.ie****.*

GENTILHOMMIÈRES

C'est un des charmes de l'Irlande que de proposer des hébergements dans des châteaux ou des gentilhommières, pour un prix à peine plus élevé que celui des hôtels classiques. Pour une chambre double, petits déjeuners compris, compter env. 105 IR £ (133,35 €) en pleine saison.

- *Hidden Ireland, PO Box 5451, Dublin 2 ;* ***e-mail : info@hidden-ireland.com****.*
- *Manor House Hotels,* ***3615 Dormez Bien*** *(2,23 F/mn).*
- *Relais et Châteaux Ireland, Ballylickey Manor House, Ballylickey, Bantry (Cork),* ***T (027) 500 71****.*

LOCATION DE COTTAGES

La location d'un cottage équipé est une bonne solution pour les séjours en groupe. Ces maisons, construites pour la location, sont regroupées dans des sites agréables. Pour une maison de 4 à 5 personnes, compter env. 375 IR £ (476,25 €) par semaine en pleine saison.

HÔTELS

Les hôtels en Irlande sont extrêmement chers, car les tarifs s'appliquent par personne et non par chambre. Il ne faut donc pas s'étonner de voir la mention *bed & breakfast* sur le tarif d'un hôtel : elle ne signifie aucunement « chambre chez l'habitant », comme en France, mais « prix de la nuit et du petit déjeuner par personne ».

Lorsqu'un hôtel affiche un prix *bed & breakfast* à 150, voire 200 livres, c'est généralement parce que la qualité de ses équipements (parcours de golf, piscine, équipements sportifs et de remise en forme) le justifie. Mais il arrive aussi que les prestations n'aient rien d'exceptionnel et que les prix soient exagérés. C'est pourquoi il est prudent de louer des séjours « hébergement compris » avant le départ, pour éviter des dépenses imprévues.

En moyenne, pour une chambre double avec petit déjeuner dans un hôtel de catégorie moyenne, compter env. 90 IR £ (114,30 €) en pleine saison, et env. 60 IR £ (76,20 €) en basse saison.

HANDICAPÉS

Les adresses d'hébergements accessibles aux personnes à mobilité réduite sont disponibles au National Rehabilitation Board.

● *National Rehabilitation Board, Access Department, 25 Clyde Road, Dublin 4,* ***T (01) 60 80 400 ; www.nrb.ie.***

ÉLECTRICITÉ

Le réseau électrique standard en Irlande du Nord est en courant alternatif 50 Hz, 240 V. En République, le voltage est de 220, et une prise multiple est utile pour les différentes sortes de prises murales.

Se restaurer

C'est toujours l'heure du thé en Irlande, ce qui signifie, en réalité, que les Irlandais ne se restaurent pas à heure fixe. Il est toujours étonnant de voir les quantités de thé, de café et de gâteaux consommées à toute heure dans les cafés et salons de thé, à la campagne comme à la ville. Les buveurs de bière peuvent soutenir que la bière nourrit son homme et l'heure du pub a toujours la priorité sur l'heure du repas. En conséquence, les repas sont rapides et renouvelables à volonté. Il est courant de consommer sandwichs et boisson chaude avant de dormir. Pour ceux qui respectent des heures fixes, le déjeuner est à 13 h et le dîner à 18 h. Depuis quelques années, le choix des brasseries et des restaurants s'est beaucoup diversifié et la qualité de la cuisine s'est améliorée. Les pubs proposent souvent de très bons repas à prix intéressants à l'heure du déjeuner. Ailleurs, les prix sont souvent élevés, mais les produits de base sont de qualité.

Boissons

Grands buveurs de bière, les Irlandais boivent rarement à table et le lait est encore la boisson préférée pour accompagner le repas dans une maison irlandaise. Traditionnellement, on ne boit pas d'alcool en mangeant, mais, depuis quelques années, le vin est apprécié à l'occasion de soirées ou de fêtes. En règle générale, on sort pour boire. La nouvelle vogue des eaux minérales est à l'origine de la commercialisation de plusieurs bons produits, comme les eaux de Ballygowen, Tipperary ou Saint Patricks Well, mais le thé reste la boisson la plus appréciée en Irlande. On le consomme avec du lait à tout moment de la journée.

Santé

En Irlande comme dans tous les pays de l'Union européenne, le formulaire E111, délivré par le centre de Sécurité sociale avant le départ, permet le remboursement des dépenses médicales effectuées sur place. En Irlande du Nord, les soins sont gratuits pour les ressortissants des pays de l'Union européenne.
Il n'est pas nécessaire d'être en possession d'un certificat international de vaccination.

Sécurité

Les policiers de l'Ulster font partie du RUC (Royal Ulster Constabulary), ceux du Sud sont des *gardai siochana* (« gardiens de la paix »). Les *gardai* ne sont pas armés, mais la criminalité et la délinquance engendrées par la toxicomanie posent des problèmes, la nuit, dans le centre de Dublin. Il ne faut jamais laisser des objets en évidence dans une voiture garée. Pour les mêmes raisons, Limerick a aussi une réputation difficile.
Traditionnellement, et à la différence de certaines villes européennes, les quartiers pauvres se situent dans le centre-ville et les gens aisés habitent les banlieues. Aujourd'hui, cette tendance se modifie peu à peu.
Dans le Nord, la criminalité est plutôt moindre qu'ailleurs, mais, bien que la situation soit en bonne voie de résolution, les attentats y sont toujours possibles et le mois de juillet est à éviter, à cause des tensions provoquées par les marches orangistes autour du 12 du mois.

● *En cas d'incident à Dublin, contacter Tourism Victim Support Service,* ***T (054) 76 222*** *(24/24h).*

Langue

La langue officielle de l'Irlande est le gaélique, ou irlandais. Tous les documents officiels sont rédigés en irlandais et en anglais. Toutefois, l'anglais est la langue employée par la majorité des Irlandais, sauf dans les régions dites des Gaéltacht, où l'on parle essentiellement le gaélique. Obligatoire à l'école, l'irlandais est enseigné en seconde langue ; il est même possible de passer l'équivalent du baccalauréat, le *leaving certificate*, entièrement en gaélique et de doubler ainsi ses points. Depuis

Les Gaéltacht

quelques années seulement, il est possible d'accéder à certains postes de la fonction publique sans passer l'examen d'irlandais, autrefois obligatoire.

Religion

L'Irlande est un pays catholique à 95 % et la majorité des Irlandais sont pratiquants. La population protestante est de 3,4 % environ. Dans le Nord, la répartition est de 60 % de protestants pour 40 % de catholiques. Les autres confessions sont peu représentées en Irlande. La population juive ne dépasse pas 0,1 %.

Usages

Conviviaux et accueillants, les Irlandais aiment rencontrer les visiteurs et lier conversation. Le pub est le principal point de rencontre et les tournées de pintes de bière vont bon train tous les soirs, avec une nette accélération le week-end et les jours de fête. Il est bon de savoir que si l'on

Petit lexique de gaélique utile

An làr : « centre-ville » (souvent indiqué en gaélique sur les autobus)
Baile Atha Cliath : « Dublin »
Bealach amach : « sortie »
Bealach isteach : « entrée »
Bean : « femme »
Bord Failte : l'organisme officiel du tourisme irlandais
Buachaill : « garçon »
Cailin : « fille »
Dia dhuit : « bonjour » (littéralement, « que Dieu soit avec vous »)
Dia is Muire dhuit : réponse à « bonjour » (littéralement, « que Dieu et Sa mère soient avec vous »)
Dunta : « fermé »
Failte : « bienvenue »
Fear : « homme »
Fir : « hommes » (toilettes des hommes)
Garda : officier de police (une collègue est appelée Bean-Garda)
Garda siochana : la police
Géill Sli : « céder le passage »
Léithréas : « toilettes »
Mnà : « dames » (toilettes des dames)
Oifig an Phoist : « bureau de poste »
Oscailte : « ouvert »
Siopa : « magasin »
Tra : « plage »

Mode de salutation

Les Irlandais ne s'embrassent pas pour se saluer. Ils se serrent la main, même en famille. Si l'on doit se séparer pour longtemps ou se retrouver après une longue absence, l'accolade est habituelle. L'ancienne formule de salutation irlandaise, *Dia dhuit* (« Bonjour », littéralement, « Que Dieu soit avec vous ») a pour réponse : *Dia is Muire dhuit* (littéralement, « Que Dieu et Sa mère soient avec vous »). Il était toujours possible de continuer ainsi un bon bout de temps en ajoutant chaque fois un saint pour se saluer.
Cela pouvait donner : *Dia is Muire is Padraig dhuit* (« Que Dieu et Sa mère et saint Patrick soient avec vous »), obtenir pour réponse : *Dia is Muire is Padraig is Brid dhuit* (« Que Dieu et Sa mère, saint Patrick et sainte Brigid soient avec vous »), et ainsi de suite. Encore aujourd'hui, les formules de salutation les plus couramment employées, et qui traitent généralement du temps, appellent une réponse et esquissent déjà un début de conversation : « *Lovely day !* (« Belle journée ») – *Isn't it grand ?* (« N'est-ce pas merveilleux ? ») – *Indeed it is* » (« Certainement »), etc.

accepte une bière lors d'une tournée, la coutume veut que l'on offre la tournée suivante. Il faudrait donc boire autant de bières qu'il y a de personnes dans le groupe, le temps que tout le monde paie sa tournée. À moins d'avoir une santé d'Irlandais ou un entraînement sérieux, il est prudent de refuser le premier verre offert.

Shopping

De façon générale, tous les bijoux sont intéressants et originaux. La bague de Claddagh, la broche de Tara ou la croix de Sainte-Brigid sont des symboles irlandais traditionnels, mais aussi de très beaux motifs ornementaux.
Connaught. C'est à Galway qu'est vendue la bague de Claddagh, en or, en argent ou sertie de pierres. Le fameux pull-over d'Aran, traditionnellement écru, se trouve dans toutes les couleurs.
Leinster. À Kilkenny, capitale de l'artisanat de la province, le Kilkenny Design Workshop présente la production de très nombreux artisans. On trouve à Dublin le meilleur choix de disques et de livres irlandais.
Munster. Le cristal le plus célèbre d'Irlande est en vente à la fabrique de Waterford.
Ulster. Le linge en lin et la dentelle sont superbes autour de Belfast. À Belleek, la porcelaine est fine et délicate. Les vêtements en tweed du Donegal (vestes, gilets, casquettes, écharpes) sont d'une qualité exceptionnelle.

Visites

Le Duchas Heritage Card, sorte de passeport touristique valable un an, donne un droit d'entrée illimité dans plus de 70 sites. Cette carte est en vente sur place.

● *Waterways Visitor Service, Grand Canal Quay, Dublin 2 ;* ***e-mail : info@heritageireland.ie****. (Tarif famille : 36 IR £, soit 45,72 € ; adulte : 15 IR £, soit 19,05 € ; enfant et étudiant : 6 IR £, soit 7,62 €.)*

Horaires

En règle générale, les musées sont ouverts du mardi au samedi de 10 h à 17 h et le dimanche de 14 h à 17 h. Leur jour de fermeture est le lundi.

Les banques et les magasins ferment tôt en Irlande et il faut s'organiser en conséquence. Toutefois, il est toujours possible de trouver des solutions dans les grandes villes.

La plupart des magasins sont ouverts du lundi au samedi de 9 h à 17 h 30 ou 18 h. Les centres commerciaux ferment un peu plus tard le jeudi soir. En dehors des grandes villes, les magasins ouvrent rarement avant 10 h.

Dans la République, les banques sont ouvertes du lundi au vendredi de 10 h à 12 h 30 et de 13 h 30 à 15 h. Certaines agences restent ouvertes à midi. Dans les grandes villes (Dublin, Cork), elles ne ferment qu'à 17 h le jeudi. Dans les villes moins importantes, les agences n'ouvrent pas tous les jours.

En Irlande du Nord, les banques ouvrent du lundi au vendredi de 10 h à 16 h 30, le jeudi de 10 h à 17 h.

Poste

Les grands bureaux de poste sont ouverts du lundi au vendredi de 9 h à 17 h 30 et le samedi de 9 h à 13 h environ. Ailleurs, les petits bureaux de poste ont des horaires quelque peu improvisés.

Les codes postaux d'Irlande du Nord ont six caractères. Dans la République, seule Dublin possède un code postal.

Téléphone

POUR APPELER L'IRLANDE

Pour appeler la République d'Irlande depuis la France, la Belgique ou la Suisse, composer le 00 pour l'accès international, puis 353, suivi du code régional (sans le 0) et du numéro de l'abonné.

Pour appeler l'Irlande du Nord depuis la France, la Belgique ou la Suisse, composer le 00 pour l'accès international, puis 44, suivi du code régional (sans le 0) et du numéro de l'abonné.

POUR APPELER DEPUIS L'IRLANDE

Pour appeler la France depuis l'Irlande, composer le 00 33, puis le numéro d'abonné (sans le 0). Pour appeler la Belgique, composer le 00 32, puis le numéro d'abonné (sans le 0). Pour appeler la Suisse, composer le 00 41, puis le numéro d'abonné (sans le 0).

CABINES ET CARTES DE TÉLÉPHONE

On trouve actuellement des cabines de téléphone public, à carte et à

pièces, tant dans les villes que dans la campagne.
Les cartes téléphoniques sont en vente partout.

INDICATIFS ET NUMÉROS

Si l'Irlande du Nord s'est récemment dotée d'un indicatif unique (028 pour toute la province), la situation est autrement complexe dans la République. Il existe en effet plusieurs indicatifs non seulement dans chaque province, mais parfois chaque comté. Ainsi la ville de Roscommon, dans le comté de Roscommon, a-t-elle l'indicatif 0903, et Strokestown, à 18 km de là, l'indicatif 078. Lorsqu'on appelle le 26 168 à Roscommon, par exemple, on compose 26 168 depuis Strokestown, 0903 26 168 depuis un autre comté et 903 26 168 depuis l'étranger.

Médias

JOURNAUX

La presse anglaise et internationale est disponible dans toutes les grandes villes.
Il existe 8 quotidiens nationaux et 5 journaux du dimanche. Les titres les plus importants sont l'*Irish Times* et l'*Irish Independent* au sud et le *Belfast Telegraph* et le *Belfast Newsletter* au nord. Les tabloïds, eux, traitent l'actualité du sport et les potins.
Le journal du dimanche est sacré et le rituel petit déjeuner ou brunch et journal du dimanche est un élément essentiel du jour de repos. Les cahiers – sportifs, culturels, touristiques et financiers – font le tour de la maison et même les enfants ont leur supplément.

RADIO

La première station de radio irlandaise fut celle de la BBC, qui émit de Belfast en 1924. La 2RN suivit deux ans plus tard à Dublin. Aujourd'hui, Radio Téléfis Éireann (RTE) gère la station gaélique Radio na Gaeltachta et 3 autres stations nationales couvrant l'actualité, la musique pop-rock et la musique classique. Partout en Irlande, les radios régionales offrent des sujets et des informations d'intérêt local et les Irlandais sont encore très friands de radio.

TÉLÉVISION

Il existe 3 chaînes nationales dans la République : RTE1, RTE2 et Téléfis na Ghaelige (TnaG), qui transmet en gaélique.
En Irlande du Nord, les deux chaînes régionales, BBC NI et Ulster TV, transmettent une programmation qui combine leurs propres productions avec celles de la BBC et de ITV. Channel 4 et Channel 5 émettent aussi dans cette province.
Le service du câble donne accès à bien d'autres chaînes indépendantes.

Heure locale

L'Irlande est à l'heure GMT (Greenwich Mean Time), ce qui représente 1 h de différence avec Paris : il est 11 h à Dublin lorsqu'il est midi à Paris.
Il y a, comme en France, une heure d'été et une heure d'hiver.

Unités de mesure

La température est indiquée en degrés Fahrenheit (°F) : 0 °C = 32 °F.

Les distances sont indiquées en miles. Dans la République, les nouveaux panneaux routiers indiquent les distances en kilomètres, mais les limitations de vitesse sont toujours indiquées en miles, au nord comme au sud.
L'essence est vendue au litre, mais le lait ou la bière se vendent à la pinte. Le beurre et le sucre s'achètent à la livre.

Calendrier des jours fériés

République : jour de l'an (1er janvier) ; Saint-Patrick (17 mars) ; vendredi saint ; lundi de Pâques ; congé de mai (1er lundi du mois) ; congé de juin (1er lundi du mois) ; congé d'août (1er lundi du mois) ; congé d'octobre (dernier lundi du mois) ; Noël (25 décembre) ; Saint-Stephen's Day (26 décembre).
Irlande du Nord : jour de l'an (1er janvier) ; Saint-Patrick (17 mars) ; lundi de Pâques ; congé de mai (1er lundi du mois) ; congé de printemps (dernier lundi de mai) ; Orangeman's Day (12 juillet) ; congé d'été (dernier lundi du mois) ; Noël (25 décembre) ; Boxing Day (26 décembre).

Adresses utiles sur place

- *Ambassade de France, 36 Ailesbury Road, Dublin 4,* ***T (01) 26 01 666****.*
- *Ambassade de Belgique, Shrewsbury Road, Dublin 4,* ***T (01) 26 92 082****.*
- *Ambassade de Suisse, 6 Ailesbury Road, Dublin 4,* ***T (01) 26 92 515****.*

En cas d'urgence

Le numéro d'urgence à composer en cas d'accident ou de maladie, en Irlande du Nord tout comme dans la République, est le **999** (appel gratuit).

Les principales mesures et leurs équivalents

1 inch : 2,5 cm
1 foot (1 pied) : 30 cm
1 mile : 1,6 km
1 ounce : 28 g
1 pound (1 livre) : 454 g
1 pint : 0,6 l
1 gallon : 4,6 l

Carte générale : le Nord

Carte générale : le Nord

Carte générale : le Sud

Carte générale : le Sud

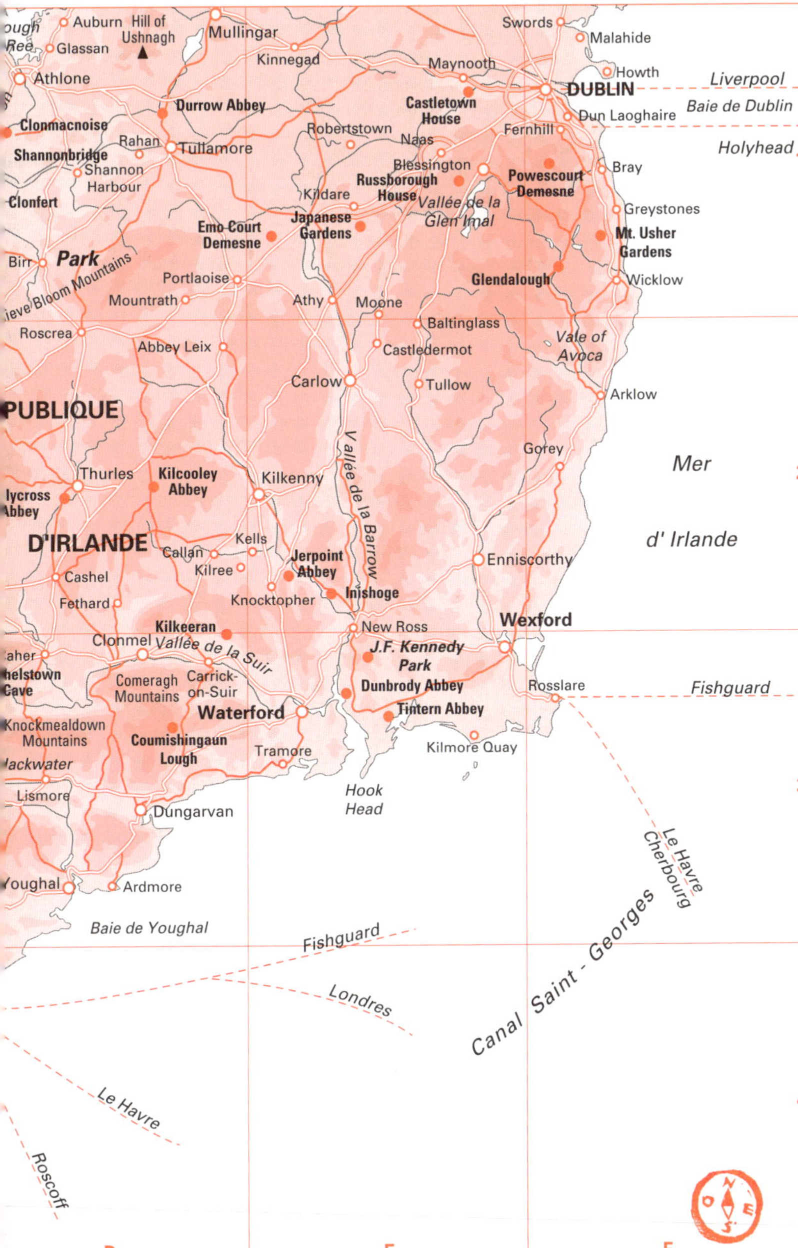

L'IRLANDE DÉCOUVERTE

Malgré les apparences, la découverte de l'Irlande ne se fait pas en un jour. Trois heures, il est vrai, suffisent pour traverser d'est en ouest cette petite île, mais chaque province, de la plus sage à la plus passionnée, cache un charme insaisissable. Chemin faisant, le voyageur perd la notion du temps devant la magie des lumières et le mystère des rencontres.

Faire Vivre Voir

LE CHEMIN DE LEINSTER

Les limites de la province de Leinster correspondent à celles de l'influence anglaise en Irlande. Cette zone de Louth à Waterford (Waterford étant toutefois dans la province de Munster), appelée jadis « The Pale », vivait sous contrôle britannique, dont Dublin était le quartier général. Au-delà du Pale, les Gaéls, qui ne parlaient pas l'anglais, défendirent farouchement leur foi catholique ainsi que leur indépendance jusqu'au XVIIe siècle. Comme par enchantement, le paysage irlandais ressemble à l'histoire, et si le comté de Wicklow présente des montagnes et des paysages majestueux, cette province, dans l'ensemble, est plate et docile par rapport aux comtés sauvages et indomptés de la côte ouest.

POPULATION : 1 058 264 hab.
LES PLUS BEAUX SITES : Custom's House, Four Courts, les cathédrales de Christ Church et Saint-Patrick, Dublin Castle, Trinity College, National Museum, Bank of Ireland.
DURÉE DU SÉJOUR : au moins 3 jours (et 3 nuits).
CIRCULER : il y a de plus en plus de voitures à Dublin, où il n'existe pas de réseau de transport public efficace. La circulation est pénible et le stationnement l'est encore plus. Heureusement, la ville n'est pas très grande et il est possible d'en faire le tour à pied. Le vélo est aussi une bonne solution, en dehors des heures de pointe.
À FAIRE : traverser le pont Halfpenny et faire un vœu, prendre un café à Bewley's et descendre Grafton Street, voir le manuscrit enluminé de l'évangéliaire de Kells à la bibliothèque de Trinity College, commander un *afternoon tea* à l'hôtel Shelbourne, assister à une représentation de l'Abbey Theatre, boire une Guinness au Palace Bar, sur Fleet Street.

Le chemin de Leinster

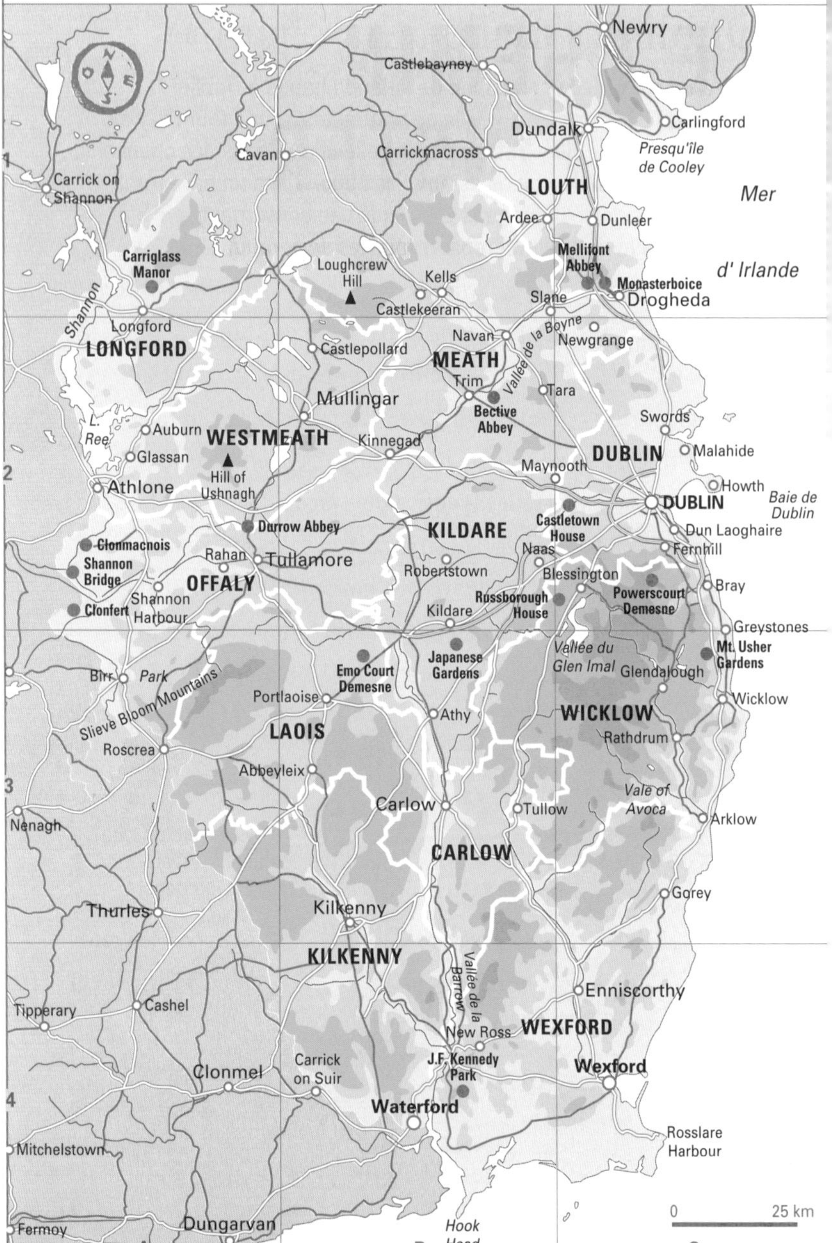

Dublin : « Baile athà cliath »

Près d'un quart de la population de l'Irlande habite à Dublin, « la ville du gué aux claies ». Ville de contrastes, tour à tour *dirty old town* (« sale vieille ville ») et *fair city* (« belle cité »), selon les chansons, cette agglomération urbaine est une exception dans un pays rural. Les habitants des faubourgs et des banlieues convergent vers la capitale le matin pour en repartir tous les soirs, et une grande partie d'entre eux regagnent les provinces le week-end. Malgré l'exode massif, Dublin ne devient pas une ville déserte pour autant et, pour ceux qui restent, il y a de quoi se détendre et se divertir.

Une cité viking

C'est par la Liffey, qui traverse la ville d'ouest en est, qu'arrivèrent vers 840 les premiers Norsemen, qui établirent le port de Dyfflin, nom dérivé de l'irlandais *dubh linn*, « la mare noire ». Les Vikings firent de Dublin leur base pendant plus de 150 ans, jusqu'à leur défaite devant le chef irlandais Brian Boru, à la bataille de Clontarf, en 1014. Aujourd'hui encore, nombreuses sont les ruelles au nord du fleuve qui portent des noms vikings, mais la cité médiévale située autour des cathédrales n'existe plus.

● *Dublin's Viking Adventure, West Essex Street, **T (01) 67 96 040**, propose une reconstitution avec acteurs de l'époque viking. (Ouv. du mar. au sam. de 10 h à 16 h 30. Plein tarif : 4,95 IR £, soit 6,28 € ; tarif réduit : 3,95 IR £, soit 5,01 €.)*

L'occupation anglaise

L'élégante architecture georgienne de Dublin, qui témoigne de l'influence du style anglais en vogue sous les règnes de George II (1727-1760) et George III (1760-1820), fait partie de l'héritage d'une longue occupation anglaise et n'est pas sans rappeler celles de Londres ou d'Édimbourg. Malgré les attaques incessantes des chefs irlandais retirés dans les montagnes de Wicklow, de 1170, année de la première expédition envoyée par Henri II d'Angleterre, jusqu'à 1920, date de la formation de l'État irlandais, la capitale irlandaise est bel et bien une ville sous domination anglaise, et il faut attendre 1949 et la proclamation de la République d'Irlande pour que Dublin retrouve sa liberté.

Renouveau

Dublin a connu des moments sombres à l'indépendance, suivis d'une explosion de la population dans les années 60. Depuis quelque temps, la ville jouit d'une nouvelle prospérité et l'on assiste à sa renaissance à une vitesse fulgurante. Cette nouvelle cité en chantier, où le prix

Dublin et ses environs

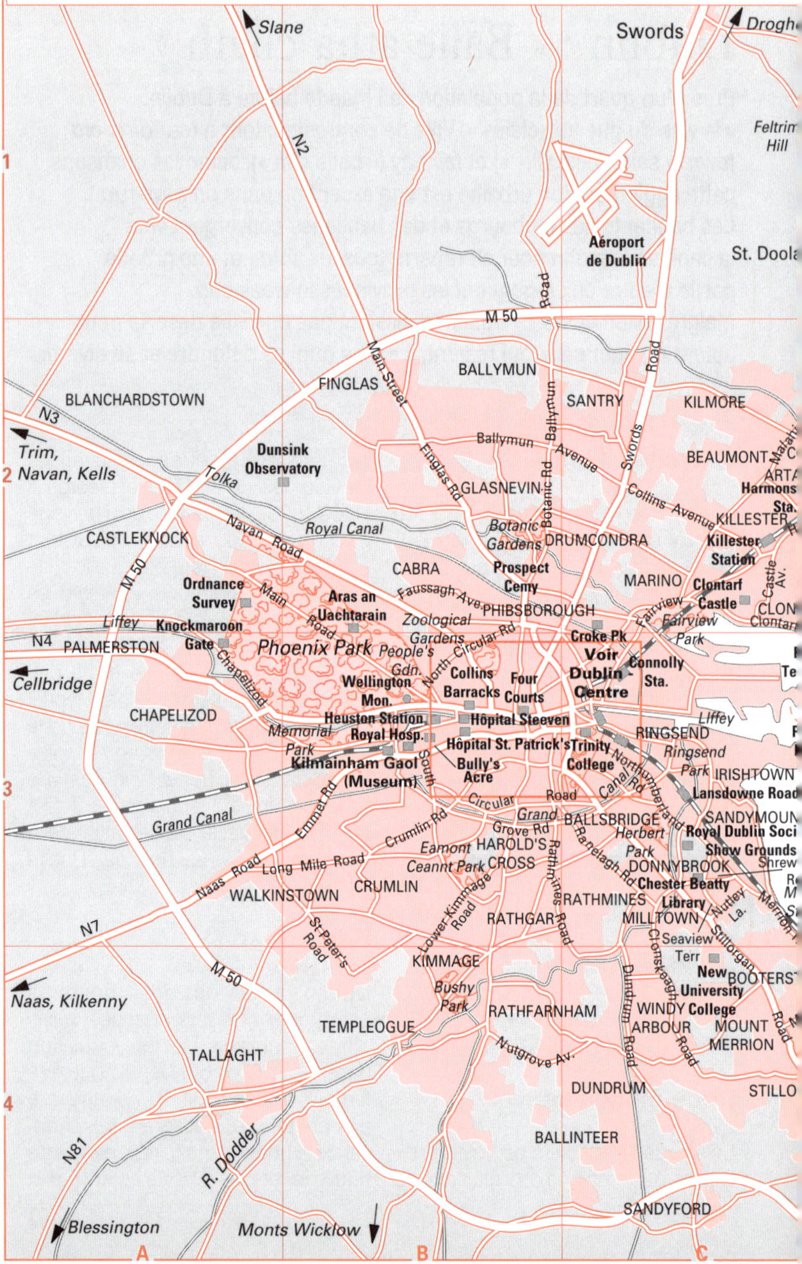

Dublin et ses environs

de l'immobilier a été multiplié par cinq en quelques années, déborde d'une effervescence excitante et contagieuse. Les projets urbains vont bon train et des développements comme ceux de Temple Bar, nouveau « quartier Latin », de Smithfield ou du centre financier situé sur le port font preuve d'une ambition novatrice. Autant de contrastes remarquables dans cette Dublin du XXIe siècle, provinciale et cosmopolite à la fois.

À la découverte de Dublin au sud de la Liffey

DE SAINT STEPHEN'S GREEN À TRINITY COLLEGE

Dublin peut très bien se découvrir à pied, les monuments n'étant pas très éloignés les uns des autres. Au sud de la Liffey, la visite commence sur le carré de verdure appelé Saint Stephen's Green. Fréquenté par les Dublinois à l'heure du déjeuner ou par les amoureux à toute heure, ce parc de 9 ha s'ouvre à l'ouest sur Grafton Street, la rue la plus célèbre de la ville. D'agréables boutiques bordent cette voie piétonne où l'on vient flâner et faire du lèche-vitrines.
Le très prestigieux Trinity College, fondé en 1592 par Élisabeth Ire pour promouvoir le rayonnement protestant, est situé au bout de Grafton Street. Derrière la belle façade de Trinity College, la plus somptueuse bibliothèque d'Irlande abrite des manuscrits enluminés, comme l'évangéliaire de Kells, et la plus ancienne harpe du pays.

Une capitale rock

Le cœur de Dublin bat depuis bien longtemps au rythme de la musique. Au XVIIIe siècle, c'est ici que l'on entendit *Le Messie* de Haendel pour la première fois, en 1742, et, depuis, les Dublinois sont toujours aussi mélomanes. Cet enthousiasme a nourri de nombreux musiciens et formations musicales récentes. Parmi eux, Thin Lizzy, les Pogues, Bob Geldof, fondateur de Band Aid, et ses Boomtown Rats, Virgin Prunes, Sinead O'Connor, mais surtout U2, un *boys band*, Boyzone, et même un *girls band*, B Witched, ont connu ou connaissent encore un succès considérable. Bono et U2, qui auraient hébergé plusieurs mois l'écrivain traqué Salman Rushdie, se sont lancés dans les affaires en rachetant un « monument » du patrimoine de la ville, le très traditionnel Clarence Hotel.
Un nouveau musée est consacré aux célébrités de la musique pop ou rock :
● *Hot Press Irish Music Hall of Fame, 57 Middle Abbey Street,* ***T (01)*** *87 83 345. (Ouv. tlj de 10 h à 19 h. Plein tarif : 6 IR£, soit 7,62 € ; tarif réduit : 4 IR£, soit 5,08 €.)*

Sur le côté du campus, avec entrée sur Nassau Street, une galerie d'art, Douglas Hyde Gallery, offre une vitrine de l'art contemporain international.
● *Douglas Hyde Gallery,*
T (01) 60 81 116 *;*
e-mail : dhgallery@tcd.ie*.*
Visites : Long Room, Book of Kells. (Ouv. du lun. au sam. de 9 h 30 à 17 h, dim. de 12 h à 16 h 30. Entrée libre.)
Directement en face de Trinity College, l'ancienne maison du Parlement abrite aujourd'hui la Banque d'Irlande. (*Ouv. du lun. au ven. de 10 h à 16 h, jeu de 10 h à 17 h.*)

LES MUSÉES AUTOUR DE MERRION SQUARE

Plusieurs musées nationaux sont regroupés dans le quartier qui s'étend de Saint Stephen's Green à Trinity College, entre Kildare Street et Merrion Square. À l'ouest de cette superbe place de 5 ha bordée de résidences georgiennes se trouvent le Musée national d'histoire naturelle, la National Gallery, le National Museum, la Bibliothèque nationale et Leinster House, le Parlement irlandais.
● *Le Musée national d'histoire naturelle est une véritable institution victorienne, inaugurée en 1857 par le Dr Livingstone en personne. (Ouv. du lun. au ven. de 10 h à 17 h. Entrée libre.)*
● *Le musée d'Art national abrite des collections de peinture irlandaise et européenne à la National Gallery. Une salle est consacrée à l'œuvre de Jack B. Yeats, frère de W. B. Yeats. La Shaw Fund Gallery présente des portraits d'artistes irlandais grâce à Georges Bernard Shaw, qui légua une grande partie de sa fortune au musée. Le café est un rendez-vous extrêmement populaire pour déjeuner ou prendre le thé. (Ouv. du lun. au sam. de 10 h à 17 h 30, jeu. de 10 h à 20 h 30, dim. de 14 h à 17 h. Entrée libre.)*
● *Le National Museum expose les chefs-d'œuvre de l'art celtique, dont une collection d'objets en or de l'âge du bronze unique en Europe. Des bijoux comme la torque d'or de Gleninsheen ou la broche de Tara, la croix de Cong et le calice d'Ardagh sont d'autant de trésors nationaux. Une exposition d'objets vikings mis au jour dans les années 70 près de la Liffey, à Wood Quay, témoigne de cette civilisation venue du nord. (Ouv. du mar. au sam. de 10 h à 17 h, dim. de 14 h à 17 h. Entrée libre.)*
● *La Bibliothèque nationale (National Library), sur Kildare Street, présente des expositions temporaires ainsi que des manuscrits rares. Un laissez-passer de visiteur permet d'accéder à l'immense salle de lecture sous la coupole, où James Joyce situa une partie d'Ulysse. (Ouv. lun. de 10 h à 21 h, mar. et mer. de 14 h à 21 h, jeu. et ven. de 10 h à 17 h, sam. de 10 h à 13 h. Entrée libre ; demander un laissez-passer à l'accueil.)*

LES CATHÉDRALES

● *Dans le centre médiéval de Dublin, près de Dublin Castle, Christ Church Cathedral, siège de l'Église anglicane, se dresse à l'emplacement d'une église en bois bâtie en 1038 par le roi viking Sitric. L'intérieur abrite des gisants et le cœur de saint Laurence O'Toole. L'immense crypte qui s'étend sur toute la longueur de l'église et abrita des boutiques à une certaine époque recèle plusieurs curiosités, dont un chat et un gros rat momifiés*

Dublin centre

Dublin centre

retrouvés dans les tuyaux de l'orgue. (Ouv. tlj de 10 h à 17 h. Donation demandée : 2 IR £, soit 2,54 €.)

- *Le Synod Hall, rattaché à la cathédrale par un pont couvert, présente Dublinia, une exposition dédiée à la reconstitution de la ville médiévale. (Ouv. d'avril à septembre, tlj de 10 h à 17 h, et d'octobre à mars, du lun. au sam. de 11 h à 16 h et dim. de 10 h à 16 h 30. Plein tarif : 3,95 IR £, soit 5,01 € ; tarif réduit : 2,90 IR £, soit 3,68 €.)*
- *La seconde cathédrale protestante de la catholique Dublin, Saint Patrick's Cathedral, est l'église la plus longue d'Irlande. Jonathan Swift, auteur des Voyages de Gulliver, est inhumé dans le transept nord de cet ancien lieu de culte des huguenots, dont il fut doyen*

Fêtes littéraires

Depuis 1991, la ville de Dublin honore ses écrivains au Dublin Writers' Museum. Manuscrits, correspondances, photographies ou tableaux, la vie d'auteurs tels qu'Oscar Wilde, William Butler Yeats, George Bernard Shaw ou Samuel Beckett est ainsi évoquée. Conférences et lectures font revivre l'œuvre de chacun. James Joyce est particulièrement fêté et deux musées lui sont consacrés à Dublin. Tous les 16 juin, à l'occasion de Bloomsday, les Dublinois font revivre les personnages d'*Ulysse* et se rendent aux endroits fréquentés par Leopold Bloom et ses compères. James Joyce Tower, à Sandycove, expose les premières éditions d'*Ulysse*, la guitare de l'auteur, sa correspondance, sa canne et autres souvenirs. Le James Joyce Cultural Centre organise expositions et activités autour de l'écrivain. Quant au Dublin Literary Pub Crawl, animé par des acteurs, il permet de faire en 2 h 30 une tournée des pubs fréquentés par les écrivains.

- *Dublin Writers' Museum, 18 Parnell Square North,* ***T (01) 87 22 077****. (Ouv. de juin à septembre, du lun. au sam. de 10 h à 18 h, dim. de 11 h à 17 h, et d'octobre à mai, du lun. au sam. de 10 h à 17 h, dim. de 11 h à 17 h. Plein tarif : 3 IR £, soit 3,81 € ; tarif réduit : 2,55 IR £, soit 3,24 €.)*
- *James Joyce Cultural Centre, 35 North Great George Street,* ***T (01) 87 31 984****. (Ouv. du lun. au ven. de 9 h 30 à 17 h, sam. et dim. de 12 h 30 à 17 h. Entrée : 2,75 IR £, soit 3,49 €.)*
- *James Joyce Tower, Sandycove. (Ouv. du 1er avril au 31 octobre, du lun. au sam. de 10 h à 13 h et dim. de 14 h à 18 h. Plein tarif : 2,50 IR £, soit 3,17 € ; tarif réduit : 1,80 IR £, soit 2,28 €.)*
- *The Dublin Literary Pub Crawl, 35 Heytesbury Street,* ***T (01) 45 40 228****.*

à la fin de sa vie. (Ouv. du lun. au ven. de 9 h à 18 h, sam. de 9 h à 17 h, dim. de 12 h 45 à 15 h.)

● *À proximité, sur Saint Patrick's Close, Marsh's Library, bâtie en 1701, est la plus ancienne bibliothèque publique du pays. Ses étonnantes cages métalliques servaient jadis à enfermer les lecteurs qui consultaient des ouvrages rares. Effectivement, certains livres de cette bibliothèque, comme un Ancien Testament du XVIIe siècle rédigé en gaélique, sont uniques. (Ouv. lun., mer., jeu., ven. de 10 h à 12 h 45 et de 14 h à 17 h, sam. de 10 h 30 à 12 h 45. Donation demandée : 2 IR £, soit 2,54 €.)*

● *La dépouille de saint Valentin, patron des amoureux, repose dans l'église Whitefriar Street Carmelite Church, à Aungier Street, à deux pas des cathédrales. (Ouv. lun., mer., jeu., ven. de 8 h à 18 h 30, mar. de 8 h à 21 h 30, sam. de 8 h à 19 h, dim. de 8 h à 19 h 30.)*

À LA DÉCOUVERTE DE DUBLIN AU NORD DE LA LIFFEY

Le fleuve qui divise Dublin en deux est bordé sur la rive nord par deux chefs-d'œuvre classiques de l'architecte James Gandon : le palais de justice, Four Courts, dont, outre l'extérieur, on peut admirer l'entrée, et l'office des douanes, Custom's House, qui ne se visite pas.

Les cinéphiles reconnaîtront le bâtiment du tribunal dans des films comme *Le Général*, de John Boorman, ou *Michael Collins*, de Neil Jordan. Un autre monument célèbre apparaît dans ce dernier film qui met en scène l'insurrection de Pâques 1916 : le GPO, poste principale, sur O'Connell Street. C'est ici que se réfugièrent les insurgés et que le poète Padraic Pearse lut la proclamation de la république. Les 14 chefs du soulèvement, Pearse comme les autres, furent exécutés à Kilmainham Gaol et aussitôt recon-

Saint Valentin

Le dépouille de ce martyr, décapité à Rome le 14 février de l'année 269 de notre ère, se trouve à Dublin depuis 1836.
Le saint patron des amoureux, qui, jusqu'alors, reposait à Rome, fut envoyé, avec certificats et sceaux du Vatican, par le pape Grégoire XVI au père irlandais John Spratt pour son église de Whitefriar Street, près de la brasserie Guinness.
Un an plus tôt, le père Spratt, orateur talentueux et prêtre engagé, fondateur de l'œuvre de charité la plus ancienne de Dublin, était l'invité des Jésuites à Rome, où il gagna l'estime du pape Grégoire XVI.
L'année suivante, la dépouille de saint Valentin quittait sa tombe du cimetière Saint-Hippolyte de Rome pour une petite chapelle dans l'église de Whitefriar Church.

nus martyrs par les Irlandais. Une statue du héros mythique Cuchulainn symbolise le courage de ceux qui sont morts pour la liberté de l'Irlande. Cinquante ans plus tard, en 1966, l'IRA marqua l'anniversaire de l'insurrection en faisant sauter la colonne de Nelson, monument le plus célèbre d'O'Connell Street.

Les Dublinois n'ont pas l'air d'apprécier outre mesure les nouvelles sculptures qui ont poussé un peu partout dans la capitale depuis quelques années. Fidèles à leur réputation de champions de la dérision, ils leur trouvent immédiatement des sobriquets qui leur ôtent toute dignité. Ainsi la fontaine qui incarne l'esprit de la rivière de Joyce est-elle devenue quelque chose comme « la dondon dans le jacuzzi ».

Les sculptures ne sont pas seules à défigurer l'artère principale. O'Connell Street est envahie de fast-foods clinquants et de galeries de machines à sous. Toutefois, l'hôtel Gresham ou le grand magasin Clery's, où plusieurs générations d'Irlandaises achetèrent leurs robes de communion et de mariage, ont conservé la nostalgie d'antan.

AUTOUR DE PARNELL SQUARE

Plusieurs centres d'intérêt culturel sont situés autour de Parnell Square, à l'extrémité d'O'Connell Street.

● *Le Gate Theatre, 1 Cavendish Row,* ***T (01) 82 44 045****, où Orson Welles débuta et où l'acteur Micheal Mac Liammoir donna 1 384 représentations de son one-man-show The Importance of Being Oscar, défend le théâtre moderne aussi bien que le répertoire classique.*

À Parnell Square East, James Joyce est à l'honneur au James Joyce Cultural Centre, mais aussi au musée des Écrivains, le Dublin Writers' Museum.

● *James Joyce Cultural Centre, 35 North Great George Street,* ***T (01) 87 31 984****. (Ouv. du lun. au ven. de 9 h 30 à 17 h, sam. et dim. de 12 h 30 à 17 h. Entrée : 2,75 IR £, soit 3,49 €.)*

● *James Joyce Tower, Sandycove. (Ouv. du 1er avril au 31 octobre, du lun. au sam. de 10 h à 13 h et dim. de 14 h à 18 h. Plein tarif : 2,50 IR £, soit 3,17 € ; tarif réduit : 1,80 IR £, soit 2,28 €.)*

● *Dublin Writers' Museum, 18 Parnell Square North,* ***T (01) 87 22 077****. (Ouv. de juin à septembre, du lun. au sam. de 10 h à 18 h, dim. de 11 h à 17 h, et d'octobre à mai, du lun. au sam. de 10 h à 17 h, dim. de 11 h à 17 h. Plein tarif : 3 IR £, soit 3,81 € ; tarif réduit : 2,55 IR £, soit 3,24 €.)*

Non loin de là, le quartier autour de Smithfield et l'ancienne place du marché aux chevaux connaissent un renouveau qui laisse les anciens résidents pantois. L'ensemble Chief O'Neills se compose d'un hôtel de luxe et d'un musée vivant de la musique irlandaise, avec présentations audiovisuelles, stages, restaurants et boutiques.

● *Musée vivant de la musique irlandaise, Céol, Smithfield Village, Dublin 7,* ***T (01) 81 73 820****. (Ouv. du lun. au sam. de 9 h 30 à 18 h. Plein tarif : 3,95 IR £, soit 5,01 € ; tarif réduit : 2,50 IR £, soit 3,17 €.)*

À deux pas, le secret du whiskey est dévoilé à la distillerie Jameson, The Irish Whiskey Corner.

● *The Irish Whiskey Corner, Bow Street,* ***T (01) 87 25 566****. (Ouv. du lun. au sam. de 10 h à 17 h. Entrée : 3,50 IR £, soit 4,44 €.)*

Une autre attraction majeure vient de s'ajouter à ce quartier en cours de transformation : le splendide Musée national d'arts et traditions populaires. Un service de navette au départ du Musée national, à Kildare Street, relie ce musée à ceux du centre-ville.

● *Musée national d'arts et traditions populaires, Collins Barracks, Benburb Street, Dublin 7. (Ouv. du mar. au sam. de 10 h à 17 h, sam. de 14 h à 17 h. Entrée libre.)*

● *Hugh Lane Municipal Gallery, Charlemont House, Parnell Square North,* ***T (01) 87 41 903****. (Ouv. du 1er avril au 31 août, mar. et mer. de 9 h 30 à 18 h, jeu. de 9 h 30 à 20 h, ven. et sam. de 9 h 30 à 17 h, dim. de 11 h à 17 h ; et du 30 septembre au 31 mars, du mar. au jeu. de 9 h 30 à 18 h, ven. et sam. de 9 h 30 à 17 h, dim. de 11 h à 17 h. Entrée libre.)*

PHOENIX PARK

La ville de Dublin est dotée d'un des plus grands jardins publics du monde. Avec plus de 700 ha, le Phoenix Park est deux fois plus grand que Central Park (337 ha) à New York. Résidence du président d'Irlande, Aras an Uachtarain, et de l'ambassadeur des États-Unis, Deerfield, cet immense terrain de loisirs englobe un champ de courses, des terrains de polo, de hurling, de cricket et de football, un zoo et une harde de cerfs en liberté, pour le plus grand bonheur des touristes et des Dublinois.

Plus au nord, à Glasnevin, les jardins botaniques possèdent de superbes serres victoriennes en fer forgé de Richard Turner. Inauguré en 1795, ce parc de 20 ha est une invitation à une flânerie romantique parmi roses, orchidées et nénuphars géants.

● *National Botanic Gardens, Botanic Avenue, Glasnevin,* ***T (01) 83 74 388****. (Ouv. du 1er mars au 31 octobre, du lun. au sam. de 9 h à 18 h,*

Hugh Lane Municipal Gallery

L'histoire de la belle collection de peintures impressionnistes exposée à la Hugh Lane Municipal Gallery est tout à fait étonnante. Il s'agit d'un don de Sir Hugh Lane, collectionneur de goût et de talent, qui disparut dans le naufrage du *Lusitania*, au large de Kinsale, en 1915. Dans le testament par lequel il léguait ses peintures « à la nation », Hugh Lane omit de spécifier de quelle nation il s'agissait, ce qui entraîna 50 ans de litiges entre la National Gallery de Londres et la municipalité de Dublin. À l'issue d'une série de procès, la collection fut partagée en 1959 pour être exposée en alternance à Londres et à Dublin. Ainsi, tous les cinq ans, les toiles changent de toit et de « nation ».

dim. de 11 h à 18 h ; du 1er novembre au 28 février, du lun. au sam. de 10 h à 16 h 30, dim. de 11 h à 16 h 30. Entrée libre.)

L'excellent musée de l'art contemporain, au Royal Hospital Kilmainham, et la brasserie Guinness, où l'on fabrique 50 % de la bière consommée sur l'île, sont deux promenades à ne pas manquer à l'ouest de Dublin.

● *IMMÀ & Royal Hospital Kilmainham,* ***T (01) 61 29 900****. (Ouv. du 1er avril au 30 septembre, du mar. au sam. de 9 h 30 à 17 h, dim. de 10 h 30 à 16 h 30 ; et du 1er octobre au 31 mars, du mar. au sam. de 9 h 30 à 16 h 30, dim. de 12 h à 16 h 30. Entrée libre.)*

● *Guinness Hop Store, Sugar House Lane,* ***T (01) 45 33 645****. (Ouv. du lun. au sam. de 9 h 30 à 17 h. Entrée : 4 IR £, soit 2,54 €.)*

Les environs de Dublin

La capitale jouit d'une belle situation dans la baie de Dublin et de nombreuses sorties sont accessibles par le Dart, train express qui fait la jonction entre le très beau village de pêcheurs de Howth, au nord, et la station balnéaire populaire de Bray, au bout de la ligne vers le sud.

Malahide, avec sa plage qui s'étend à Portmarnock, est un peu plus au nord que Howth ; mais Dun Laoghaire, Sandycove, Dalkey, Killiney ou Bray se découvrent en un après-midi, au départ des gares de Connolly Station ou de Pearse Street, pour éviter la terrible circulation automobile.

Pas moins de 53 terrains de golf sont éparpillés alentour. Certains sont exceptionnels, comme Howth, North Bull Island ou Portmarnock.

Cow-boys de fortune

C'est un fait bien connu que les Irlandais aiment les chevaux, mais les cavaliers les plus inattendus se rencontrent à Dublin au pied des cités, dans les quartiers les plus populaires et les plus sensibles. Ici, plusieurs centaines de jeunes s'improvisent cow-boys ou indiens et vivent uniquement pour leurs chevaux. Ni moto ni voiture de course ne font vibrer ces jeunes, qui rêvent tous d'acquérir la plus belle des montures. Confiés aux plus petits le temps d'aller à l'école, les poneys sont logés dans des écuries de fortune bricolées dans les caves ou les garages, et, malgré les interdictions, ces enfants continuent à faire monter les chevaux dans les ascenseurs et à organiser des courses tous les dimanches sur les routes. Une association, la Ballymun Horse Owner's Association, convaincue que cette passion peut sauver les jeunes d'autres dérivatifs plus dangereux, comme l'héroïne, fléau de ces quartiers, tente de soutenir ces cavaliers clandestins qui montent à cru et n'ont que l'herbe des terrains vagues ou de foot comme pâturage pour leurs chevaux.

Comté de Wicklow : le jardin d'Irlande

Ce comté si proche de la capitale, et qui possède la plus haute chute d'eau et le plus haut village du pays, est l'un des comtés les plus sauvages de l'Est. Le « jardin d'Irlande » se découvre à vélo ou en voiture, mais le sentier de randonnée The Wicklow Way, qui conduit au site monastique de la vallée de Glendalough, mérite qu'on adopte la marche à pied pour une journée, pour ne pas passer à côté d'une expérience unique.

La « route militaire »

En voiture, on suit la Military Road (R115), tracée par les Anglais pour favoriser la poursuite des bandits et rebelles irlandais.
Elle part de Glencree, traverse le col du Sally Gap, Glenmacnass puis Glendalough et rejoint la R775 en contournant les plus beaux paysages du comté.

The Wicklow Way

Cet itinéraire parfois difficile commence à Marlay Park, Rathfarnam, au sud de Dublin. Ce départ d'une banlieue de Dublin ne porte pas à imaginer les tourbières couvertes de bruyères, les gorges rocheuses et les forêts noires des montagnes de Wicklow, univers splendide et isolé à 1 h de la capitale. Une bonne carte est nécessaire et la marche en solitaire est déconseillée, car le temps peut changer brutalement et certains endroits devenir dangereux.

● *Glendalough Visitor Centre,*
T (0404) 45 325*. (Ouv. tlj de 9 h 30 à 18 h. Plein tarif : 2 IR £, soit 2,54 € ; tarif réduit : 1 IR £, soit 1,27 €.)*

Jardins d'Irlande

L'autre attraction de Wicklow, ce sont ses belles demeures entourées de jardins somptueux ou de parcs boisés, comme la villa palladienne de Russborough House, à Blessington, Killruddery House, à Bray, avec le plus beau jardin à la française d'Irlande, ou Avondale House, ancienne résidence de l'homme politique Charles Stewart Parnell (1846-1891), entourée de 200 ha de forêts. Mais, surtout, ne pas manquer les jardins en terrasses de Powerscourt House, tapis au pied du mont Great Sugar Loaf.

● *Avondale House, Rathdrum,*
T (0404) 46 111*. (Ouv. du 1er mai au 30 septembre, tlj de 10 h à 18 h ; et du 1er octobre au 30 avril, tlj de 11 h à 17 h. Plein tarif : 3 IR £, soit 3,81 € ; tarif réduit : 2,50 IR £, soit 3,17 € ; parking : 3 IR £, soit 3,81 €.)*

● *Killruddery House & Gardens, Bray,* ***T (01) 28 62 777****. (Visite du jardin : du 1er avril au 30 septembre, de 13 h à 17 h. Visite de la maison : du 1er mai au 30 juin et du 1er au 30 septembre, de 13 h à 17 h. Entrée* *du jardin et de la maison, plein tarif : 4 IR £, soit 5,08 € ; tarif réduit : 2,50 IR £, soit 3,17 €. Entrée du jardin seul, plein tarif : 2 IR £, soit 2,54 € ; tarif réduit : 1,50 IR £, soit 1,90 €.)*

● *Powerscourt House & Gardens, Enniskerry,* ***T (01) 20 46 000.*** *(Ouv. tlj de 9 h 30 à 17 h 30, avec changements possibles en hiver. Le billet donne droit à la visite des jardins et de l'exposition dans la maison ; plein tarif : 5 IR £, 6,34 € ; tarif réduit : 4,50 IR £, soit 5,71 € ; enfants de 5 à 16 ans : 3 IR £, soit 1,90 €.)*

● *Russborough House, Blessington,* ***T (045) 86 52 39.*** *(Ouv. de Pâques au 30 avril et du 1er au 31 octobre, dim. et jours fériés de 10 h 30 à 17 h 30 ; et du 1er mai au 30 septembre, tlj de 10 h 30 à 17 h 30. Plein tarif : 4 IR £, soit 5,08 € ; tarif réduit : 3 IR £, soit 3,81 € ; enfants : 2 IR £, soit 2,54 €.)*

Comté de Kildare : le royaume du cheval

La plaine de Kildare, appelée « The Curragh », s'étend sur 2 000 ha verdoyants et constitue un terrain d'entraînement naturel pour les chevaux pur-sang des haras irlandais situés tout autour. Trois des plus célèbres hippodromes du pays se trouvent dans ce comté et les amateurs arrivent en masse vers Punchestown, Naas et Curragh pour les grands rendez-vous des jours de courses.

Le Haras national

Situé à moins de 50 km de Dublin, le Haras national se trouve à Kildare, à la ferme de Tully. Fondé en 1900 par le colonel William Walker, qui sélectionnait les poulains en fonction de leur horoscope, les 387 ha du haras devinrent l'Irish National Stud en 1946. La visite guidée (toutes les heures) permet de découvrir l'univers passionnant du haras, ainsi que son équipement sophistiqué et son unité de soins intensifs, et de voir la vidéo d'un poulinage. Le musée du Cheval, qui possède le squelette du célèbre coureur Arkle, toujours regretté des Irlandais depuis sa mort en 1968 après une carrière exemplaire, évoque le rôle et l'histoire du cheval dans la vie irlandaise. À l'extérieur, le paddock pour les étalons s'étend sur toute la longueur de la promenade d'Oak Walk, tandis que ceux des juments et des poulains longent la promenade de Tully. Les pur-sang irlandais évoluent dans un cadre particulier.

Deux environnements insolites, les jardins japonais et les jardins de Saint-Fiacre, ainsi que les ruines de l'abbaye Black Abbey, renforcent la magie des lieux. Les jardins de Saint-Fiacre, inaugurés par la présidente irlandaise, Mary McAleese, en 1999, cherchent à capter la force du paysage irlandais à travers la pierre et l'eau et à offrir au visiteur un lieu proche de celui qui inspira la spiritualité du mouvement monastique des VIe et VIIe siècles.

● *Haras national,* ***T (045) 52 16 17*** *et* ***(045) 52 29 63****. (Ouv. du 12 février au 12 novembre, tlj de 9 h 30 à 18 h ; dernière admission 1 h avant la fermeture. Tarif combiné pour la visite : 6 IR £, soit 7,62 € ; tarif réduit : 4,50 IR £, soit 5,71 €.)*

Voyage au pays des chevaux

S'il y a une part de vérité dans la phrase du duc de Wellington, qui renia son identité irlandaise par ces mots : « Ce n'est pas parce qu'on naît dans une écurie qu'on naît cheval », Jonathan Swift, protestant et anglais d'origine, né à Dublin en 1667, ne renia ses liens ni avec l'Irlande ni avec les chevaux. Relatant les voyages du capitaine Gulliver à Lilliput, à Brobdingnag, pays des géants, ou chez les Houyhnhnms, Swift décrit un pays peuplé de deux espèces, celle des chevaux et celle des Yahoos. Les chevaux de cette terre imaginaire sont des êtres doués d'une raison supérieure, tandis que les Yahoos, qui ressemblent terriblement aux humains, sont une race détestable et prétentieuse. Le terme Yahoo, inventé par l'auteur du *Voyage to the Country of the Houyhnhnms* (« Un voyage au pays des chevaux »), est utilisé en Irlande pour décrire des personnages rustres ou vulgaires. Le monde d'Internet l'a remis en vogue depuis peu.

Comté de Meath : la vallée des rois

Les terres fertiles de ce comté voisin de Dublin sont habitées par des fermiers prospères, et peu d'agglomérations s'y sont développées. Au sud de Navan, la colline de Tara fut le siège des « hauts rois » d'Irlande pendant plus de 1 000 ans, et la fascinante nécropole de la vallée de la Boyne, Brugh na Boinne, ainsi que de nombreux monuments dans tout le comté témoignent de l'existence d'une civilisation néolithique dans cette région. Sur les 10 km de côtes du comté de Meath, les plages de Bettystown et Laytown attirent un grand nombre d'estivants venus de Dublin.

Newgrange, Knowth et Dowth

Les trois principaux sites du « palais de la Boyne », situés à 5 km de Slane, sont accessibles depuis la N51. Mis au jour depuis une quarantaine d'années seulement, le tumulus de Newgrange, de 80 m de diamètre et 13 m de haut, fut restauré entre 1962 et 1975. Les bâtisseurs préceltiques de ces monuments immenses, sortes de cadrans solaires géants, étaient des seigneurs de la lumière qui possédaient le pouvoir d'« arrêter le soleil ». À Newgrange, le rayon de soleil qui pénètre à chaque solstice d'hiver dans la chambre du fond de la tombe traverse un couloir de 19 m au bout duquel il éclaire précisément les pierres gravées. Les visites partent du Bru na Boinne Visitor Centre, à 2 km de Donore.

Le site de Knowth, bien plus important que celui de Newgrange, est en cours de restauration. Il est toutefois possible, de mai à octobre, de se joindre à une visite guidée au départ du Bru na Boinne Visitor Centre.

Le tumulus de Dowth, de 63 m de diamètre et 14 m de haut, est fermé au public.

● *Bru na Boinne Visitor Centre,*
T (041) 98 24 488.
(Ouv. du 1er mars au 30 avril, tlj de 10 h à 17 h ; du 1er mai au 14 septembre, tlj de 9 h 30 à 19 h ; et du 15 septembre au 30 octobre, tlj de 10 h à 16 h 30.
Centre de Bru na Boinne + Newgrange + Knowth, plein tarif : 5 IR £, soit 6,34 € ; tarif réduit : 2,25 IR £, soit 2,85 € ; familles : 12,50 IR £, soit 15,87 €.
Centre de Bru na Boinne + Newgrange, plein tarif : 3 IR £, soit 3,81 € ; tarif réduit : 1,25 IR £, soit 1,58 € ; familles : 7,50 IR £, soit 9,52 €. Centre de Bru na Boinne seul, plein tarif : 2 IR £, soit 2,54 € ; tarif réduit : 1 IR £, soit 1,27 € ; familles : 5 IR £, soit 6,34 €.)

Comté de Louth : le plus petit des comtés

Avant l'arrivée fulgurante de la famille Corr sur la scène musicale internationale, Dundalk était surtout connue pour être le lieu de naissance de Cuchulainn, héros de la mythologie irlandaise. Située à mi-chemin entre Dublin et Belfast, Dundalk est la plus grande ville du plus petit comté d'Irlande. Plus près de Dublin, Drogheda, deuxième ville du comté, fondée par les Normands au XIIe siècle et saccagée par Cromwell en 1649, n'a pas conservé ses fortifications médiévales.

Les monastères

À 8 km au nord de Drogheda, l'un des monastères cisterciens les plus connus du pays, Monasterboice, possède plusieurs croix sculptées du Xe siècle, dont la West High Cross, de plus 6 m de haut, l'une des plus grandes croix en pierre d'Irlande.

Tout près de Monasterboice, les ruines d'un autre monastère, l'abbaye de Mellifont, évoquent la splendeur passée du site.

● *Monasterboice*
(Ouv. du 1er mai au 30 juin et du 1er septembre au 31 octobre, tlj de 10 h à 17 h ; du 1er juin au 30 septembre, de 9 h 30 à 18 h 30. Plein tarif : 1,50 IR £, soit 1,90 € ; tarif réduit : 60 pence, soit 0,76 €.)

Carlingford, vacances sportives

Au pied des montagnes de la péninsule de Cooley, la capitale de l'huître jouit d'une situation magnifique qui attire vacanciers et sportifs. Les eaux abritées de Carlingford Lough, le parc forestier de Slieve Foye et les sentiers de randonnée qui sillonnent les montagnes offrent autant de plaisirs actifs.

La bataille de la Boyne

Le roi plein de fierté sur sa monture blanche qui figurè sur les fresques murales des quartiers protestants de Belfast représente Guillaume d'Orange sortant de la Boyne à Oldbridge, à l'ouest de Drogheda, lors de sa victoire sur le roi catholique Jacques II d'Angleterre, le 1er juillet 1690. L'armée du roi catholique comptait 25 000 soldats irlandais et français. Le roi Guillaume menait 36 000 huguenots, français, hollandais, anglais et écossais. Symbole de la domination protestante en Irlande, cette victoire est fêtée bruyamment par les orangistes en Irlande du Nord, tous les ans au mois de juillet, au grand dam des catholiques, et ne manque jamais de provoquer maints émotions et conflits.

Comté de Wexford : un comté au soleil

Le comté par où arriva l'envahisseur, et où subsistent les traces d'un dialecte qui mêle français, irlandais, anglais, gallois et flamand, est aujourd'hui le point de débarquement d'un grand nombre de touristes motorisés en provenance d'Europe.

Le comté le plus ensoleillé d'Irlande

Les ferries arrivent à Rosslare et, en général, les automobilistes se précipitent en toute hâte aux quatre coins du pays, en jetant un coup d'œil plutôt distrait au comté le plus ensoleillé d'Irlande. Ils ignorent qu'ils se privent, à deux pas de là, des joies de la plongée au large de la péninsule de Hook Head ou de la planche à voile sur les longues plages dorées de Rosslare Strand. Pour l'amateur d'oiseaux de mer, le sanctuaire des îles Saltees, à 4 km au large de Kilmore Quay, abrite plus de 350 espèces. À Wellington Bridge, ce sont les « oiseaux du bitume » qui se réunissent une fois par an, à l'occasion de la rencontre annuelle des Hell's Angels.

Irish National Heritage Park

Sur une ancienne tourbière à 4 km au nord-ouest de la ville de Wexford, cet attachant musée en plein air évoque l'histoire du pays et de son habitat, avec des reconstitutions grandeur nature dispersées tout autour du parc. Chantier naval viking, ferme néolithique, monastère : chaque construction témoigne d'une

Les oies sauvages à Wexford

Au nord et au sud du port de Wexford, la région des *slobs* abrite chaque année quelque 10 000 oies blanches du Groenland qui viennent hiverner dans la réserve d'oiseaux sauvages, la Wexford Wildfowl Reserve. Pendant plus de six mois de l'année, d'octobre à avril, ces oies du Nord partagent les laisses d'alluvions des *slobs* avec d'autres oies sauvages venues du Canada, d'Islande ou de Sibérie. Le reste de l'année, de très nombreuses espèces de cygnes et de canards habitent la réserve et, en été, les oiseaux irlandais viennent s'y accoupler. Sur la route de Dublin, à 3 km au nord de Wexford, un centre d'accueil, équipé d'une tour d'observation et de caches, informe les visiteurs sur les oiseaux.
(*Ouv. du 15 avril au 30 septembre, tlj de 9 h à 18 h ; et du 1er octobre au 14 avril, tlj de 10 h à 17 h. Entrée libre.*)

époque et d'une étape dans l'évolution du pays. Un drakkar ancré près du parc, sur la Slaney, incarne l'ancienne menace viking.

● *Irish National Heritage Park, Ferrycarrig,* ***T (053) 20 733****. (Ouv. du 1er mars au 30 novembre, tlj de 9 h 30 à 18 h 30. Plein tarif : 5 IR £, soit 6,34 € ; tarif réduit : 4,50 IR £, soit 5,71 €.)*

Comté de Carlow : une beauté paisible

Ce petit comté enserré par ses voisins, Kilkenny, Wicklow et Wexford, est bordé par la chaîne des Blackstairs et traversé par deux fleuves, la Barrow et la Slaney. À 3 km à l'est de la ville de Carlow, sur la R726 vers Hacketstown, se trouve l'un des plus lourds mégalithes d'Europe, Brown's Hill Dolmen (plus de 100 tonnes).

Pêche, parapente, aviron et randonnée

Les pêcheurs se réunissent à Milford ou autour de Tullow, au nord du comté, et les amateurs de parapente se retrouvent au sommet du mont Leinster (796 m), le meilleur rendez-vous du pays pour cette activité. Carlow Rowing Club, le club d'aviron de Carlow, accueille les rameurs sur la Barrow depuis 1859.

Si la culture de la betterave occupe une grande partie du comté, le bonheur attend les randonneurs sur les chemins du Leinster Way (100 km) ou du Barrow Way (109 km). Kildavin, sur la R724, est le point de départ du premier itinéraire, qui passe souvent au-dessus de 500 m. Il est plus difficile que le second, qui suit des chemins de halage le long des canaux.

Navigation sur la Barrow

La Shannon partage désormais la vedette avec un cours d'eau moins connu, mais tout aussi ravissant. Beauté paisible par rapport à la Shannon, plus agitée, la Barrow, deuxième fleuve du pays, se fraye un chemin au travers d'une tranquille vallée boisée. La voie navigable relie le Grand Canal à la Barrow et à la ville historique d'Athy, au confluent des deux eaux, dans le comté de Kildare. Quelques kilomètres au sud d'Athy, les plaisanciers se donnent rendez-vous au pub au bord de l'eau à Maganey, point de rencontre de trois comtés, Kildare, Carlow et Laois. La nouvelle marina de Ceatharlach Moorings, à Carlow, est équipée pour accueillir un nombre croissant de bateaux, qui traversent plusieurs bourgades agréables avant d'arriver à Saint Mullins, dernière étape sur cette voie.

Comté de Kilkenny : le plus normand de tous

Considérée comme la plus jolie ville d'Irlande, la cité médiévale de Kilkenny a conservé charme et noblesse, héritage de son ancien statut de capitale normande de l'Irlande. C'est en 1172 que Richard de Clare bâtit le premier château de la ville, près de la Nore. La famille Butler, comtes d'Ormond, en fit l'acquisition au XIVe siècle et l'habita jusqu'en 1935, avant de le céder à la ville de Kilkenny en 1967.

Kilkenny

Pour avoir une belle vue d'ensemble sur la ville, l'ascension, difficile, de la tour ronde de 30 m qui se dresse près de la cathédrale Saint-Canice est recommandée, malgré les six échelles qu'il faut grimper pour profiter du panorama au sommet.
Les amateurs de bière se rendent à la brasserie Smithwick, où sont proposées visite et dégustation gratuites de la rousse Kilkenny. Les billets sont à retirer à l'office de tourisme, situé dans l'ancien hospice Tudor, Shee Alms House, sur Rose Inn Street.
Les plus extraordinaires ruines cisterciennes d'Irlande, celles de l'abbaye de Jerpoint, se découvrent dans un site tranquille près de Thomastown, au sud de la ville.

- *Château de Kilkenny,* ***T (056) 21 450****. (Ouv. du 1er avril au 30 septembre, tlj de 10 h à 17 h ; du 1er octobre au 31 mars, tlj sauf lun. de 10 h 30 à 12 h 45 et de 14 h à 17 h. Plein tarif : 3 IR £, soit 3,81 € ; tarif réduit : 1,25 IR £, soit 1,58 €.)*
- *Tour ronde de Kilkenny, près de la cathédrale Saint-Canice. (Ouv. du lun. au sam. de 9 h à 13 h et de 14 h à 18 h, dim. de 14 h à 18 h. Plein tarif : 1 IR £, soit 1,27 € ; tarif réduit : 50 pence, soit 0,63 €.)*
- *Brasserie Smithwick. (Ouv. du 1er juin au 31 août, du lun. au ven. Entrée libre ; billets à retirer à l'office du tourisme.)*
- *Abbaye de Jerpoint. (Ouv. du 1er mars au 31 mai et du 15 septembre au 30 novembre, tlj sauf mar. de 10 h à 13 h et de 14 h à 17 h ; du 1er juin au 14 septembre, tlj de 9 h 30 à 18 h 30. Plein tarif : 2 IR £, soit 2,54 € ; tarif réduit : 1 IR £, soit 1,27 €.)*

Dunmore Cave

À 10 km au nord de Kilkenny, sur la N78, au milieu d'une prairie rocailleuse, la grotte de Dunmore Cave cache des formations calcaires exceptionnelles. On descend un escalier vers les profondeurs. Les grottes, divisées en trois parties, révèlent des colonnes, d'innombrables stalactites et stalagmites, dont une géante de 7 m. En 1973, des fouilles ont mis au jour les ossements de plus de 40 femmes et enfants, vraisemblablement venus se réfugier dans les grottes lors d'une attaque viking autour de 930 après J.-C. Les squelettes ne portant pas de traces de violences, il est probable que la suffocation, ou la faim, fut la cause de leur mort.

● *Dunmore Cave,* ***T (056) 67 726****. (Ouv. du 16 mars au 15 juin, tlj de 10 h à 17 h ; du 16 juin au 15 septembre, tlj de 10 h à 19 h ; du 16 septembre au 15 octobre, tlj de 10 h à 17 h ; du 16 octobre au 15 mars, les sam. et dim. de 10 h à 17 h.)*

Comté de Laois : un comté carrefour

Au croisement des deux routes nationales les plus fréquentées du pays, le comté de Laois, à 1 h 30 de la capitale, se trouve aussi sur le chemin des voyageurs au départ de Cork, Limerick, Kerry, Waterford, Kilkenny, Carlow et Athlone, vers Dublin. La ville carrefour de Portlaoise abrite la plus importante prison de haute sécurité du pays.

Slieve Bloom Mountains

À l'écart des trajets fréquentés, la petite chaîne des Slieve Bloom Mountains, qui s'élève brusquement au milieu d'une plaine à l'ouest du comté, paraît ainsi immense. Du point culminant, le mont Ard Erin (528 m), il est possible d'apercevoir les sommets des quatre provinces : Lugnaquilla à l'est (Leinster), Slieve Nephin à l'ouest (Connacht), Slieve Donard au nord (Ulster) et, le plus haut de tous, le mont Carantouhil au sud-ouest (Munster).
Un superbe chemin de randonnée, The Slieve Bloom Way, permet d'accomplir le circuit des montagnes sur 77 km.

Déesses de la Fertilité

Il faut être observateur pour remarquer les Sile na Gig, pourtant assez nombreuses en Irlande. Ces statuettes féminines plus que suggestives sont rarement signalées dans les guides, tant elles sont source d'embarras. Jadis moins pudiques, les Irlandaises stériles recherchaient la fécondité en touchant ces souriantes déesses sculptées. Les pierres de l'église de Nun's Church, près de Clonmacnoise, ou de Ballaghmore, pour n'en citer que deux, abritent une de ces représentations sexuées. Il faut croire que les Sile na Gig manquaient rarement d'accorder la faveur tant implorée, car les femmes parties stériles en pèlerinage dans les monastères rentraient à la maison enceintes… comme par miracle !

● *Église de Ballaghmore. (Ouv. tlj de 9 h 30 à 17 h 30. Plein tarif : 2,50 IR £, soit 3,17 € ; tarif réduit : 1,50 IR £, soit 1,90 €.)*

Rock of Dunamase

Cette étrange forteresse figure dans les écrits du géographe grec Ptolémée, au IIe siècle de notre ère. Situé à 6 km à l'est de Portlaoise, le site d'un fort de l'âge du fer, transformé en château au XIIIe siècle, se dresse au sommet du rocher de Dunamase. Les ruines des fortifications dominent les plaines des alentours et offrent de belles vues sur les montagnes et le paysage environnants.

Comté d'Offaly : landes et tourbières

L'immense tourbière d'Allen, qui couvre une grande partie d'Offaly comme une douce couverture, ne laisse pas deviner les trésors cachés de ce comté du Centre. Perdu en pleine nature, à l'ouest, Clonmacnoise est le site monastique le plus important d'Irlande. Birr Castle, habité par une famille férue d'astronomie, possède un télescope géant, le plus grand du monde jusqu'en 1917. Quant aux chasseurs de fantômes, ils trouveront le château le plus hanté d'Irlande à Leap Castle, qui s'enorgueillit de 24 revenants. Ils devront toutefois se contenter de guetter de l'extérieur les éventuels fantômes, car le château ne se visite pas.

Birr

L'élégante ville de Birr possède un charme particulier dû à ses maisons géorgiennes et victoriennes. Mais c'est son château, résidence de la famille Parsons, Earls of Rosse depuis 14 générations, qui abrite l'étonnant télescope au miroir de 183 cm. En 1845, le troisième *earl*, William Parsons (1800-1867), fit construire le plus grand télescope du monde. Cet instrument attira des scientifiques de la planète entière. Les jardins du château, sur 50 ha, sont tout aussi exceptionnels, avec plus de 1 000 espèces d'arbres et d'arbustes, dont une collection venant de Chine. (*Château ouv. tlj de 9 h à 18 h ; exposition du télescope du 1er mai au 30 septembre, tlj de 14 h 30 à 17 h 30. Plein tarif : 4 IR £, soit 5,08 € ; tarif réduit : 2,50 IR £, soit 3,17 €.*)

● *Renseignements et visites :*
Estate Office, Rosse Row, Birr,
***T (0509) 20 056**.*

Clonmacnoise

Saint Ciaran fonda ce haut lieu monastique sur une rive de la Shannon au milieu du VIe siècle. Pendant cinq siècles, sous la protection des « hauts rois » d'Irlande, Clonmacnoise rayonna comme centre religieux et artistique. Plusieurs rois de

Connacht et de Tara l'ont choisi comme lieu d'inhumation. Aujourd'hui but de pèlerinage, le site est particulièrement fréquenté à l'occasion de la Saint-Ciaran, le 9 septembre, jour où les pèlerins font trois fois le tour du site, comme le veut la tradition. L'ensemble, qui comprend sept temples, une cathédrale, deux tours rondes, trois croix celtiques et, depuis 1979, un abri où le pape Jean-Paul II célébra une messe lors de sa visite, est présenté au centre des visiteurs aménagé sur le site.

● *Visitors Centre,* ***T (0905) 74 195****.*
(Ouv. du 16 mars au 15 septembre, tlj de 9 h à 18 h ; du 16 septembre au 15 mars, tlj de 10 h à 17 h.
Plein tarif : 3 IR £, soit 3,81 € ; tarif réduit : 1,50 IR £, soit 1,90 €.)

Tullamore

La ville de Tullamore, célèbre pour son whiskey Tullamore Dew (« rosée de Tullamore ») et sa liqueur Irish Mist, a connu des années de prospérité au XIXe siècle, grâce à la construction du Grand Canal. Aujourd'hui, le musée du Tullamore Dew Heritage Centre évoque cette époque dans un ancien entrepôt le long du canal, au cœur de Tullamore.

● *Tullamore Dew Heritage Centre, Bury Quay, Tullamore,*
T (0506) 25 015*. (Ouv. du 1er mai au 30 septembre, du lun. au sam. de 9 h à 18 h, dim. de 12 h à 17 h ; du 1er octobre au 30 avril, du lun. au sam. de 10 h à 17 h, dim. de 12 h à 17 h.*
Plein tarif : 3 IR £, soit 3,81 € ; tarif réduit : 2,25 IR £, soit 2,85 €.)

Le train des tourbières

À 5 km à l'est de Shannonbridge, Bord na Mona propose la visite guidée des tourbières de Blackwater à bord d'un train jadis utilisé pour transporter la tourbe. La découverte de ce mystérieux terrain écologique est commentée par un guide qui explique l'origine des tourbières ainsi que les étonnantes flore et faune de la région. Près du départ, un petit musée présente des machines. Avant l'ère du chauffage central, en dehors des grandes villes où le charbon servait de combustible, tous les foyers irlandais se chauffaient à la tourbe. Aujourd'hui encore, les familles qui possèdent une parcelle de tourbière continuent à récolter la tourbe à la main en été et la font sécher pour l'hiver. Cette tourbe est souvent complétée par des briquettes de tourbe compressées industriellement par Bord na Mona.

● *Bord na Mona Blackwater,* ***T (0905) 74 114****.*
(Du 1er avril au 31 octobre, promenade de 45 mn, départ toutes les heures de 10 h à 17 h.
Plein tarif : 4 IR £, soit 5,08 € ; tarif réduit : 2,50 IR £, soit 3,17 € .)

Comté de Westmeath : au pays des 19 lacs

L'artère principale qui relie Galway à Dublin traverse le sud du comté de Westmeath, situé à mi-chemin entre les côtes ouest et est. Peu de visiteurs s'attardent sur cette route paisible, mais les pêcheurs avertis savent que les meilleures truites d'Irlande nagent dans les eaux des lacs Owel, Ennell, Derravaragh, Lene, Glore, Sheelin et quelques autres. Lough Ree, à l'ouest, possède plusieurs clubs de voile, et les amoureux de James Joyce suivront les traces de Stephen Dedalus (personnage de *Portrait de l'artiste en jeune homme*) ou de Molly Bloom (héroïne d'*Ulysse*) à Mullingar.

Lough Ree

Croisières, voiliers et même un bateau viking parcourent cet immense lac constellé d'îlots, dont plusieurs abritent des vestiges monastiques. Même en été, les plaisanciers ne viennent pas en nombre suffisant pour effrayer les nombreuses espèces de cygnes et de canards qui viennent nicher ici.

Les enfants de Lir

L'Irlande est une terre de légendes, et Lough Derravaragh est au cœur d'une des plus tristes. C'est sur ce lac que les quatre enfants bien-aimés du roi Lir passèrent 300 ans transformés en cygnes par leur belle-mère Aoife, sans enfant et jalouse de l'amour que leur père leur portait. Aoife laissa leur voix humaine aux trois frères, Aodh et les jumeaux Fiachra et Conn, ainsi qu'à leur sœur aînée Finola. Bientôt, leur triste chant fut connu de tous, car il avait le pouvoir magique de guérir de tout chagrin le cœur de ceux qui l'entendaient. Pendant 300 ans, chaque année, une grande fête rassembla les dieux, les rois et les Irlandais autour du lac pour honorer le chant des cygnes. Mais la malédiction d'Aoife condamna les cygnes à errer les 300 années suivantes sur la mer de Moyle, entre l'Écosse et l'Irlande, et 300 ans encore près de l'île de Glora à Erris. Les cygnes durent quitter Lough Derravaragh pour souffrir les tempêtes, le froid et la peur. Quand 900 ans furent écoulés, les enfants, devenus vieillards, reprirent leur forme humaine et moururent aussitôt. Ils furent enterrés ensemble sur l'île d'Erris.

Les cyclistes, quant à eux, suivent à proximité du lac le Goldsmith Country Cycling Tour, sur les traces du poète et dramaturge Oliver Goldsmith (1728-1774), dont l'œuvre évoque le pays en termes idylliques.

Comté de Longford : au cœur de l'Irlande

Les tourbières et les pâturages de ce comté du Centre sont inconnus des visiteurs, à l'exception des pêcheurs qui viennent tenter leur chance dans les eaux prolifiques autour de Lanesborough et des plaisanciers qui naviguent sur la Shannon ou le Lough Ree.

Trois écrivains, Oliver Goldsmith (1728-1774), Maria Edgeworth (1767-1849), Padraic Colum (1881-1972), et un président argentin, Edel Miro O'Farrell sont originaires ou ont des liens avec ce comté tranquille. C'est aux deux premiers que l'on doit l'entrée de l'Irlande dans la littérature anglaise.

Homme à la charrue

Crépuscule et silence ! Un homme ;
autour de lui terres incultes et terres labourées ;
À côté de lui deux chevaux, une charrue !

Lentement l'obscurité tombe,
les champs labourés se confondent avec les champs incultes ;
Le dompteur de bêtes se tient debout près des bêtes,
il ne les dépasse que d'une tête.

Que d'une tête ? Oui, mais dans cette tête il y a
toute la profondeur de l'enfer et toute la hauteur du ciel
Jusqu'aux trônes des dieux avec leur manoirs, leurs chars,
leurs pourpres et leurs splendeurs.

(Padraic Colum, *Anthologie de la poésie irlandaise du XXe siècle*, Verdier, 1996)

BIEN VIVRE SUR LE CHEMIN DE LEINSTER

Comté de Dublin

Indicatif téléphonique : **01**

Arriver

En avion
Dublin Airport se trouve à 11 km au nord de la ville. De là, des bus express conduisent les voyageurs en 30 mn à Busàras, gare routière de Dublin située au centre-ville.
● *Renseignements : Airlink Express Coach, **T (01) 87 20 000**.*
Des bus ordinaires se rendent eux aussi en centre-ville, le long des quais. Les taxis sont nombreux : il est prudent de demander le prix de la course au départ.

En ferry
● *Dublin Ferry Port Terminal, Alexandra Road, **T (01) 85 52 222**. Des navettes partent de Busàras, le terminus des bus du centre-ville, aux heures de départ et d'arrivée des ferries.*

En train
● *Carlisle Terminal, Dun Laoghaire, **T (01) 28 01 905**. Le train rapide Dart dessert Pearse Station et Connolly Station, au centre de Dublin. Des bus relient Dun Laoghaire à Fleet Street et à Eden Quay toutes les 15 mn. Dun Laoghaire est à 14 km au sud de Dublin.*

Circuler

La ville de Dublin souffre d'un manque cruel de transports en commun et l'augmentation constante du nombre des véhicules a des résultats désastreux. La circulation automobile et le stationnement sont extrêmement difficiles et les bus imprévisibles. Seul le train express Dart offre un service efficace (en service de 6 h 30 à 24 h ; tarifs : de 75 pence à 2 IR £, soit 0,95 à 2,54 € ; plans dans les stations).
Heureusement, la ville se visite facilement à pied ou en vélo. On trouve des plans complets à l'office du tourisme.

Location de voitures
● *Argus, à l'aéroport et 59 Terenure Road East, **T (01) 49 04 444**.*

● *Budget, à l'aéroport et 151 Lower Drumcondra Road,* **T (01) 83 79 611**.

Se loger

Pour un petit déjeuner, un morning coffee, un afternoon tea ou un verre au bar, les hôtels de Dublin sont très fréquentés par les Dublinois, qui les transforment ainsi en lieux animés et conviviaux.

● *Chief O'Neill's Hotel, Smithfield Village, Dublin 7,* **T (01) 81 73 820**. *Étonnant complexe hôtelier qui abrite Céol, un centre de musique traditionnelle irlandaise. Prestations de haute qualité au cœur d'un quartier en pleine transformation. (À partir de 125 IR £, soit 158 €.)*

● *Clarence Hotel, 6-8 Wellington Quay, Dublin,* **T (01) 67 09 000**. *La nouvelle adresse cotée de la capitale. L'hôtel fut acheté en 1992 par le groupe de rock U2. Pour croiser les célébrités du moment. (À partir de 175 IR £, soit 222,25 €.)*

● *George Frederic Haendel Hotel, Fishamble Street, Dublin 8,* **T (01) 67 09 400**. *Proche du nouveau « quartier Latin », le Temple Bar, et à proximité de la salle où Haendel donna la première représentation du* Messie. *(À partir de 50 IR £, soit* 63,40 *€.)*

● *Harding Hotel, Copper Alley, Fishamble Street, Christchurch, Dublin 2,* **T (01) 67 96 500**. *À l'ombre de la cathédrale de Christchurch, situation centrale pour découvrir la capitale au cœur de l'ancien quartier médiéval. (À partir de 50 IR £,* soit 63,40 *€.)*

● *The Merrion, Upper Merrion Street, Dublin 2,* **T (01) 60 30 600**. *Quatre maisons de style georgien ont été réunies pour composer cet hôtel élégant et luxueux au centre de Dublin. (À partir de 190 IR £, soit 241,30 €.)*

● *The Morrison, Lower Ormond Quay, Dublin 1,* **T (01) 87 82 999**. *Nouvel hôtel de style contemporain, près du palais de justice, sur la Liffey. (À partir de 155 IR £, soit 196,85 €.)*

● *The Shelbourne Hotel, Saint Stephen's Green, Dublin 2,* **T (01) 67 66 471**. *En plein centre, l'adresse la plus sélect de Dublin. C'est ici qu'on invitait les hommes d'État ou célébrités de passage avant la nouvelle vague des hôtels modernes. Impossible de passer devant l'établissement sans admirer les deux statues qui gardent l'entrée. Dans le film d'Anjelica Huston* Agnes Brown, *le chanteur Tom Jones loge à cette adresse. (À partir de 115 IR £,* soit 146,05 *€.)*

Hébergement économique

● *Trinity Hall, Dartry Road, Rathmines, Dublin 6,* **T (01) 49 71 772**. *Chambres individuelles, doubles ou familiales sur le campus universitaire. (25 IR £ par personne, soit 31,70 €.)*

● *UCD Village, Belfield, Dublin 4,* **T (01) 70 67 777**. *Appartements d'étudiants à louer pendant les vacances scolaires, à 6 km du centre. (25 IR £ par personne, soit 31,70 € ; appartement de 3 pièces : 350 IR £ par semaine, soit 444 €.)*

Camping

● *Shankill Camping & Caravan Park,* **T (01) 84 37 131**. *Dans une agréable petite ville près de Dublin. Le Dart dessert Shankill régulièrement.*

Se restaurer

Les Dublinois se restaurent à toute heure du jour et de la nuit. N'hésitez pas à faire comme eux et à fréquenter les petits restaurants des musées à l'heure du déjeuner. Depuis quelques années, le nombre et la variété des restaurants ont considérablement augmenté, du fish and chips au restaurant français gastronomique.

- *Bad Ass Café, Crown Alley, Dublin,* **T (01) 67 12 840**. *Bonne ambiance, menu étudiant. (Ouv. tlj de 9 h à 24 h. Pizza : env. 7 IR £, soit 8,88 €.)*
- *Beshoff's, Westmorland Street et O'Connell Street, Dublin. Fish and chips à comparer à celui de Leo Burlock. (Ouv. du lun. au ven. de 10 h à 23 h, sam. de 9 h à 23 h 30.)*
- *Bewley's, Grafton Street, Westmorland Street et Mary Street, Dublin,* **T (01) 67 76 761**. *Rien ne vaut le café de 11 h (elevenses) à Bewley's Grafton Street, avec un beau feu qui brûle dans une ravissante cheminée victorienne. Le café est toujours bon et l'ambiance presque intacte, même si des étudiants français ou espagnols ont remplacé les serveuses d'antan et leur tenue si formelle. (Ouv. du lun au jeu., de 7 h 30 à 1 h du matin, ven. et sam., de 7 h 30 à minuit, et dim., de 9 h 30 à 19 h. Petit déjeuner servi toute la journée : env. 3,50 IR £, soit 4,44 €.)*
- *Café en Seine, 40 Dawson Street, Dublin,* **T (01) 67 74 151**. *La jeunesse, qui a quelque peu déserté Bewley's, est séduite par cet énorme bistro tout en longueur. (Café avec pâtisserie : env. 5 IR £, soit 6,34 €.)*
- *Davy Byrne's, 21 Duke Street, Dublin,* **T (01) 67 76 744**. *Brasserie et pub traditionnel. (Plat du jour : env. 4,25 IR £, soit 5,40 €.)*
- *Gallagher's Boxty House, 20-21 Temple Bar, Dublin,* **T (01) 67 72 762**. *Le boxty, plat de base ici, est une galette de pommes de terre traditionnelle dans les comtés du Nord. (Plat principal : de 6 à 9 IR £, soit 7,62 à 11,43 €.)*
- *Harbour Master Greenhouse, Custom House Dock, Dublin 1,* **T (01) 67 01 688**. *Un secret bien gardé dans le nouveau quartier des finances, le Docks, l'ancien port de Dublin. (Plat du jour : env. 10 IR £, soit 12,70 €.)*
- *Kitty's Kaboodle, 14 Merrion Row, Dublin,* **T (01) 66 23 351**. *Clientèle plutôt jeune, bonne ambiance. Le personnel est français.*
- *Leo Burdock, 2 Werburgh Street, Dublin,* **T (01) 45 40 306**. *Le meilleur fish and chips de Dublin, à goûter au moins une fois. (Ouv. du lun. au ven. de 11 h à 23 h, sam. de 14 h à 23 h. Fish and chips : env. 4 IR £, soit 5,08 €.)*
- *The Shelbourne Hotel, Saint Stephen's Green, Dublin 2,* **T (01) 67 66 471**. *L'adresse à ne pas manquer pour un afternoon tea. (Afternoon tea servi de 15 h à 17 h ; env. 10 IR £, soit 12,70 €.)*
- *The Stag's Head, 1 Dame Court, Dublin,* **T (01) 67 93 701**. *Pub grub (« cuisine de pub ») copieuse et traditionnelle. (Plat du jour : env. 4,25 IR £, soit 5,40 €.)*
- *Tosca, 20 Suffolk Street, Dublin,* **T (01) 67 96 744**. *Chic et branché, un restaurant à la mode.*
- *The Winding Stair Bookshop & Café, 40 Lower Ormond Quay, Dublin,*

T (01) 87 33 292. *Salades et sandwichs, avec vue sur la Liffey et livres sur les étagères. Bon marché. (Ouv. du lun. au sam., de 10 h 30 à 18 h.)*

Prendre un verre

Le pub est le deuxième salon des Irlandais, et les Dublinois sont attachés aux leurs. Histoire, littérature, musique, bière et whiskey s'y mêlent allègrement pour former un tout excitant, mais indéfinissable. La tournée des pubs littéraires de Dublin, The Dublin Literary Pub Crawl, suit les traces des écrivains célèbres dans les pubs qu'ils ont fréquentés. Certains établissements ont conservé des bars réservés aux hommes, avec une salle lounge pour les femmes ou les couples. Inutile de chercher une indication à l'entrée : cet usage ne s'affiche pas, mais il suffit à une femme, seule ou accompagnée, de franchir le seuil d'un bar « hommes » pour comprendre son erreur. Le barman peut même refuser de la servir.
En règle générale, les pubs sont ouverts du lun. au sam. de 10 h 30 à 23 h 30 (23 h en hiver), et le dim. de 12 h 30 à 14 h et de 16 h à 23 h.

- *The Brazen Head, 20 Bridge Street Lower, Dublin. Fondé en 1198, le pub historique de Dublin. Incontournable.*
- *Davy Byrne's, 21 Duke Street, Dublin. Tout près de Grafton Street. Ce pub figure dans Ulysse de James Joyce. Étape conseillée.*
- *The Foggy Dew, Fownes Street, Dublin. Musique rock le dimanche soir.*
- *McDaids, 3 Harry Street, Dublin. Le QG du dramaturge Brendan Behan sert de la bière depuis 1779. Décor authentique.*
- *The Mean Fiddler, Wexford Street, Dublin. Comme chez son voisin Whelan's, c'est la musique qui attire les foules ici. Discothèque à partir de 23 h.*
- *Mother Redcap's Tavern, Back Lane, Christchurch, Dublin. Musique et danse traditionnelles.*
- *Mulligans, Poolbeg Street, Dublin. Un peu plus moderne que McDaids, Mulligans a ouvert en 1782. Peut-être la meilleure pinte de Guinness de la capitale.*
- *The Palace Bar, 21 Fleet Street, Dublin. Rendez-vous des journalistes. Décor de tradition à deux pas de Trinity.*
- *Slattery's, 129 Capel Street, Dublin. Musique et danse traditionnelles, rock et blues.*
- *The Stag's Head, 1 Dame Court, Dublin. L'authentique pub victorien. Le décor, la bière et les plats sont de la même qualité.*
- *Whelan's, 25 Wexford Street, Dublin. Concerts le soir, musique rock et blues.*

Guides

- *The Federation of Irish Guiding Interests, 24 Main Street, Blackrock,* **T (01) 27 81 626**.

Shopping

Grafton Street, rue piétonne près de Saint Stephen's Green, et Henry Street, plus populaire et de l'autre côté du fleuve, sont les principales rues commerçantes de la ville. Bondées les samedis, elles deviennent les points de rassemblement de la moitié des Dublinois. Près de Henry Street, le Moore Street Market, fantôme du Dublin d'il y a 50 ans, où quelques stands de l'ancien marché ont survécu, est à voir pour le folklore. Powerscourt House Shopping Centre est le plus agréable des centres commerciaux, devenus nombreux à Dublin. Il est situé dans une belle maison entre South William Street et la charmante Clarendon Street.

- *Claddagh Records, 2 Cecilia Street, Temple Bar, Dublin. Disques de musique traditionnelle irlandaise.*
- *Clery's, O'Connell Street, Dublin. Grand magasin à l'ancienne. C'est ici que les fillettes viennent choisir leur robe de communion et que leurs grandes sœurs rêvent devant les robes de mariée.*
- *The Dublin Woolen Company, 41 Ormond Quay, Dublin. La plus agréable boutique de lainages, tweed et pull-overs, tout près du Halfpenny Bridge.*
- *The Kilkenny Design Centre, 6 Nassau Street, Dublin. Vitrine de l'artisanat irlandais.*

Marchés et brocante

Pour les chineurs, les boutiques de Francis Street sont à explorer, ainsi que ces deux marchés :

- *George's Street Market Arcade, sur South Great George Street.*
- *Mother Redcap's, Back Lane, Christ Church Cathedral.*

Librairies

Presque aussi fréquentées que les pubs à Dublin, les librairies font partie des étapes essentielles d'une visite de la capitale. Tous les musées ont des librairies passionnantes. Eason's est aussi l'un des points de rendez-vous les plus courants à Dublin, où il est parfois important d'être à l'abri pour patienter.

- *An Siopa Leabar, Harcourt Street, Dublin.*
- *Eason's, 40 O'Connell Street, Dublin.*
- *Fred Hanna, 27-29 Nassau Street, Dublin.*
- *Greene's Bookshop, 16 Clare Street, Dublin 2.*
- *Hodges & Figgis, 56-58 Dawson Street, Dublin.*
- *Waterstones, 7 Dawson Street, Dublin.*

Sortir

Programmes

Dublin Events Guide, programme gratuit des sorties à Dublin, sort tous les vendredis. Il est disponible dans les offices de tourisme et dans certains restaurants et pubs.
Le bimensuel *In Dublin* propose également la liste des loisirs et sorties dans la capitale.

- *Office de tourisme, O'Connell Street, Dublin,* ***T (01) 28 39 973.***

Art contemporain

- *Irish Contemporary Art Gallery,* ***T (01) 67 94 237****. Cette association publie le programme des expositions à Dublin.*
- *The Davis Gallery, 11 Capel Street, Dublin 1,* ***T (01) 87 26 969****.*
- *Douglas Hyde Gallery, Trinity College, Dublin 2,* ***T (01) 60 81 116****.*
- *Gallery of Photography, Meeting House Square, Temple Bar, Dublin 2,*

T (01) 67 14 654.

● *Green On Red Gallery, 26-28 Lombard Street East, Dublin 2,* ***T (01) 67 13 414.***

● *Kerlin Galery, Anne's Lane, South Anne Street, Dublin 2,* ***T (01) 67 09 093.***

● *The Paul Kane Gallery, 53 South William Street, Dublin 2,* ***T (01) 67 03 141.***

● *Project Arts Centre, 39 East Essex Street, Dublin 2,* ***T (01) 67 96 622*** *;* ***e-mail : info@project.ie*** *;* ***www.project.ie.***

● *Royal Hibernian Academy Gallagher Gallery, 15 Ely Place, Dublin 2,* ***T (01) 66 12 558.***

● *Taylor Galleries, 16 Kildare Street, Dublin 2,* ***T (01) 67 66 055.***

● *Temple Bar Gallery & Studios, 5-9 Temple Bar, Dublin 2,* ***T (01) 67 10 073.***

Théâtres

● *Abbey Theatre, Abbey Street Lower, Dublin,* ***T (01) 87 87 222.*** *Les auteurs irlandais sont à l'honneur dans le plus mythique des théâtres irlandais, fondé par Yeats et Lady Gregory en 1898. L'annexe, le Peacock Theatre, accueille des pièces de jeunes auteurs.*

● *Gaiety Theatre, King Street South, Dublin,* ***T (01) 67 71 717.*** *Pantomimes, ballets, opéras et pièces modernes.*

● *Gate Theatre, Parnell Square East (1 Cavendish Row), Dublin,* ***T (01) 87 44 045.*** *Les classiques irlandais, ainsi qu'un vaste répertoire international.*

● *Olympia Theatre, 72 Dame Street, Dublin,* ***T (01) 67 77 744.*** *Ambiance très old fashioned, comédies musicales, mais aussi concerts et pièces de boulevard.*

Musique et spectacles

● *An Béal Bocht, 58 Charlemont Street, Dublin,* ***T (01) 47 55 614.*** *Spectacles en langue irlandaise.*

● *National Concert Hall, Earlsfort Terrace, Dublin,* ***T (01) 67 11 888.*** *La musique classique a aussi une scène à Dublin. L'orchestre national, The National Symphony Orchestra, y donne des concerts à l'heure du déjeuner (mar. et ven.). Jazz le dimanche après-midi.*

● *Point Theatre, East Link Bridge, North Wall Quay, Dublin,* ***T (01) 83 63 633.*** *L'ancienne gare reçoit jusqu'à 7 000 spectateurs avides de musique, de danse et de comédies musicales.*

● *Project Arts Centre, 39 East Essex Street, Dublin 2,* ***T (01) 67 96 622*** *;* ***e-mail : info@project.ie*** *;* ***www.project.ie.*** *Lectures, danse, comédies, pièces modernes.*

Boîtes de nuit

Les boîtes de nuit ouvrent généralement toutes les nuits, de 23 h ou 23 h 30 (heure de fermeture des pubs) à 2 h ou 2 h 30 du matin.

● *The Kitchen, Wellington Quay, Dublin,* ***T (01) 67 76 635.*** *Ce club un peu difficile d'accès, surtout le week-end, est la boîte chic et branchée de U2, au Clarence Hotel.*

● *The PoD, 35 Harcourt Street, Dublin,* ***T (01) 47 80 166.*** *Place of Dance, discothèque jeune et branchée.*

● *Ri Ra, Central Hotel, Exchequer Street, Dublin,* ***T (01) 76 74 835.*** *Plus* *facile d'accès que The Kitchen, cette discothèque s'étend sur deux étages avec plusieurs bars. Ambiance dance.*

Loisirs

Visites

- *Dublin Castle,* ***T (01) 67 77 129****. Le château faisant partie des services gouvernementaux, les visites de l'intérieur sont sujettes à des modifications, voire à des annulations les jours de réunions officielles ; il est conseillé d'appeler pour vérifier les horaires du jour. (Visites guidées du lun. au ven. de 10 h à 17 h, sam. et dim. de 14 h à 17 h. Plein tarif : 2,50 IR £, soit 3,17 € ; tarif réduit : 1,50 IR £, soit 1,90 €.)*
- *Chester Beatty Library, Clock Tower, Dublin Castle. Collection orientale exceptionnelle. (Ouv. du mar. au ven. de 10 h à 17 h, sam. de 14 h à 17 h. Entrée libre.)*

Visites en bus

- *Dublin Bus, 59 Upper O'Connell Street, Dublin,* ***T (01) 87 20 000****. Découverte de la capitale à bord d'un autobus à impériale.*
- *Gray Line,* ***T (01) 67 08 822****. Excursions autour de Dublin et découverte de Dublin la nuit.*
- *Mary Gibbons Tours,* ***T (01) 28 39 973****. Visites guidées de Dublin en autobus.*

Circuits à pied

De nombreux circuits pédestres sont possibles, avec ou sans guide, offrant plus une découverte de la ville à pied que de véritables itinéraires de randonnée. Il ne faut pas oublier de se procurer le plan *Ulysse's Map of Dublin* à l'office du tourisme, pour ne rien perdre des périples du héros de James Joyce à travers la ville.

- *Cultural Trail, circuit fléché sans guide. Renseignements à l'office du tourisme, O'Connell Street,* ***T (01) 28 39 973****.*
- *Dublin Footsteps,* ***T (01) 49 60 641****. Circuit de 2 h. Départ de Bewley's Cafe, Grafton Street.*
- *Georgian Heritage Trail, circuit fléché sans guide. Renseignements à l'office du tourisme, O'Connell Street,* ***T (01) 28 39 973****.*
- *Historical Walking Tour,*

Pub Crawls

Il faut de l'entraînement pour supporter les deux circuits guidés des pubs si l'on consomme une bière à chaque étape. Souvent de nuit, ces circuits sont toutefois très amusants et permettent de s'initier à la vie nocturne des pubs de Dublin.

- *The Dublin Literary Pub Crawl, 35 Heytesbury Street,* ***T (01) 45 40 228****. Animé par des acteurs, ce circuit suit les traces des écrivains célèbres dans leurs établissements habituels.*
- *The Dublin Musical Pub Crawl,* ***T (01) 47 80 191****. Pour s'initier à la musique traditionnelle irlandaise.*

***T (01) 84 50 241**. Des historiens de Trinity University animent ce circuit de 2 h. Départ devant le portail de Trinity College.*

- *Old City Trail, circuit fléché sans guide. Renseignements à l'office du tourisme, O'Connell Street, **T (01) 28 39 973**.*
- *Rock'n'Stroll Trail, circuit fléché sans guide. Renseignements à l'office du tourisme, O'Connell Street, **T (01) 28 39 973**.*
- *The Zozimus Experience, **T (01) 66 18 646**. Les mystères de la ville médiévale. Départ de Dublin Castle (tlj à 18 h 45).*

Sports

Golf

Le nombre de golfs est impressionnant à Dublin : pas moins de 53 terrains sont accessibles aux amateurs.

- *Comté de Dublin : Finnstown, Killiney, Rush, Turvey (9 trous) ; Hazel Grove (11 trous) ; Balcarrick, Ballbriggan, Ballinascorney, Beach Park, Beaverstown, City West, Coldwinters, Corballis, Donabate, Dublin Mountain, Dun Laoire, Forrest Little, Hermitage, Hollywood Lakes, The Island, Kiltiernan, Lucan, Lutrellstown, Old Conna, Saint Margaret's, Skerries, Slade Valley, Swords, Westmanstown, Woodbrook (18 trous) ; Corrstown, Malahide, Portmarnock (27 trous).*
- *Ville de Dublin : Carrickmines, Foxrock, Kilmashogue, Rathfarnam, Sutton (9 trous) ; Hazel Grove (11 trous) ; Castle, Clontarf, Edmonstown, Elmgreen, Elm Park, Hollystown, Howth, Milltown, Newlands, Royal Dublin, Saint Anne's, Stackstown (18 trous) ; Grange (24 trous) ; Deer Park (34 trous).*
- *Renseignements : Golfing Ireland, 18 Parnell Square, Dublin 1, **T (01) 87 26 711**.*

Canoë

- *Irish Canoe Union, House of Sport, Long Mile Road, Walkinstown, Dublin 12, **T (01) 45 09 838**.*

Voile

- *Fingall Sailing School, Malahide, **T (01) 84 51 979**.*
- *Glenans Irish Sailing Club, 5 Lower Mount Street, Dublin 2, **T (01) 66 11 481**.*
- *Howth Marina, Howth, **T (01) 83 92 777**.*
- *Irish National Sailing School, Marine Activity Centre, West Pier, Dun Laoghaire, **T (01) 28 44 195**.*
- *Irish Sailing Association, 3 Park Road, Dun Laoghaire, **T (01) 28 00 239**.*
- *Irish Sea Charter Co. Ltd. & Sailing School, Blackrock, **T (01) 28 46 664**.*
- *Malahide Marina Village, Malahide, **T (01) 84 54 129**.*

Planche à voile

- *Surfdock Centre, Grand Canal Dock, Dock Road South, Ringsend, **T (01) 66 83 945**. Au centre de Dublin, planches, bateaux et canoës à louer. Stages de voile, planche à voile et canoë.*

Plongée

- *The Irish Underwater Council, 78A Patrick Street, Dun Laoghaire, **T (01) 28 44 601**.*

● *Oceantec Adventures, Dun Laoghaire,* ***T (01) 28 01 083****.*

Location de vélos

● *Cycle Ways,*
185-186 Parnell Street, Dublin 1,
T (01) 87 34 748 *et* ***(01) 87 24 636****.*

● *McDonald's Cycles,*
38-39 Wexford Street, Dublin 2,
T (01) 47 52 586*.*

Randonnées équestres

● *Caliaghstown Riding Centre,*
The Wicklow Trail Ride, Rathcoole,
T (01) 45 88 171*.*

Adresses utiles

● *Bord Failte,*
Baggot Street Bridge, Dublin,
T (01) 67 65 871*. Informations touristiques.*

● *Dublin Tourism, Saint Andrew's Church, 2 Suffolk Street, Dublin,*
T 1850 23 03 30*.*

● *Informations touristiques,*
T 1800 66 86 68*.*

● *Northern Ireland Tourist Board,*
16 Nassau Street, Dublin,
T (01) 67 91 977*. Informations touristiques sur l'Irlande du Nord.*

● *Office central d'information touristique,* ***T (01) 67 65 871*** *et* ***(01) 60 24 000****.*

● *Office du tourisme, O'Connell Street, Dublin,* ***T (01) 28 39 973.***

● *Temple Bar Information Centre,*
18 Eustace Street, Dublin,
T (01) 67 15 717*. Dans le « quartier Latin » de Dublin.*

Urgences

Appel gratuit : **T 999**.

Dublin à vélo

La compagnie Dublin Bike Tours & Rental propose d'intéressantes visites guidées en bicyclette autour de la ville, en évitant au maximum les zones trop congestionnées. Le tour matinal, Dublin at Dawn, démarre à 6 h devant le portail d'entrée de la cathédrale Christ Church, en face du pub Lord Edward. Un arrêt pour le petit déjeuner au marché aux fruits fait partie du programme.
La location de vélos seule est aussi possible. Des itinéraires recommandés sont fournis, ainsi que casques, tenues de pluie et sièges bébés.

● *Dublin Bike Tours & Rental, Kinlay House,*
2 Lord Edward Street, Dublin 2, ***T (01) 67 90 899****.*

Comté de Carlow

Indicatif téléphonique : **0503**

Arriver

En train

● *Gare ferroviaire, Railway Road, Carlow,* ***T (0503) 31 663****. Sur la ligne Dublin-Waterford.*

En autocar

● *Rapid Express Coaches, Barrack Street, Carlow,* ***T (0503) 43 081****.*

Se loger

● *Dolmen Hotel, Kilkenny Road, Carlow,* ***T (0503) 43 324****. Près de la Barrow, l'hôtel est entouré d'un domaine boisé. Pêche, équitation et golf possibles. (À partir de 35 IR £ par personne, soit 44,40 €.)*

● *Lorum Old Rectory, Bagenalstown,* ***T (0503) 75 282****. Ancien presbytère transformé en hôtel. Lorum se trouve au sud de Bagenalstown, elle-même au sud de la ville de Carlow, au carrefour de la R724 et de la R705. (À partir de 30 IR £ par personne, soit 38,10 €.)*

● *Step House, 66 Main Street, Borris,* ***T (0503) 73 209****. Belle maison georgienne au cœur du village de Borris. (À partir de 30 IR £ par personne, soit 38,10 €.)*

Hébergement économique

● *Otterholt Riverside Lodge, Kilkenny Road, Carlow,* ***T (0503) 30 404****. Dortoirs au bord de l'eau. (Tarif par personne : 8 IR £, soit 10,16 € ; chambre double : env. 20 IR £, soit 25,40 €.)*

Camping

● *Otterholt Riverside Lodge, Kilkenny Road, Carlow,* ***T (0503) 30 404****. Camping au bord de l'eau. (Tarif : 4 IR £, soit 5,08 €.)*

Se restaurer

● *Beams Restaurant, Dublin Street, Carlow,* ***T (0503) 31 824****. (Ouv. du mar. au sam. Env. 12 IR £, soit 15,14 €).*

● *Bradbury's, 144 Tullow Street, Carlow. Plats simples et bon marché. (Ouv. du lun. au sam. de 9 h à 18 h.)*

● *Gallery Restaurant, Royal Hotel, Dublin Street, Carlow,* ***T (0503) 31 621****. (Menu brasserie toute la journée au bar ; repas du soir à partir de 18 h 30. Plat du jour : env. 6 IR £, soit 7,62 €.)*

● *Lorum Old Rectory, Bagenalstown,* ***T (0503) 75 282****. (Repas du soir à partir de 18 h 30. Env. 25 IR £, soit 31,70 €.)*

Sortir

● *Ostan Dinn Ri, Kennedy Street, Carlow. Trois pubs et une discothèque. (Entrée gratuite le jeu. jusqu'à 2 h ; env. 5 IR £, soit 6,34 €, les soirs de concert.)*

Sports

Golf

● *Terrains : Borris (9 trous) ; Carlow, Mount Wolseley (18 trous).*

● *Renseignements : Golfing Ireland, 18 Parnell Square, Dublin 1,* ***T (01) 87 26 711****.*

Deltaplane et parapente

● *Irish Hangliding and Paragliding Association, AFAS House of Sport, Longmile Road, Dublin 12,* ***T (01) 45 09 845*** *;* ***e-mail : info@newells.com****.*

Aviron

● *Carlow Rowing Club, s'adresser à l'office du tourisme de Carlow,* ***T (0503) 31 554****.*

Location de canoës

● *Adventure Canoeing Days, Carlow,* ***T (0509) 31 307****.*

● *Otterholt Riverside Lodge, Kilkenny Road, Carlow,* ***T (0503) 30 404****.*

Location de vélos

● *Celtic Cycling, Lorum Old Rectory, Bagenalstown,* ***T (0503) 75 282****.*

● *Colemen Cycle, 19 Dublin Street, Carlow,* ***T (0503) 31 273****.*

Randonnées pédestres

● *Le South Leinster Way, au départ de Kildavin, au sud-ouest de Clonegal, traverse les villages de Borris et Graiguenamanagh, puis continue à travers le comté de Kilkenny pour finir à Carrick-on-Suir (comté de Tipperary). Renseignements : Duchas, The Heritage Service, 17-19 Lower Hatch Street, Dublin 2,* ***T (01) 64 73 000****.*

Adresse utile

● *Office du tourisme, Kennedy Avenue, Carlow,* ***T (0503) 31 554****. (Ouv. du lun. au ven. de 9 h 30 à 12 h 45 et de 14 h à 17 h 30, sam. de 10 h à 17 h 30.)*

Urgences

Appel gratuit : **T 999**

Comté de Kildare

Indicatifs téléphoniques

Athy : **0507**.
Celbridge : **01**.
Kildare Town : **045**.
Naas : **045**.
Tully : **045**.

Arriver

En train

● *Gare ferroviaire, Station Road, Kildare. Du lun. au sam., 30 liaisons avec Dublin ; dim., 12 liaisons. Renseignements à Irish Rail (Iarnrod*

Éireann), Connolly Station, Dublin 1,
T (01) 83 66 222.

En autocar

Kildare n'a pas de gare routière. Les bus s'arrêtent dans Main Street, et il y a un arrêt au Haras national à Tully. Liaisons toutes les heures avec Dublin.

● *Renseignements : Bus Éireann, Busàras, Store Street, Dublin 1,* **T (01) 83 66 111**.

Se loger

● *Ambassador Hotel, Kill,* **T (045) 87 70 64**. *Hôtel proche des champs de courses et en face de Goff's Horse Sales (vente de chevaux). Restaurant réputé. Musique cinq soirs par semaine. (À partir de 40 IR £ par personne, soit 50,80 €.)*

● *Hazel Hotel, Dublin Road, Monasterevin,* **T (045) 52 53 73**. *Hôtel-restaurant à 10 km du Haras national. Étape pratique sur la N7. (À partir de 30 IR £ par personne, soit 38,10 €.)*

● *Kildare Hotel & Country Club, Straffan,* **T (045) 60 17 300**. *Hôtel 5 étoiles. Prestations de luxe. Terrain de golf et tournois. (À partir de 155 IR £ par personne, soit 197 €.)*

● *Kilkea Castle, Castledermot,* **T (050) 34 556**. *Château du XIIe siècle entouré d'un golf 18 trous. Piscine et centre de loisirs sur place. (À partir de 90 IR £ par personne, soit 114,30 €.)*

● *Shell House, Dublin Road, Kildare,* **T (045) 52 12 93**. *Décor singulier : coquillages et toit de chaume. (À partir de 16 IR £ par personne, soit 20,30 €.)*

● *Standhouse Hotel Leisure & Conference Centre, Curragh Racecourse, The Curragh,* **T (045) 43 177**. *Équipements rénovés, restaurant, centre de remise en forme, piscine de 20 m. (À partir de 35 IR £ par personne, soit 44,40 €.)*

Se restaurer

● *The Bradaun, Leixlip House Hotel, Captain's Hill, Leixlip,* **T (01) 62 42 268**. *Dans une maison georgienne du XVIIIe siècle, le restaurant de cet hôtel offre confort et cuisine raffinée.*

● *Silken Thomas, Kildare,* **T (045) 52 22 32**. *Bon menu dans un ancien cinéma. (Ouv. de 11 h à 22 h. Menu : env. 10 IR £, soit 12,70 €.)*

● *Tongegee House, Kilkenny Road, Athy,* **T (0507) 31 473**. *Bon restaurant dans un site superbe. (Env. 28 IR £, soit 35,55 €.)*

Loisirs

Croisières

● *Péniche Eustace,* **T (045) 87 00 05**. *Minicroisières au départ de l'hôtel du Grand Canal, Robertstown. (Plein tarif : 3 IR £, soit 3,81 € ; tarif réduit : 2 IR £, soit 2,54 €.)*

Courses de chevaux

● *Curragh Racecourse,* **T (045) 44 12 05**.

● *Naas Racecourse,* **T (045) 89 73 91**.

● *Punchestown Racecourse,* **T (045) 89 77 04**.

● *Renseignements sur les services de bus : Bus Éireann,* **T (01) 87 34 222**.

● *Renseignements sur les trains spéciaux :* **T (01) 83 66 222**.

Sports

Golf

- *Terrains : Cill Dara, Clongowes, Leixlip, Woodlands (9 trous) ; Athy, Castlewarden, Craddockstown, Curragh, Kileen, Knockanally, K Club, Naas (18 trous) ; Highfield (27 trous) ; Bodenstown (36 trous).*
- *Renseignements : Golfing Ireland, 18 Parnell Square, Dublin 1,* ***T (01) 87 26 711****.*

Location de bateaux

- *Lowtown Marine,* ***T (045) 86 04 27****.*

À 13 km à l'ouest de Naas. Bateaux à cabine.

Location de canoës

- *Kilcullen Canoe & Outdoor Pursuits Club,* ***T (045) 81 24 08****.*

À 10 km au sud de Naas.

Location de vélos

- *Kierans Bike Shop, Claregate Street, Kildare,* ***T (045) 52 22 354****.*

Randonnées équestres

- *National Centre for Equestrian & Field Sports, Punchestown, Naas,* ***T (045) 87 68 00*** *;* ***www.punchestown.com****.*

Sur 250 ha, le Centre national de sports équestres et d'activités de plein air propose un programme complet pour cavaliers de tous niveaux, du néophyte au plus expérimenté.

Randonnées pédestres

- *County Kildare Youth & Sports,* ***T (045) 87 95 02****.*

Urgences

Appel gratuit : **T 999**.

Comté de Kilkenny

Indicatifs téléphoniques

Graiguenamanagh : **0503**.
Kilkenny : **056**.
Mullinavat : **051**.

Arriver

En train

- *McDonagh Train Station, Dublin Road, Kilkenny,* ***T (056) 64 933****.*

Circuler

- *Buggy's Buses, Kilkenny,* ***T (056) 41 264****.*
- *J. J. Kavanagh & Sons, Kilkenny,* ***T (056) 31 106****.*

Se loger

- *Abbey House, Jerpoint Abbey, Thomastown,* ***T (056) 24 166****.*

Belle maison traditionnelle à proximité de l'abbaye de Jerpoint. (À partir de 30 IR £ par personne, soit 38,10 €.)

- *Butler House, Patrick Street, Kilkenny,* ***T (056) 65 707****. Superbe manoir restauré à proximité du château de Kilkenny. (À partir de 40 IR £ par personne, soit 50,80 €.)*
- *The Hibernian Hotel, 33 Patrick Street, Kilkenny,* ***T (056) 71 888****. Situé au centre, pour la découverte de la ville de Kilkenny. (À partir de 50 IR £ par personne, soit 63,40 €.)*
- *Mount Juliet, Thomastown,* ***T (056) 73 000****. L'un des plus prestigieux terrains de golf du pays. Prestations de luxe, golf, équitation, tir à l'arc, pêche, tennis. (De 125 à 300 IR £, soit 158 à 381 €.)*
- *Rising Sun, Main Street, Mullinavat,* ***T (051) 89 81 73****. Jolie maison familiale sur la route de Waterford. (À partir de 20 IR £ par personne, soit 25,40 €.)*
- *Waterside, The Quay, Graiguenamanagh,* ***T (0503) 24 246****. Sur les rives de la Barrow, un grenier à blé du XIXe siècle converti en hôtel de charme. Le restaurant figure sur la liste des 100 meilleurs restaurants du pays. (À partir de 30 IR £ par personne, soit 38,10 €.)*

Campings

- *Nore Valley Caravan & Camping Park, Bennettsbridge,* ***T (056) 27 229****. Sur la R700. (Ouv. de Pâques à octobre. Tarif par personne : 4 IR £, soit 5,08 €.)*
- *Tree Grove Caravan & Camping Park, New Ross Road,* ***T (056) 70 302****. À 1,5 km au sud de Kilkenny. (Tarif par tente : 6,50 IR £, soit 8,25 €.)*

Se restaurer

- *Edward Langton's, 69 John Street, Kilkenny,* ***T (056) 65 133****. Menu réputé. Déjeuner et dîner.*
- *Kilkenny Castle Kitchen, restaurant du château de Kilkenny. Parfait à l'heure du déjeuner. Thé et excellents gâteaux. (Ouv. du 1er avril au 30 septembre, tlj de 10 h à 17 h ; du 1er octobre au 31 mars, tlj sauf lun. de 10 h 30 à 12 h 45 et de 14 h à 17 h.)*
- *Kilkenny Design Centre, en face du château de Kilkenny. Salon de thé et déjeuners. (Ouv. de 9 h à 17 h.)*
- *Kyteler's Inn, Saint Kieran's Street, Kilkenny,* ***T (056) 21 604****. Pub historique dans la maison d'une femme accusée de sorcellerie. Cave à vins. (Plats : env. 6 IR £, soit 7,62 €.)*
- *Parliament House Restaurant, Parliament Street, Kilkenny. Cuisine traditionnelle. (Plat du jour : env. 12 IR £, soit 15,24 €.)*
- *Riverside Restaurant, Kilkenny River Court Hotel, The Bridge, John Street, Kilkenny. Au cœur de Kilkenny.*

Shopping

- *Kilkenny Design Workshop, dans les écuries du château de Kilkenny. (Ouv. tlj sauf dim. de 9 h à 18 h.)*

Sortir

Prendre un verre

● *Cleere's Pub, 28 Parliament Street, Kilkenny,* **T (056) 62 573**. *En face du théâtre. Musique traditionnelle le lundi soir.*

● *Maggie's, Saint Kieran's Street, Kilkenny,* **T (056) 62 273**. *Musique traditionnelle le mardi soir, concerts le mercredi.*

Spectacles

● *Watergate Theatre, Parliament Street, Kilkenny,* **T (056) 61 674**. *Pièces irlandaises. (Location ouv. tlj de 10 h à 20 h.)*

Loisirs

Visites guidées

● *Old Kilkenny Tour, circuit d'autobus. Départ du château de Kilkenny toutes les 30 mn de 10 h à 17 h. (Plein tarif : 6 IR £, soit 7,62 € ; tarif réduit : 2,50 IR £, soit 3,17 €.) Renseignements à l'office du tourisme de Kilkenny,* **T (056) 51 500.**

● *Tynan Tours, Kilkenny,* **T (056) 65 929**. *Visites guidées à pied.*

Sports

Golf

● *Terrains : Castlecomer (9 trous) ; Callan (12 trous) ; Kilkenny, Mount Juliet, Waterford (18 trous).*

● *Renseignements : Golfing Ireland, 18 Parnell Square, Dublin 1,* **T (01) 87 26 711**.

Location de vélos

● *J. J. Wall, 86 Maudlin Street, Kilkenny,* **T (056) 21 236**. *(Ouv. tlj sauf dim. de 9 h à 17 h 30.)*

Randonnées équestres

● *Iris Kellet Equestrian Centre, Thomastown,* **T (056) 73 000**. *Dans le domaine de Mount Juliet, 16 miles d'itinéraires de promenade sous la supervision d'une championne d'équitation irlandaise, Iris Kellet.*

Randonnées pédestres

● *The South Leinster Way, circuit dans le sud du comté. Renseignements à l'office du tourisme de Kilkenny,* **T (056) 51 500**.

Poste

● *Oifig an Phoist (poste principale), High Street, Kilkenny,* **T (056) 21 879**. *(Ouv. du lun. au sam. de 9 h à 17 h 30.)*

Adresse utile

● *Office du tourisme, Shee Alms House, Rose Inn Street, Kilkenny,* **T (056) 51 500** ; **www.kilkennycats.ie/kilkenny-tourism**. *(Ouv. du 1er juin au 30 septembre, du lun. au sam. de 9 h à 18 h, dim. de 11 h à 17 h ; du 1er octobre au 31 mai, du lun. au ven. de 10 h à 17 h 30, sam. de 10 h à 14 h.)*

Urgences

Appel gratuit : **T 999**.

Comté de Laois

Indicatifs téléphoniques

Ballaghmore : **0505**.
Portarlington : **0502**.
Portlaoise : **0502**.

Arriver

En train

● *Gare ferroviaire, Railway Street, Portlaoise,* ***T (0502) 21 303****.*

En autocar

Les bus de Bus Éireann s'arrêtent à Lawlor Avenue et Egan's Hotel, Main Street, Portlaoise.

● *Renseignements : Bus Éireann,* ***T (01) 83 66 111****.*

Circuler

● *J. J. Kavanagh's,* ***T (056) 31 106****. Le service Portlaoise-Carlow dessert le rocher de Dunamase.*

Se loger

● *Castle Arms Hotel, The Square, Durrow,* ***T (0502) 36 117****. Hôtel familial dans le village de Durrow, près du lac Grantown. (À partir de 25 IR £ par personne, soit 31,70 €.)*

● *Hibernian Hotel, Abbeyleix,* ***T (0502) 31 252****. Belle demeure de style Tudor. Restaurant réputé. (À partir de 25 IR £ par personne, soit 31,70 €.)*

● *Montague Hotel, Emo, Portlaoise,* ***T (0502) 26 154****. Hôtel moderne avec brasserie et restaurant. (À partir de 25 IR £ par personne, soit 31,70 €.)*

● *O'Loughlin's Hotel, Main Street, Portlaoise,* ***T (0502) 21 305****. Hôtel avec bar et restaurant dans le centre-ville. (À partir de 25 IR £ par personne, soit 31,70 €.)*

● *Roundwood House, Mountrath,* ***T (0502) 32 120****. Superbe demeure palladienne à Mountrath, sur la N7 entre Portlaoise et Borris-on-Ossory. Qualité exceptionnelle et tarifs raisonnables. (À partir de 50 IR £ par personne, soit 63,40 €.)*

Se restaurer

● *Killeshin Hotel, Portlaoise,* ***T (0502) 21 663****. Bonne étape sur la N7. Bon accueil et détente au restaurant et au bar.*

● *O'Loughlin's Hotel, Main Street, Portlaoise,* ***T (0502) 21 305****. (Plat du jour et menu de 8 h à 21 h.)*

● *Roundwood House, Mountrath,* ***T (0502) 32 120****. Dans l'une des plus belles demeures palladiennes d'Irlande. (Repas du soir : env. 25 IR £, soit 31,70 €.)*

● *Tracey's Pub & Restaurant, The Heath, Dublin Road, Portlaoise,* ***T (0502) 46 539****. Brasserie de qualité dans une jolie chaumière.*

Prendre un verre

● *Morissey's, Main Street, Abbeyleix. Pub-épicerie à l'ancienne.*

Loisirs

Jardins

- *Emo Court & Demesne,* **T (0502) 26 573**. *Sur la route de Dublin, à 13 km au nord-est de Portlaoise. Promenades dans le domaine boisé et autour du lac Emo. Visites guidées de la maison à dôme (XVIIIe siècle) de l'architecte James Gandon. (Ouv. du 15 juin au 15 septembre, tlj de 10 h à 18 h. Jardin : entrée libre. Maison : plein tarif, 2 IR £, soit 2,54 € ; tarif réduit, 1 IR £, soit 1,27 €.)*

Sports

Golf

- *Terrains : Abbeyleix, Rathdowney (9 trous) ; The Heath, Mountrath, Portarlington (18 trous).*
- *Renseignements : Golfing Ireland, 18 Parnell Square, Dublin 1,* **T (01) 87 26 711**.

Location de vélos

- *Slieve Bloom Bike Hire, Village Inn, Coolrain,* **T (0502) 35 126**. *Au nord-est de Borris-In-Ossory.*

Randonnées pédestres

- *The Slieve Bloom Way, 77 km. La traversée d'une région largement méconnue du centre de l'Irlande. Renseignements à l'office du tourisme de Portlaoise,* **T (0502) 21 178**.

Adresse utile

- *Office du tourisme, James Fintan Lawlor Avenue, Portlaoise,* **T (0502) 21 178**. *(Ouv. du 1er mai au 30 septembre, du lun. au sam. de 10 h à 18 h.)*

Urgences

Appel gratuit : **T 999**.

Comté de Longford

Indicatifs téléphoniques

Ennybegs-Drumlish : **043**.
Lanesborough : **043**.
Longford : **043**.

Arriver

En bus

Les bus de Bus Éireann s'arrêtent dans la rue principale de Longford.

- *Renseignements : Bus Éireann,* **T (01) 83 66 111**.

Se loger

- *Camlin Court Hotel, Great Water Street, Longford,* **T (043) 47 190**. *Un nouvel hôtel à Longford. Équipement moderne. (À partir de 30 livres par personne, soit 38,10 €.)*

● *Carrigglas Manor,*
T (046) 25 239.
Au nord-est de la ville de Longford. Hébergement dans la demeure ancestrale de la famille huguenote des Lefroy.
Le manoir, bâti en 1837, a conservé son décor d'origine et les écuries sont l'œuvre de James Gandon.
Cadre raffiné.
(Ouv. du 1er mai au 31 octobre.)
● *Cumiskey's Farmhouse, Ennybegs-Drumlish,*
T (043) 23 320.
Chambres et 4 cottages à louer au nord de Longford, sur la R198. Bonne situation pour la pêche. (Chambres : à partir de 18 IR £ par personne, soit 22,86 €.)
● *Longford Arms Hotel, Main Street, Longford,*
T (043) 46 296.
Dans la rue principale de Longford. (À partir de 35 IR £ par personne, soit 44,40 €.)

Locations

● *Cumiskey's Farmhouse, Ennybegs-Drumlish,* **T (043) 23 320**. *Quatre cottages à louer au nord de Longford, sur la R198. Bonne situation pour la pêche. (À partir de 180 IR £ par semaine, soit 228,60 €.)*

Se restaurer

● *Flagship, Lanesborough (près du pont). Une péniche sur la Shannon. Agréable pause les pieds dans l'eau.*
● *Longford Arms Hotel, Main Street, Longford. Restauration traditionnelle dans un hôtel familial au centre de la ville de Longford.*

Loisirs

Courses de lévriers

● *Cynodrome, Longford. Renseignements :* **T (01) 49 71 081** *et* **(01) 66 83 502**.

Sports

Golf

● *Terrain : Co. Longford (18 trous).*
● *Renseignements : Golfing Ireland, 18 Parnell Square, Dublin 1,*
T (01) 87 26 711.

Location de bateaux

● *Mark Shields, Main Street, Lanesborough,* **T (043) 21 510**.

Pêche

● *Pricewyse Tackle, Lanesborough.*

Urgences

Appel gratuit : **T 999**.

Comté de Louth

Indicatifs téléphoniques

Ardee : **041**.
Carlingford : **042**.
Cooley Peninsula : **042**.
Drogheda : **041**.
Dundalk : **042**.
Omeath : **042**.

Arriver

En train

- *Gare ferroviaire, Dublin Road, Drogheda,* ***T (041) 98 38 749****.*
- *Gare ferroviaire, Park Street, Dundalk,* ***T (042) 93 35 521****.*

En autocar

- *Gare routière, Donore Road, Drogheda,* ***T (041) 98 35 023****.*
- *Gare routière, The Long Walk, Dundalk,* ***T (042) 93 34 075****.*

Se loger

- *Bellingham Castle Hotel, Castlebellingham,* ***T (042) 72 176****. Confort et tranquillité dans un château du XVIIe siècle. (À partir de 35 IR £ par personne, soit 44,40 €.)*
- *Boyne Valley Hotel & Country Club, Stamee, Drogheda,* ***T (041) 98 39 188****. À 40 km de Dublin, belle maison entourée de verdure. Tennis, golf, restaurant. (À partir de 45 IR £ par personne, soit 57,10 €.)*
- *Derryhale Hotel, Carrick Road, Dundalk,* ***T (042) 35 471****. À mi-chemin entre Dublin et Belfast et à proximité de la péninsule de Cooley. (À partir de 35 IR £ par personne, soit 44,40 €.)*
- *Granvue House, Omeath,* ***T (042) 75 109****. Sur les berges de Carlingford Lough, avec vue panoramique sur les montagnes de Mourne et de Cooley. (À partir de 25 IR £ par personne, soit 31,70 €.)*

Hébergement économique

- *Carlingford Arms Adventure Centre & Holiday Hostel, Thostel Street, Carlingford,* ***T (042) 93 73 100****. Hébergement en dortoir de 2 à 8 personnes. Séjours : escalade, randonnée, planche à voile. (Env. 10 IR £ par personne, soit 12,70 €.)*

Campings

- *Gyles Quay Camping & Caravan Park, Cooley Peninsula,* ***T (042) 98 76 262****. (Ouv. du 1er mars au 31 octobre. Tarif par tente : env. 8 IR £, soit 10,15 €.)*
- *Tain Holiday Village, Omeath,* ***T (042) 93 75 85****. Au bord de Carlingford Lough, sur la R173 au nord de Dundalk. (Tarif par tente : env. 17 IR £, soit 21,60 €.)*

Se restaurer

- *Black Bull Inn, Dublin Road, Drogheda,* ***T (041) 98 37 139****. Le pub le plus populaire de Drogheda. (Plat principal : env. 10 IR £, soit 12,70 €.)*

● *Branagan's, Magdalene Street, Drogheda,* ***T (041) 98 35 607****.*
Menus variés. (Plat du jour : env. 10 IR £, soit 12,70 €.)

● *Carlingford Arms, Newry Street, Carlingford,* ***T (042) 93 73 418****.*
Pub derrière une épicerie. Huîtres de Carlingford servies toute la journée. (Repas du soir : env. 13 IR £, soit 16,50 €.)

● *Jordans Restaurant, Newry Street, Carlingford,* ***T (042) 93 73 223****.*
Au bord de l'eau. Menu raffiné, huîtres. En été, réserver. (Menu : env. 25 IR £, soit 31,70 €.)

● *Modi's Restaurant, Fairways Hotel, Dublin Road, Dundalk,* ***T (042) 93 15 00****.*
Brasserie et restaurant dans un hôtel avec piscine et équipements sportifs.

● *Triple House Restaurant, Termonfeckin,* ***T (041) 98 22 616****.*
Sur la R166, au nord-est de Drogheda et au sud de Clogherhead. Menu et spécialités de poissons. (Menu servi de 18 h 30 à 19 h 30 : env. 12 IR £, soit 15,24 € ; plus cher en soirée.)

Loisirs

Croisières

● *Carlingford Pleasure Cruises, Carlingford,* ***T (042) 93 72 239****.*
(Ouv. du 1er mai au 30 septembre.)

Sports

Golf

● *Terrains : Townley Hall (9 trous) ; Ardee, County Louth, Dundalk, Greenore, Killinbeg, Seapoint (18 trous).*

● *Renseignements : Golfing Ireland, 18 Parnell Square, Dublin 1,* ***T (01) 87 26 711****.*

Location de vélos

● *Bridge Cycles, North Quay, Drogheda,* ***T (041) 98 34 526****.*

● *The Cycle Centre, 44 Dublin Street, Dundalk,* ***T (042) 93 37 159****.*

Randonnées pédestres

● *The Tain Way, 40 km sur les traces du héros légendaire Cuchulainn. Renseignements à l'office du tourisme de Dundalk,* ***T (042) 35 457****.*

Adresses utiles

● *Office du tourisme, Donore Road, Drogheda,* ***T (041) 37 070****.*
(Ouv. du 1er juin au 30 septembre, du lun. au sam. de 10 h à 13 h et de 14 h à 17 h 30.)

● *Office du tourisme, Jocelyn Street, Dundalk,* ***T (042) 35 457****.*
(Ouv. du 1er juin au 31 octobre, du lun. au ven. de 9 h à 18 h, sam. de 9 h 30 à 13 h et de 14 h à 17 h 30 ; du 1er novembre au 31 mai, du lun. au ven. de 9 h à 13 h et de 14 h à 17 h 30, sam. de 10 h à 13 h et de 14 h à 18 h.)

Urgences

Appel gratuit : **T 999**.

Comté de Meath

Indicatifs téléphoniques

Kells : **046**.
Navan : **046**.
Newgrange : **041**.
Slane : **041**.
Tara : **046**.
Trim : **046**.

Arriver

En train

Seules les villes de la côte sont desservies par le train Dublin-Belfast. Le nombre d'arrêts est variable suivant la saison.

● *Renseignements : Irish Rail (Iarnroid Éireann), Connolly Station, Dublin 1,* ***T (01) 83 66 222****.*

En autocar

Les cars vers Dublin sont fréquents ; ceux qui vont à Kells sont marqués du nom irlandais « Ceanannas Mor ». Quand il n'y a pas de gare routière, les bus s'arrêtent à la demande et partent d'un point central de chaque ville ou village. À Trim, les bus s'arrêtent à Castle Street ; à Kells, devant O'Rourke's Bar, ainsi qu'à Castle Street. À Slane, l'arrêt se trouve devant le magasin de bonbons sur la route de Derry.

Se loger

● *Conyngham Arms, Slane,* ***T (041) 24 155****. Hôtel traditionnel au centre du joli village de Slane. (À partir de 30 IR £ par personne, soit 38,10 €.)*

● *Neptune Beach Hotel & Leisure Club, Bettystown,* ***T (041) 98 27 107****. Belles chambres avec vue sur la mer. Club de loisirs avec piscine et centre de remise en forme. (À partir de 45 IR £ par personne, soit 57,10 €.)*

● *Old Darnley Lodge Hotel, Main Street, Athboy,* ***T (046) 32 283****. Hôtel entièrement modernisé dans un batiment du XVIIIe siècle. (À partir de 25 IR £ par personne, soit 31,70 €.)*

● *Station House Hotel, Kilmessan,* ***T (046) 25 239****. Cette ancienne gare à moins de 3 km de la colline de Tara a conservé salle d'attente et guichets comme éléments de décor. (À partir de 25 IR £ par personne, soit 31,70 €.)*

Locations

● *The Cottages, Seabank, Laytown/Bettystown,* ***T (041) 98 28 104****. Quatre superbes cottages à toit de chaume à proximité de la plage, des golfs et de Dublin. (À partir de 300 IR £ par semaine, soit 381 €.)*

Hébergement économique

● *Kells Hostel, Cavan Road, Kells,* ***T (046) 49 995****. Auberge de jeunesse avec équipement sportif, gymnase, jacuzzi. Hébergement en dortoir. (Tarif : 7 IR £ par personne, soit 8,89 €.)*

Se restaurer

● *The Abbey Lodge, Market Street, Trim,* **T (046) 31 549**.
● *Monaghan's, Kells,* **T (046) 40 100**.
● *O'Shaughnessy's, Market Street, Kells,* **T (046) 41 110**. *Pub et restaurant animés.*
● *Station House, Navan,* **T (046) 25 239**. *Déjeuners à la mi-journée, restaurant le soir (du lun. au sam. de 18 h à 21 h 30).*
● *Bacchus Restaurant, Bettystown,* **T (041) 98 28 251**. *(Ouv. du mar. au sam. de 18 h à 21 h 30, dim. de 12 h à 19 h. Menu servi de 18 h à 19 h 30 : 15 IR £, soit 19 €.)*

Loisirs

Visite des sites préhistoriques

● *Tour of Royal Meath, visite complète des sites en car. (Tous les dim., du 1er juin au 31 août.) Renseignements : Celtic Twilight,* **T (088) 54 787**.
● *Newgrange and Boyne Valley Tour, circuit en car au départ de Dublin. Renseignements : Bus Éireann, Busàras,* **T (01) 83 66 111** *et* **(041) 98 35 023**.
● *Sightseeing Tours, circuit guidé en car de Newgrange et Knowth. Départ de l'office de tourisme de Dublin, O'Connell Street,* **T (01) 28 39 973** *(tlj, du 1er juin au 30 septembre).*

Sports

Golf

● *Terrains : Gormanstown (9 trous) ; Ashbourne, Headfort, Kilcock, Laytown & Bettystown, Moor Park, Trim (18 trous) ; Black Bush, Royal Tara (27 trous).*
● *Renseignements : Golfing Ireland, 18 Parnell Square, Dublin 1,* **T (01) 87 26 711**.

Randonnées équestres

● *Bachelor's Lodge Equestrian Centre, Kells Road, Navan,* **T (046) 21 736**. *Randonnées, parcours de cross-country, camps de poneys.*
● *Broadmeadow Equestrian Centre, Bullstown Ashbourne,* **T (083) 52 823**. *Manège couvert et de plein air, équipements modernes. Vacances équestres adaptées aux besoins de chaque cavalier. Concours hippiques.*

Randonnées pédestres

● *Shamrock Experience, circuit guidé autour de Lough Crew et Oldcastle au départ de Kells. Renseignements à l'office du tourisme de Kells et au Kells Hostel,* **T (046) 40 100**.

Adresses utiles

● *Meath Visitor's Centre, Mill Street, Trim,* **T (046) 37 227**. *(Ouv. du 1er avril au 30 septembre, tlj de 10 h à 17 h.)*
● *Office du tourisme, Mill Street, Trim,* **T (046) 37 111**. *(Ouv. du 1er mai au 30 septembre, tlj de 9 h 30 à 18 h ; du 1er octobre au 30 avril, du lun. au sam. de 9 h 30 à 17 h, dim. de 12 h à 16 h.)*
● *Office du tourisme, Headfort Place, Kells.*

Urgences

Appel gratuit : **T 999**.

Comté d'Offaly

Indicatifs téléphoniques

Banagher : **0509**.
Birr : **0509**.
Clonmacnoise : **0905**.
Edenderry : **0405**.
Tullamore : **0506**.

Arriver

En train

● *Gare ferroviaire, Western Relief Road, Tullamore. Renseignements à Irish Rail,* ***T (01) 83 66 222****.*

En autocar

● *Bus Éireann, Western Relief Road, Tullamore,* ***T (0506) 21 431****.*

Circuler

● *Kearn's Coaches, Tullamore,* ***T (0506) 22 244****. Liaisons avec Dublin, Banagher, Birr et Portumna.*

Se loger

● *Bridge House Hotel & Leisure Club, Tullamore,* ***T (0506) 22 000****. Hôtel de luxe, club de loisirs et restaurant. (À partir de 50 IR £ par personne, soit 63,40 €.)*
● *County Arms Hotel, Birr,* ***T (0509) 21 234****. Jardins agréables. (À partir de 35 IR £ par personne, soit 44,40 €.)*
● *Kinnitty Castle, Kinnitty, Birr,* ***T (0509) 37 318****. Château gothique dans un domaine boisé au pied des montagnes de Slieve Bloom. Centre équestre, fantôme en résidence. (À partir de 90 IR £ par personne, soit 114,30 €.)*
● *Moorhill Country House Hotel, Clara Road, Tullamore,* ***T (0506) 21 395****. Élégante demeure victorienne, jardin agréable. (À partir de 25 IR £ par personne, soit 31,70 €.)*
● *Sea Dew Guesthouse, Clonminch Road, Tullamore,* ***T (0506) 52 054****. À 5 mn à pied de la ville de Tullamore. Salle de petit déjeuner dans une jolie véranda. (À partir de 25 IR £ par personne, soit 31,70 €.)*

Se restaurer

● *County Arms Hotel, Birr,* ***T (0509) 21 234****. Déjeuners au bar, repas du soir (env. 20 IR £, soit 25,40 €).*
● *Moorhill Country House Hotel, Clara Road, Tullamore,* ***T (0506) 21 395****. Bar et restaurant dans un environnement paisible et raffiné.*
● *The Stables Restaurant, Oxmantown Mall, Birr,* ***T (0509) 20 263****. (Dîner du mar. au sam., déj. le dim. Env. 20 IR £, soit 25,40 €.)*
● *Tullamore Court Hotel, O'Moore Street, Tullamore,* ***T (0506) 52 288****. Cet hôtel récent propose une restauration variée et de qualité.*

Prendre un verre

● *Palace Bar, O'Connell Street, Birr. Bonne ambiance, musique tous les week-ends.*

Loisirs

Croisières

- *Celtic Canal Cruisers, Tullamore,* ***T (0506) 21 861****.*

Sports

Golf

- *Terrains : Birr, Castle Barna, Edenderry, Tullamore (18 trous).*
- *Renseignements : Golfing Ireland, 18 Parnell Square, Dublin 1,* ***T (01) 87 26 711****.*

Location de canoës

- *Adventure Canoeing Holidays, 21 Cuba Avenue, Banagher,* ***T (0509) 51 411****. À l'ouest de Tullamore, près de la Shannon.*

Randonnées équestres

- *Annaharvey Farm, Annaharvey, Tullamore,* ***T (0506) 43 544****. Hébergement et promenades, parcours de cross-country.*
- *Banagher Equestrian Centre, à 5 km de Banagher. Renseignements auprès de Damien ou Josephine Martin, Main Street, Banagher,* ***T (0509) 51 114****.*
- *Birr Riding Centre, Tullamore Road, Birr,* ***T (0509) 20 533****. À 2 km de Birr, c'est le domaine du château de Birr. Chemins forestiers.*

Randonnées pédestres

- *The Offaly Way, chemin de 29 km qui relie le Slieve Bloom Way et le Grand Canal Way. Renseignements à l'Offaly County Council,* ***T (0506) 21 419****.*

Adresse utile

- *Offaly County Council, Courthouse, Tullamore,* ***T (0506) 21 419****. Informations touristiques. (Ouv. du lun. au ven. de 10 h à 16 h.)*

Urgences

Appel gratuit : **T 999**.

Comté de Westmeath

Indicatifs téléphoniques

Athlone : **0902**.
Lanesborough : **043**.
Moate : **0506**.
Mullingar : **044**.

Arriver

En train

- *Gare ferroviaire, Southern Station Road, Athlone,* ***T (0902) 73 300****.*
- *Gare ferroviaire, Dominick Street, Mullingar,* ***T (044) 48 274****.*

En autocar

- *Gare routière, Southern Station Road, Athlone,* ***T (0902) 73 300****.*

À Mullingar, les bus de Bus Éireann s'arrêtent devant le cinéma de Castle Street.

- *Renseignements :* ***T (01) 83 66 111****.*

Circuler

● *Paddy Kavanagh's Minibus Service, Athlone,* ***T (0902) 74 839****. Dessert Clonmacnoise (comté d'Offaly). Départs devant le château d'Athlone.*

Se loger

● *Hudson Bay Hotel, Hudson Bay,* ***T (0902) 92 444****. Hôtel de 100 ch. sur les bords du lac Ree. Bar, restaurant, piscine, gymnastique, tennis et golf. (À partir de 40 IR £ par personne, soit 50,80 €.)*
● *Shamrock Lodge Country House Hotel, Clonown Road, Athlone,* ***T (0902) 92 601****. À 7 mn à pied du centre-ville. (À partir de 25 IR £ par personne, soit 31,70 €.)*
● *Temple Country House, Horseleap, Moate,* ***T (0506) 35 118****. Centre de beauté et de remise en forme. (À partir de 35 IR £ par personne, soit 44,40 €.)*
● *Village Inn Hotel, Tyrellspass,* ***T (044) 23 171****. Très jolie situation au cœur d'un village tranquille. (À partir de 25 IR £ par personne, soit 31,70 €.)*

Locations

● *Keoltown House, Ballinea, Mullingar,* ***T (044) 49 379****. Maisons à louer sur le domaine de Keoltown (XIXe s.). Pêche à proximité. (À partir de 200 IR £ par semaine, soit 254 €.)*

Campings

● *Lough Ennell Caravan & Camping Park,* ***T (044) 48 101****. Sur la N52 vers Tullamore, à 8 km au sud de Mullingar. Prix assez élevés. (Tarif par tente : env. 12 IR £, soit 15,24 €.)*
● *Lough Ree East Caravan & Camping Park, Ballykeeran,* ***T (0902) 78 561****. Au bord de Lough Ree, entre Athlone et Glassan. (Tarif par tente : env. 2,50 IR £, soit 3,17 €.)*

Se restaurer

● *Crookedwood House, Mullingar,* ***T (044) 72 165****. Restaurant de qualité au bord du lac Derravaragh.*
● *Greville Arm's Hotel, Pearse Street, Mullingar,* ***T (044) 48 563****. Bonne étape pour déjeuner.*
● *Prince of Wales Hotel, Church Street, Athlone,* ***T (0902) 72 626****. Restaurant et cafétéria dans un hôtel traditionnel situé au cœur de la ville d'Athlone.*
● *Village Inn Hotel, Tyrellspass,* ***T (044) 23 171****. Situé sur une jolie place de style georgien, cet hôtel propose un buffet toute la journée ainsi qu'un restaurant.*

Shopping

● *Athlone Crystal Factory, 28 Pearse Street, Athlone,* ***T (0902) 92 867****. Visite gratuite de la fabrique et vente d'objets en cristal. (Ouv. du mar. au ven. de 10 h à 18 h.)*
● *Mullingar Bronze & Pewter Visitors Centre,* ***T (044) 44 948****. À 5 km environ au sud-est de Mullingar, sur la N4 vers Dublin. Vente et exposition à la fabrique d'objets en étain et en bronze.*

Sortir

● *Hughes Pub, Pearse Street, Mullingar,* ***T (044) 48 237****. Soirées musicales les mer., ven. et sam.*

- *The Keg, Barrack Street, Athlone,* **T (0902) 93 031**. *Musiciens les ven. et sam., danseurs traditionnels le jeu. soir.*
- *Sean's Bar, Main Street, Athlone,* **T (0902) 92 358**. *Ce pub situé derrière le château d'Athlone organise des soirées de musique traditionnelle.*

Loisirs

Croisières

- *Hovercraft Tours, Monksland,* **T (0902) 92 658**. *Devant Hudson Bay Hotel, sur les bords du lac Ree.*
- *Jolly Mariner Marina, Coosan, Athlone,* **T (0902) 72 892.**
- *MV Ross, The Strand, Athlone,* **T (0902) 72 892**.
- *Rossana Cruises, The Strand, Athlone,* **T (0902) 73 383**.

Visites guidées

- *Forgotten Heritage Guided Walking Tour, Mullingar,* **T (044) 44 044**. *Sur les traces des héros de James Joyce. Départs devant le centre d'information touristique de Mullingar. (Visites lun., mar., jeu. et ven. à 10 h 30 et 14 h 30 ; durée : 1 h. Plein tarif : 1 IR £, soit 1,27 € ; tarif réduit : 50 pence, soit 0,63 €.)*

Sports

Golf

- *Terrains : Delvin Castle, Moate, Mount Temple, Mullingar (18 trous) ; Glasson (21 trous).*
- *Renseignements : Golfing Ireland, 18 Parnell Square, Dublin 1,* **T (01) 87 26 711**.

Voile

- *Lough Ree Lough Club, Athlone,* **T (0902) 75 976**.
- *The Wineport Sailing Centre, Athlone,* **T (0902) 85 466**.

Pêche

- *Dave O'Malley's, 33 Dominick Street, Mullingar,* **T (044) 48 300**.
- *Sam's Tackle Shop, Castle Street, Mullingar,* **T (044) 40 431**.
- *Shannon Regional Fisheries Board, Mullingar,* **T (044) 48 769**.
- *Strand Tackle Shop, Town Bridge, Athlone,* **T (0902) 76 729**.

Location de vélos

- *Buckley's Cycles, Garden Vale, Irishtown (Athlone),* **T (0902) 78 989**.

Randonnées à vélo

- *Goldsmith Country Cycling Tour, circuit sur les traces du poète Oliver Goldsmith. Renseignements à l'office du tourisme de Mullingar,* **T (044) 48 650**.

Randonnées équestres

- *Mullingar Equestrian Centre, Athlone Road, Mullingar,* **T (044) 48 331**. *Hébergement. Spécialités de saut d'obstacles, cross-country et chasse au renard.*

Randonnées pédestres

- *Lough Ree Trail, itinéraire fléché traversant les villages de Ballykeeran, Glasson, Killinure et Tubberclare, jusqu'à environ 15 km d'Athlone. Carte du circuit publiée par Midlands-East Tourism. Renseignements à Midlands-East Tourism, Mullingar,* **T (044) 48 650**.

Poste

● *Oifig an phoist (bureau de poste), Barrack Street, Athlone. (Ouv. du lun. au sam. de 9 h à 17 h 30.)*
● *Oifig an phoist (bureau de poste), Dominick Street, Mullingar. (Ouv. du lun. au sam. de 9 h à 17 h 30.)*

Adresses utiles

Informations touristiques

● *Chamber of Commerce, Jolly Mariner Marina, Coosan (Athlone),* ***T (0902) 73 173.***
● *Chamber of Commerce, Market Street, Mullingar,* **T (044) 44 044** *et* **(044) 44 285**.
● *Midlands-East Tourism, Market House, Mullingar,* ***T (044) 48 650.***

Urgences

Appel gratuit : **T 999**.

Comté de Wexford

Indicatifs téléphoniques

Courtown : **055**.
Enniscorthy : **054**.
Fethard-on-Sea : **051**.
Gorey : **055**.
Hook Peninsula : **051**.
New Ross : **051**.
Rosslare : **053**.
Wexford : **053**.

Arriver

En train

● *Gare ferroviaire, O'Hanrahan Station, Redmond Place, Wexford,* ***T (053) 22 522****. Terminus des trains et des autobus. Liaisons régulières avec Rosslare Harbour.*

En bus

● *Ardcavan Coach Company,* ***T (053) 22 561****. Départs devant Asple's Irish Pub, The Crescent, Wexford.*
● *Bus Éireann,* ***T (053) 22 522****. Terminus des bus à la gare ferroviaire de Wexford.*
● *J. J. Kavanagh,* ***T (053) 43 081****. Départs de Redmond Place, Wexford.*

Se loger

● *Ballinkeele House, Enniscorthy (sur la N11, au nord-ouest de la ville de Wexford),* ***T (053) 38 105****. Belle demeure du XIXe siècle. Pêche, croquet, vélo. (À partir de 50 IR £ par personne, soit 63,40 €.)*
● *Dunbrody Country House Hotel & Restaurant, Arthurstown, New Ross,* ***T (051) 38 96 00****. Demeure du XIXe siècle. Restaurant de qualité, parc et jardins. (À partir de 45 IR £ par personne, soit 57,10 €.)*
● *Ferrycarrig Hotel, Ferrycarrig Bridge, Wexford,* ***T (053) 20 999****. Superbe situation au bord de l'eau. Golf, restaurant de qualité, centre de remise*

en forme. (À partir de 35 IR £ par personne, soit 44,40 €.)

- *Marfield House, Gorey (au nord de la ville de Wexford, au carrefour des N11, R741 et R742),* **T (055) 21 124**, **fax (055) 21 572**. *Membre des Relais & Châteaux, ancienne résidence des comtes de Courtown, rénovée en 1978. Véranda remplie de fleurs exotiques, lac, réserve d'oiseaux, potager fournissant le restaurant renommé. (À partir de 80 IR £ par personne, soit 101,6 €.)*
- *Rosslare Great Southern Hotel, Rosslare Harbour,* **T (053) 33 233**. *Au-dessus du port de Rosslare. Centre de loisirs, remise en forme, bar et restaurant. (À partir de 45 IR £ par personne, soit 57,10 €.)*

Campings

- *Burrow Camping & Caravan Park, au sud de Rosslare Strand,* **T (053) 32 190**. *Très bon équipement. (Emplacement pour 1 tente : de 8 à 15 IR £, soit 10,16 à 19,05 €.)*
- *Fethard Camping & Caravan Park, Fethard-on-Sea,* **T (051) 39 71 23**. *(Emplacement pour 1 tente de 2 places : env. 10 IR £, soit 12,70 €.)*
- *Ocean Island Caravan Park, au nord de Fethard-on-Sea,* **T (051) 39 71 48**. *(Emplacement pour 1 tente de 2 places : env. 10 IR £, soit 12,70 €.)*

Se restaurer

- *Captain's Table Restaurant, Rosslare Hotel, Rosslare Harbour,* **T (053) 33 110**. *Vue panoramique. Menu brasserie au Porthole's Bar.*
- *The Cellar Bistro, Wexford Arts Centre, Cornmarket, Wexford,* **T (053) 23 764**. *À l'heure du déjeuner.*
- *Harper's Brasserie, White's Hotel, George Street, Wexford,* **T (053) 22 311**. *Depuis 1779, hôtel-restaurant à 5 mn de la gare.*
- *Mirabeau, 6 Anne Street, Wexford,* **T (053) 21 777**. *Cuisine continentale et irlandaise. (Plats : env. 10 IR £, soit 12,70 €.)*
- *Neptune Bar & Seafood Restaurant, Ballyhack, Hook Peninsula,* **T (051) 38 92 84**. *Fruits de mer. (Env. 20 IR £, soit 25,40 €.)*

Sortir

Prendre un verre

- *The Sky and the Ground, South Main Street, Wexford. Bonne ambiance et décor agréable.*

Spectacles

- *Wexford Arts Centre, Cornmarket, Wexford,* **T (053) 23 764**. *Centre culturel. Expositions, théâtre, danse et musique.*

Loisirs

Jardins

- *Johnstown Castle & Gardens,* **T (053) 42 888**. *À 7 km au sud-ouest de Wexford, près de Murnstown. 20 ha de jardins boisés. (Ouv. tlj de 9 h à 17 h 30. Plein tarif : 1,50 IR £, soit 1,90 € ; tarif réduit : 50 pence, soit 0,63 €.)*
- *Ram House Garden, Coolgreany, Gorey,* **T (0402) 37 238**. *Collection de plus de 50 variétés de clématites. Jardin divisé en « salles en plein air ». (Ouv. du 1er mai au 31 août, du ven. au dim. de 14 h30 à 18 h et*

sur rendez-vous. Plein tarif : 3 IR £, soit 3,81 € ; enfants : 2 IR £, soit 2,54 €.)

Musée

- *Musée du Comté de Wexford, château d'Enniscorthy.*
(Ouv. du 1er juin au 30 sept., du lun. au sam. de 10 h à 13 h et de 14 h à 18 h, dim. de 14 h à 17 h 30 ; du 1er octobre au 30 novembre et du 1er février au 31 mai, tlj de 14 h à 17 h 30 ; du 1er décembre au 31 janvier, dim. de 15 h à 17 h 30. Le billet donne droit à l'entrée au musée et au château ; plein tarif : 3 IR £, soit 3,81 € ; tarif réduit : 2 IR £, soit 2,54 €.)

Sports

Golf

- *Terrains : Tara Glen (9 trous) ; Courtown, Enniscorthy, New Ross, Rosslare, Saint Helen's Bay, Wexford (18 trous).*
- *Renseignements : Golfing Ireland, 18 Parnell Square, Dublin 1,* ***T (01) 87 26 711****.*

Planche à voile

- *Rosslare Windsurfing Centre, Kieran Lambert, Rosslare,* ***T (053) 32 101****.*

Plongée

- *Hook Sub-Aqua Club, Hook Head,* ***T (051) 38 83 02****. Information sur les sites, sorties, cours.*
- *Wexford Diving Centre & Dive Charters, Riverstown Farm, Murrinstown,* ***T (053) 39 373****.*

Location de vélos

- *Bike Shop, 9 Selskar Street, Wexford,* ***T (053) 22 514****.*
- *Hayes Cycles, 108 South Main Street, Wexford,* ***T (053) 22 462****.*

Randonnées équestres

- *Ballingale Farm Equestrian Centre, Tagmon (sur la R1738, quelques kilomètres à l'ouest de Wexford),* ***T (053) 34 387****.*
Sur une exploitation agricole de 100 ha, parcours de cross-country de 50 obstacles, chasse à courre, séjours linguistiques.
- *Horetown House Residential Equestrian Centre, Foulksmills,* ***T (051) 56 771****.*
Hébergement dans un manoir du XVIIIe siècle.
Camps d'équitation, polo-cross et cross-country.

Randonnées pédestres

- *Eastwest Mapping, Ballyredmond, Clonegal, Enniscorthy,* ***T (054) 77 835****.*
- *Irish Ways Walking Holidays, The Old Rectory, Ballycanew, Gorey,* ***T (055) 27 479****.*

Adresse utile

- *Office du tourisme, Crescent Quay, Wexford,* ***T (053) 23 111****.*

Urgences

Appel gratuit : **T 999**.

Comté de Wicklow

Indicatifs téléphoniques

Arklow : **0402**.
Avoca : **0402**.
Baltinglass : **0508**.
Bray : **01**.
Glendalough : **0404**.
Powerscourt : **01**.
Roundwood : **045**.
Wicklow : **0404**.

Arriver

En train

● *Le Dart, train express, dessert Bray toutes les 5 mn aux heures de pointe et toutes les 20 mn par la suite. Renseignements :* ***T (01) 83 66 222****.*

En autocar

● *Kevin's Bus Service,* ***T (01) 28 18 119****. Au départ de Saint Stephen's Green West, Dublin.*
● *Bus Éireann,* ***T (01) 83 66 111****, propose de nombreuses excursions tout autour de Wicklow. Départs quotidiens de Busàras, Store Street, Dublin 1.*

Se loger

● *Ballyknocken House & Farm, Ashford (Glenealy),* ***T (0404) 44 627****. Bed and breakfast dans une ferme du XIXe siècle.*
● *Blainroe Hotel, Blainroe, Wicklow,* ***T (0404) 67 500****. Près des plages de Brittas Bay. Complexe de loisirs proche du golf de Blainroe, avec piscine et sauna. (À partir de 35 IR £ par personne, soit 44,40 €.)*
● *Esplanade Hotel, Strand Road, Bray,* ***T (01) 28 66 496****. Centre de remise en forme face à la plage de Bray. Jacuzzi, sauna. (À partir de 35 IR £ par personne, soit 44,40 €.)*
● *Humewood Castle, Kiltegan,* ***T (0508) 73 215****. Prestations de luxe à 1 h de Dublin. (À partir de 100 IR £ par personne, soit 127 €.)*
● *Hunter's Hotel, Rathnew,* ***T (0404) 40 106****. En retrait de la N11, au nord du village, l'un des plus anciens relais de poste d'Irlande. Jardin ancien. Restaurant de spécialités irlandaises. (À partir de 52,50 IR £ par personne, soit 66,67 €.)*
● *Old Rectory Country House & Restaurant, Wicklow Town,* ***T (0404) 67 048****. Hôtel-restaurant de qualité. (À partir de 50 IR £ par personne, soit 63,40 €.)*
● *Tulfarris House Hotel, Blessington Lakes, Blessington,* ***T (045) 86 75 55****. Golf, tennis, piscine et restaurant. (À partir de 50 IR £ par personne, soit 63,40 €.)*
● *Valley Hotel, Woodenbridge, Arlow,* ***T (0402) 35 200****. Ambiance familiale. Restaurant. (À partir de 30 IR £, soit 38,10 €.)*

Campings

● *River Valley Park Redcross,* ***T (0404) 41 647****. À 4 km de la N11.*
● *Roundwood Caravan & Camping Park, Roundwood,* ***T (045) 28 18 163****.*

Se restaurer

● *Curtlestown House Restaurant, Glencree,* ***T (01) 28 25 803****.*

Restaurant haut de gamme situé dans une ferme.

- *Enniscree Lodge Hotel, Glencree Valley, Enniskerry,* **T (01) 28 63 542**. *Afternoon tea dans un salon très cosy. Restaurant en terrasse-jardin.*
- *The Escape Restaurant, Albert Avenue, Bray,* **T (01) 28 66 755**. *Restaurant végétarien très populaire. Il est conseillé de réserver.*
- *Johnny Fox's Pub, Glencullen,* **T (01) 29 55 647**. *Adresse traditionnelle, Johnny Fox prétend être le pub le plus haut d'Irlande. Fruits de mer et ambiance garantie.*
- *Tavern Bar, Glendalough Hotel & Restaurant, Glendalough,* **T (0404) 45 135**. *Construit au XIXe siècle, restaurant panoramique avec vue sur la rivière Glendasan.*
- *Old Rectory Country House & Restaurant, Wicklow Town,* **T (0404) 67 048**. *Restaurant de qualité, plats raffinés, stages de cuisine.*

Prendre un verre

- *The Meetings, Avoca,* **T (0402) 35 226**. *Ce pub situé au confluent de l' Avonbeg et de l'Avonmore organise des céilis (danses irlandaises) tous les dimanches après-midi d'avril à octobre. Il est aussi possible de se restaurer toute la journée dans cet établissement situé à quelques minutes à pied du village d'Avoca. Le bus Avoca-Dublin s'arrête juste devant.*

Shopping

- *Avoca Handweavers, Avoca,* **T (0402) 35 105**. *Achat de tweed tissé sur place.*

Loisirs

Jardins

- *Avondale House, Rathdrum,* **T (0404) 46 111**.
- *Killruddery House & Gardens, Bray,* **T (01) 28 62 777**. *Le plus grand jardin à la française du pays. Serre victorienne, théâtre sylvestre.*
- *Powerscourt House & Gardens, Enniskerry,* **T (01) 20 46 000**. *À 20 km de Dublin, superbes jardins sur plus de 20 ha. Plus de 200 variétés d'arbres et d'arbustes.*
- *Russborough House, Blessington,* **T (045) 86 52 39**. *À 30 km de Dublin.*

Sports

Golf

- *Terrains : Baltinglass, Bray, Coollattin, Djouce Mountain, Kilcoole (9 trous) ; Arklow, Blainroe, Charlesland, Delgany, Druid's Glen, The European Club, Glenmalure, Greystones, Powerscourt, Rathsallagh, Roundwood, Tulfarris, Wicklow, Woodenbridge (18 trous).*
- *Renseignements : Golfing Ireland, 18 Parnell Square, Dublin 1,* **T (01) 87 26 711**.

Deltaplane et parapente

- *Irish Hang-Gliding Association, AFAS House of Sport, Longmile Road, Dublin 12,* **T (01) 450 98 45**.

Voile

- *South East Cruising School, 7 Glenvale Park, Wicklow,* **T (0404) 69 970**. *(Location de dériveur à la journée : à partir de 40 IR £, soit 50,80 € ; stage de 5 jours, hébergement compris : 268 IR £, soit 340,36 €.)*

Location de vélos

● *Black's Cycle Centre, Upper Main Street, Arklow,* ***T (0402) 31 898****.*
● *Bray Sports Centre, 8 Main Street, Bray,* ***T (01) 28 63 046****.*

Randonnées équestres

(Exemples de tarifs. 1 semaine de trekking : env. 355 IR £, soit 450,85 € ; leçons-sorties : 15 IR £, soit 19,05 € ; 1/2 journée : 60 IR £, soit 76 €.)
● *Ballyrogan Centre, Ballyrogan Stud, Redcross,* ***T (0404) 47 464*** *et* ***(0404) 47 208****. Dans une propriété d'époque georgienne, entre la baie de Brittas et les montagnes de Wicklow, détente ou entraînement.*
● *Bel Air Hotel & Riding School, Ashford,* ***T (0404) 40 109****. Hébergement et enseignement de qualité depuis 1937. Promenades et concours hippiques.*
● *Brennanstown Riding School, Hollybrook, Kilmacanogue, Bray,* ***T (01) 28 63 778****. École d'équitation située dans le domaine de Hollybrook. Itinéraires de randonnées sur 400 ha dans la superbe campagne de Wicklow. Parcours de cross-country.*
● *Calliaghstown Riding Centre & The Wicklow Trail Ride, Rathcoole,* ***T (01) 45 89 236****. Enseignement qualifié en dressage, saut et cross-country. Itinéraires de randonnées à travers les montagnes de Wicklow à Glendalough.*
● *Devil's Glen Holiday & Equestrian Village, Devil's Glen, Ashford,* ***T (0404) 40 637****. Village équestre, maisons, cottages. De novembre à mai, forfaits spéciaux associant équitation et hébergement.*
● *Laragh Trekking Centre, Glenmacnass, Laragh,* ***T (0404) 45 282****. Randonnées équestres et hébergement. (Hébergement pour 1 personne : à partir de 34 IR £, soit 43,20 € ; pour 2 personnes : 48 IR £, soit 60,95 €.)*

Randonnées pédestres

(Exemples de tarifs. Randonnée de 1 semaine, hébergement compris en auberge de jeunesse : de 90 à 150 IR £, soit 114 à 190 €.)
● *Ballyknocken House Walking Base, Glenealy, Ashford,* ***T (0404) 44 614****.*
● *The Wicklow Way, renseignements au Wicklow County Council, County Buildings, Wicklow,* ***T (0404) 67 324****.*

Adresses utiles

● *Office du tourisme, Courthouse, Bray,* ***T (01) 28 66 796****.*
● *Office du tourisme, Fitzwilliam Square, Wicklow,* ***T (0404) 69 117****.*
● *Wicklow County Tourism, County Buildings, Wicklow,* ***T (0404) 20 100****.*

Urgences

Appel gratuit : **T 999**.

Le chemin de Munster

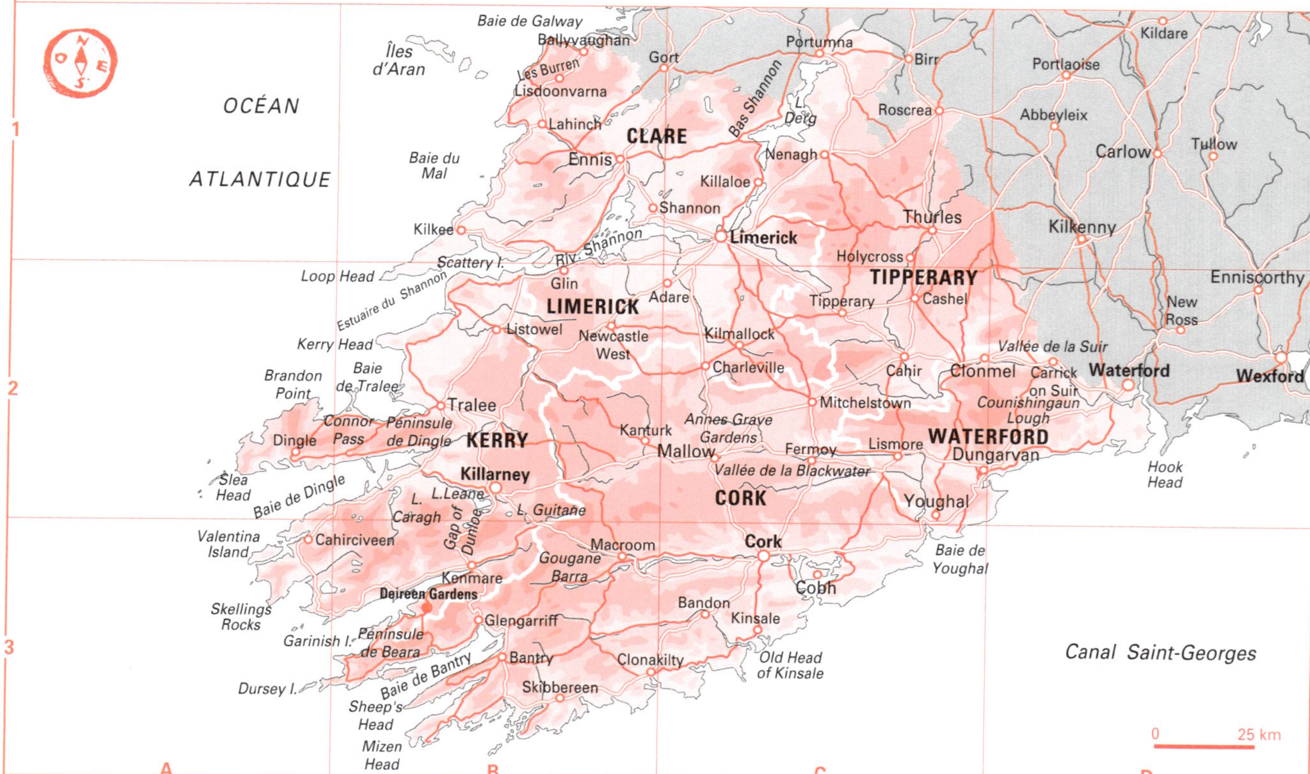

LE CHEMIN DE MUNSTER

Munster, ancienne province du clan des McCarthy, est la plus fière des provinces irlandaises. L'accent chantant et le naturel de ses habitants, une végétation aussi luxuriante qu'inattendue confèrent un petit air exotique aux comtés de Cork et de Kerry. Plus au nord, le Burren, dans le comté de Clare, est tout aussi surprenant, et le botaniste s'émerveillera d'y découvrir une flore unique, avec des espèces alpines rares qui poussent ici au niveau de la mer, mêlées à des espèces méditerranéennes. La côte de Munster, de Waterford aux falaises de Moher, est un véritable paradis pour tous les sports nautiques, et Cork est en quelque sorte la capitale mondiale de la voile, puisque c'est à Cobh que fut fondé le premier yacht-club, en 1720.

Cork : « On the Banks of My Own Lovely Lee »

Comme chaque ville qui se respecte en Irlande, Cork a sa chanson et c'est ainsi que chacun sait qu'elle est située sur les rives de la Lee. La capitale de Munster, dont le nom gaélique Corcaigh signifie « marais », fut créée par les Vikings, non loin de l'emplacement d'un monastère fondé par Finbar, saint patron de la ville, au VIe siècle. Plusieurs fois incendiée par les Anglais, la ville de Cork n'a conservé aucun édifice historique antérieur au XIIe siècle.

Cork

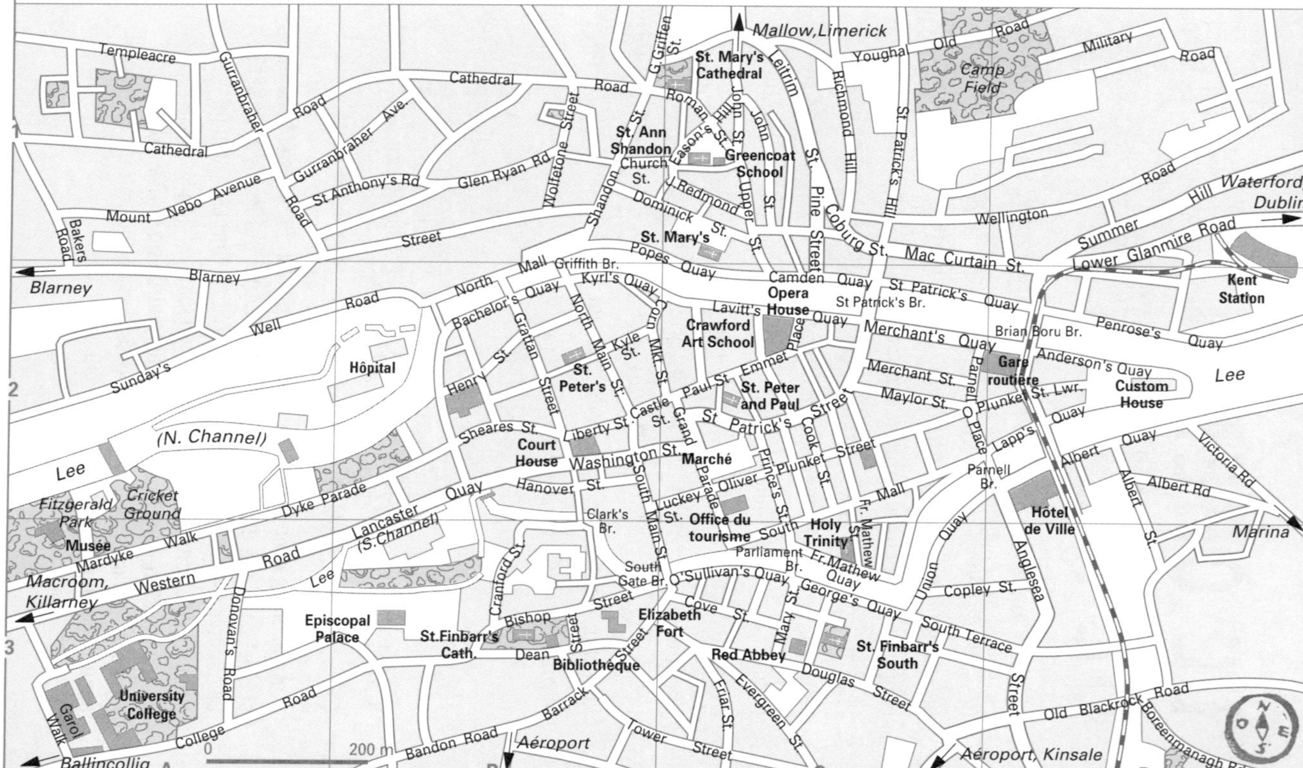
Mallow, Limerick
Waterford, Dublin
Blarney
Macroom, Killarney
Ballincollig
Aéroport
Aéroport, Kinsale
Marina
Lee
(N. Channel)
(S. Channel)
St. Mary's Cathedral
St. Ann Shandon
Greencoat School
St. Mary's
Kent Station
Opera House
Crawford Art School
St. Peter's
St. Peter and Paul
Gare routière
Custom House
Hôpital
Court House
Marché
Office du tourisme
Holy Trinity
Hôtel de Ville
Fitzgerald Park
Cricket Ground
Musée
Episcopal Palace
St.Finbarr's Cath.
Bibliothèque
Elizabeth Fort
Red Abbey
St. Finbarr's South
University College
Camp Field
Templeacre
Cathedral Road
Gurranbraher Road
Gurranbraher Ave.
St Anthony's Rd
Glen Ryan Rd
Mount Nebo Avenue
Bakers Road
Wolfetone Street
Shandon St.
Church St.
Dominick St.
J.Redmond
Eason's Hill
Roman St.
G.Griffen St.
John St.
Upper John St.
Leitrim
Richmond Hill
St. Patrick's Hill
Youghal Old Road
Military Road
Pine Street
Coburg St.
Mac Curtain St.
Wellington Road
Summer Hill
Lower Glanmire Road
Popes Quay
Camden Quay
St Patrick's Quay
St Patrick's Br.
Griffith Br.
North Mall
Kyrl's Quay
Blarney Street
Well Road
Sunday's Well
Bachelor's Quay
Grattan Street
North Main St.
Kyle St.
Corn Mkt. St.
Lavitt's Quay
Emmet Place
Merchant's Quay
Brian Boru Br.
Penrose's Quay
Anderson's Quay
Merchant St.
Maylor St.
Parnell Place
Plunket St. Lwr.
Paul St.
St Patrick's Street
Cook St.
Plunket Street
Castle St.
Grand Parade
Henry St.
Sheares St.
Liberty St.
Washington St.
Hanover St.
Clark's Br.
South Main St.
Luckey St.
Oliver Plunket
Prince's St.
South Mall
Fr. Mathew St.
Parliament Br.
Fr.Mathew Quay
Lapp's Quay
Parnell Br.
Albert Quay
Albert St.
Albert Rd
Victoria Rd
Anglesea
Union Quay
Copley St.
George's Quay
South Terrace
Sullivan's Quay
South Gate Br.
Cove St.
Mary St.
Douglas Street
Dyke Parade
Lancaster Quay
Mardyke Walk
Western Road
Lee Road
Donovan's Road
Cranford St.
Bishop Street
Dean Street
Barrack Street
Bandon Road
College Road
Garol Walk
Tower Street
Friar St.
Evergreen St.
Old Blackrock Road
Boreenmanagh Rd
0
200 m
A
B
C
D
1
2
3

POPULATION : 170 000 hab.
LES PLUS BEAUX SITES : Crawford Art Gallery, Bishop Lucey Park, Grand Parade, English Market, Saint-Patrick Street.
DURÉE DU SÉJOUR : 2 jours.
CIRCULER : à pied ou à vélo.
À FAIRE : vérifier l'heure sur le « menteur à quatre faces » (l'horloge de l'église Saint-Anne's Shandon), boire un verre sur Paul Street ou au café de l'ancienne prison, chiner à la brocante Fitzpatrick sur George's Quay, manger au restaurant de Blackrock Castle et contempler le panorama au bord de la Lee.

Cork, ville rebelle

La ville des McCarthy fit fortune avec l'exportation du beurre durant une centaine d'années, à la fin du XIXe siècle. Chaque année, 500 000 barils de beurre sortaient du Butter Exchange, situé sur John Redmond Street, et partaient vers les continents européen et américain. Mais la prospérité de Cork eu à souffrir de ses tendances politiques et ses sympathies patriotiques lui ont toujours valu des ennuis. Plusieurs fois incendiée, c'est en tant que siège de la « République de Munster », au cours de la guerre civile de 1919-1922, que Cork s'est définitivement forgé une réputation de rebelle. Le maire de la ville, Terence McSwiney, a initié une triste tradition irlandaise : il est mort dans une geôle anglaise après 76 jours de grève de la faim.

Cork, la Latine du Nord

La capitale du sud de l'Irlande est considérée comme la plus latine des villes du nord de l'Europe. La proximité de Cobh, lieu de transit et port d'escale pour paquebots de luxe, a fait de Cork un lieu de passage soumis à de nombreuses influences. La

Michael Collins

Né en 1889 dans le comté de Cork, le grand patriote irlandais Michael Collins participa activement à la résistance contre les Anglais et à la révolte de 1916. Respecté de tous, redouté des représentants du gouvernement anglais à Dublin, Collins est devenu une légende vivante, évitant l'arrestation et narguant les autorités britanniques. En 1921, il fut envoyé à Londres pour négocier une trêve. Le traité qui en résulta divisa le pays en deux, laissant six comtés de l'Ulster aux Anglais, et provoqua une guerre civile. Victime d'une trahison, Michael Collins fut assassiné dans une embuscade à Beal na mBlath, près de Macroom, en 1922. On doit une version cinématographique de la vie de celui que l'on appelait « le grand bonhomme » au cinéaste irlandais Neil Jordan. Plusieurs séquences du film ont été tournées dans l'ouest du comté de Cork en 1996.

cité rebelle a ainsi acquis son caractère bohème. Les habitants de la ville, célèbre pour son esprit de révolte dans le passé, sont bien plus loquaces que leurs voisins de Connacht, plus au nord, et le visiteur peut se détendre en leur compagnie. Reste toujours la difficulté de déchiffrer leur fabuleux accent méridional.
Le centre-ville accueille un centre d'art et de création actif, le Triskel Arts Centre, et l'important festival de jazz annuel est désormais devenu une tradition, fait assez exceptionnel dans un pays qui n'affectionne en général que peu ce genre de musique. C'est au restaurant de l'ancienne prison de la ville, entièrement restaurée, où les cellules ont été reconstituées avec une exposition sur la vie des détenus, que l'on peut goûter à l'humour de Cork : on a le choix entre le menu du directeur ou la formule des prisonniers.

- *Triskel Arts Centre, Tobin Street, Cork,* ***T (021) 42 72 022****.*
- *Festival de jazz de Cork, chaque année au mois d'octobre. Renseignements : Cork Opera House, Emmet Place, Cork,* ***T (021) 42 70 022*** *et* ***(021) 27 39 46****.*
- *Convent Avenue, Sunday's Well, Cork,* ***T (021) 43 05 022****. Musée de la prison de Cork. (Ouv. du 1er mars au 31 octobre, de 9 h 30 à 18 h ; du 1er novembre au 28 février, de 10 h à 17 h.)*

Les environs de Cork

COBH

De 1848 à 1950, plus de 2 millions d'Irlandais quittèrent leur pays pour les États-Unis. C'est à Cobh, l'un des plus grands ports naturels du monde, qu'ils s'embarquèrent. Pour d'autres, dont 40 000 bagnards, l'Australie fut la destination d'un long voyage souvent meurtrier. Le Cobh Heritage Centre évoque dans une exposition l'histoire du port où firent escale le *Titanic*, le *Lusitania* et d'autres paquebots de luxe moins tristement célèbres. Fière de son passé maritime, Cobh maintient sa réputation et propose un grand choix de régates et de sports nautiques aux visiteurs. Aujourd'hui, l'ancien bâtiment du Royal Yacht Club, premier yacht-club du monde, abrite l'office de tourisme. Près de Cobh, le Fota Arboretum et le parc animalier, reliés par un train, abritent des espèces exotiques.

- *Cobh Heritage Centre, Railway Station,* ***T (021) 48 13 591****. (Ouv. tlj de 10 h à 18 h. Plein tarif : 3,50 IR £, soit 4,44 € ; tarif réduit : 2 IR £, soit 2,54 €.)*
- *Office du tourisme, The Old Yacht Club, Cobh,* ***T (021) 48 13 301****.*
- *Fota Arboretum, Carrigtouhill, Cork,* ***T (021) 48 12 678****. (Ouv. de Pâques au 31 octobre, du lun. au sam. de 10 h à 17 h, dim. de 11 h à 17 h. Plein tarif : 4 IR £, soit 5,08 € ; tarif réduit : 2,50 IR £, soit 3,17 € ; parking : 1 IR £, soit 1,27 €.)*

YOUGHAL

À l'est de Cork, là où la Blackwater se jette dans la mer, le petit port de Youghal est une jolie ville fortifiée bordée de belles plages. C'est ici que John Huston tourna en 1956 son adaptation à l'écran du roman d'Herman Melville *Moby Dick*. Plusieurs maisons de Youghal, devenue

New Bedford pour les besoins du film, ont conservé les façades de bois dont on les recouvrit à l'occasion du tournage.

KINSALE

Cette ravissante ville, l'un des premiers ports d'Europe pour la pêche sportive en haute mer, est associée à l'un des événements inoubliables de l'histoire de l'Irlande, la bataille de Kinsale, en 1601. À l'issue de cette défaite, les Irlandais, soutenus par une flotte espagnole, perdirent au profit des Anglais les provinces de Munster et Leinster, ainsi que le droit de pénétrer dans Kinsale pendant plus de cent ans.

Capitale incontestée de la gastronomie irlandaise, Kinsale attire énormément de visiteurs avec ses nombreux restaurants réputés. Le musée de la ville abrite l'ancienne salle du tribunal, où l'on procéda à l'enquête sur le naufrage du paquebot *Lusitania*.

À l'est de Kinsale, une promenade de 3 km mène à Charles Fort, l'une des plus belles citadelles en forme d'étoile d'Europe.

Ballinascarty, à quelques kilomètres à l'ouest de Kinsale, est la ville natale du constructeur automobile Henry Ford.

● *Musée de la ville de Kinsale, Market Square, Kinsale,* ***T (021) 77 20 44****.*
(Plein tarif : 1 IR £, soit 1,27 € ;
tarif réduit : 30 pence, soit 0,38 €.)

● *Charles Fort, Summer Cove, Kinsale,* ***T (021) 47 72 263****.*
(Ouv. du 1er mars au 31 octobre,
tlj de 9 h à 18 h ; du 1er novembre au 28 février, tlj de 9 h à 17 h.
Plein tarif : 2 IR £, soit 2,54 € ;
tarif réduit : 1 IR £, soit 1,27 €.)

Que du Blarney !

Le petit village de Blarney, situé à quelques kilomètres au nord-ouest de Cork et littéralement envahi par des milliers de pèlerins en quête d'éloquence, ressemble en saison à une agglomération urbaine en pleine crise d'asphyxie, avec bouchons et files d'attente interminables. Pour être doté du don de l'éloquence et en finir pour toujours avec l'affliction de la langue de bois, le rite consiste à se pencher périlleusement dans le vide, à l'envers, pour embrasser la pierre de Blarney encastrée dans un mur du château. C'est grâce à Dermot McCarthy, Lord Blarney, orateur et baratineur hors pair, que la pierre devint célèbre dans le monde entier. C'est en effet par ses arguments et ses belles paroles que le seigneur du château a su éviter d'être saisi par la reine Élisabeth Ire, à qui il devait des impôts. Par la suite, la reine prit l'habitude de couper court à tout discours mirobolant par un péremptoire : « Tout ça, ce n'est que du Blarney. » Expression et renommée passèrent à la postérité.

LA BLACKWATER

Au nord du comté de Cork, traversées par la Blackwater, deuxième fleuve d'Irlande, des villes comme Fermoy et Mallow attirent les passionnés de golf et de pêche. Pour les mordus de pêche, la ville de Fermoy organise un important festival tous les ans à la fin du mois de mai. Ce sont les rivières Dalua et Allow qui font la joie des pêcheurs à Kanturk, à 15 km de Mallow. Mallow, charmante ville thermale, connaît aussi les assauts des amateurs de chevaux de toute l'Irlande et de Grande-Bretagne, qui se donnent rendez-vous à l'hippodrome de la ville.

BANTRY

C'est dans ce centre de pêche protégé par la statue de saint Brendan que, en 1796, le libérateur français tenta à plusieurs reprises de débarquer en compagnie du patriote irlandais Theobald Wolfe Tone. En 1689 déjà, Louis XIV avait envoyé une flotte française au secours du roi catholique Jacques II, mais les williamites avaient réussi à la repousser lors d'un affrontement dans la baie de Bantry, l'une des plus profondes d'Irlande. L'expédition de décembre 1796 fut arrêtée par de violentes tempêtes et seuls 16 des 46 navires partis de Brest réussirent à atteindre la baie de Bantry, sans pouvoir pour autant débarquer.

Aujourd'hui, le petit musée qui évoque cette tentative désastreuse se trouve à proximité de Bantry House, belle demeure qui domine la baie et résidence des comtes de Bantry. Ce titre fut acquis par Richard White, anobli par George III d'Angleterre en remerciement pour sa défense des intérêts anglais, lors de l'invasion française en 1796.

L'un des chemins de randonnée les plus récents, le Sheep's Head Way, suit un formidable itinéraire de 90 km à partir de Bantry, divisé en quatre étapes de 20 à 26 km. Cette route fait le tour de la péninsule de Sheep's Head.

● *Musée de Bantry, Marino Street, Bantry. (Ouv. du 1er juin au 30 septembre, mar. et jeu. de 10 h 30 à 13 h, mer. et ven. de 14 h 30 à 17 h.) Renseignements : office du tourisme de Bantry,* ***T (027) 50 229****.*

● *Bantry House. (Ouv. tlj de 9 h à 18 h. Visite de la maison et des jardins : plein tarif, 6 IR £, soit 7,62 € ; enfants, entrée libre. Entrée des jardins : plein tarif, 2 IR £, soit 2,54 € ; enfants, entrée libre.)*

CASTLETOWNBERE

Sauvage et romantique, la beauté austère de la péninsule de Beara offre un fort contraste avec Glengariff et ses jardins exotiques. Un chemin de randonnée de 197 km, le Beara Way, contourne la péninsule en 11 étapes de 11 à 24 km. Les deux premières étapes partent de Glengariff et suivent le cours du Magannagan à travers les pentes de Hungry Hill vers Castletownbere. Cet ancien repaire de pirates, ceinturé par les montagnes de Caha et Slieve Miskish, est la principale ville de la péninsule et un petit port de pêche tout simple.

À l'ouest, les cheminées des anciennes mines de cuivre d'Allihies, fermées en 1962, se dressent mystérieusement dans un merveilleux paysage au-dessus du joli village d'Allihies.

● *Jardins de Glengariff, Garinish Island. (Ouv. du 1er au 31 mars, du lun. au sam. de 10 h à 16 h 30, dim. de 13 h à 17 h ; du 1er avril au 30 juin, du lun. au sam. de 10 h à 18 h, dim. de 13 h à 19 h ; du 1er juillet au 31 août, du lun. au sam. de 9 h 30 à 18 h 30, dim. de 11 h à 19 h ; du 1er au 30 septembre, du lun. au sam. de 10 h à 18 h, dim. de 13 h à 19 h ; du 1er au 31 octobre, du lun. au sam. de 10 h à 16 h 30, dim. de 13 h à 17 h. Plein tarif : 3 IR £, soit 3,81 € ; tarif réduit : 1,25 IR £, soit 1,58 €. Traversée de 10 mn en ferry : 5 IR £, soit 6,34 €.) Renseignements : Harbour Queen Ferryboats, Castletownbere,* ***T (027) 63 116****, et Blue Pool Ferries,* ***T (027) 63 333****.*

Comté de Kerry : haute terre d'Irlande

Point culminant du pays, le mont Carantouhil se situe dans ce comté que les habitants appellent non sans fierté *the kingdom*, « le royaume ». Merveilleux royaume que ce comté où l'influence chaude du Gulf Stream se fait sentir en permanence et où les buissons de fuchsias fleurissent dans de superbes jardins subtropicaux. Il n'est pas étonnant que la beauté naturelle de certaines régions comme Killarney attire un trop-plein de visiteurs en été, mais les randonneurs et les cyclistes sauront se lever tôt pour profiter au mieux de ces paysages sublimes.

Le roi du Kerry est un bouc !

Le Kerry est un comté convivial qui attire autant les visiteurs par l'accueil chaleureux de ses habitants que par l'incroyable beauté naturelle de ses paysages. Ses deux festivals les plus célèbres ne pourraient pas être plus différents l'un de l'autre. Celui de Tralee est un festival international d'une semaine pour élire la « rose » de l'année, jeune fille possédant au moins un aïeul irlandais et toutes les qualités d'une rose ! La ville a d'ailleurs planté de très nombreux rosiers dans son centre, renommée du festival oblige. L'autre grand festival du comté, celui de Killorglin, célèbre une élection autrement plus solennelle, celle du roi Puck, bouc de l'année, couronné sur la place publique et fêté dans toute la ville pendant 3 jours et 3 nuits.

● *Renseignements : office du tourisme de Tralee,* ***T (066) 71 21 288.***

Killarney National Park

La petite ville de Killarney, point de départ de la route panoramique The Ring of Kerry, l'« anneau de Kerry », est la ville la plus touristique d'Irlande. Cette popularité engendre un certain nombre d'inconvénients, mais aussi quelques avantages, notamment un large choix parmi les hébergements et autres services touristiques apparus depuis une vingtaine d'années. Le parc national qui entoure trois lacs, Lough Leane, Muckross Lake et Upper Lake, s'étend sur plus de 10 000 ha au sud-ouest de la ville. À explorer à pied ou à bicyclette, ce superbe parc, classé biosphère réserve de l'Unesco, abrite plusieurs jardins, un château, les ruines d'un monastère, une harde de cerfs, des îles, des cascades, le domaine et la belle demeure de Muckross House, sans parler des splendides montagnes qui l'encerclent.

● *Muckross House,* ***T (064) 31 440****.* *(Ouv. tlj de 9 h à 18 h. Muckross House seule : plein tarif, 4 IR £, soit 5,08 € ; tarif réduit, 1,60 IR £, soit 2,03 €. Ticket combiné Muckross House et jardins + Muckross Traditional Farms : plein tarif, 5,50 IR £, soit 6,98 € ; tarif réduit, 2,75 IR £, soit 3,49 €.)*

● *Ross Castle,* ***T (064) 35 851****.* *(Ouv. du 1er mars au 30 avril, tlj de 11 à 18 h ; du 1er au 31 mai, tlj de 10 h à 18 h ; du 1er juin au 31 août, tlj de 10 h à 18 h 30 ; du 1er au 30 septembre, tlj de 10 h à 18 h ; du 1er octobre au 28 février, du lun. au sam. de 11 h à 17 h. Plein tarif : 2,50 IR £, soit 3,17 € ; tarif réduit : 1 IR £, soit 1,27 €.)*

Dingle

Bien que moins fréquentée que celle de l'« anneau de Kerry », la plus septentrionale des péninsules irlandaises est tout aussi spectaculaire. Une carte détaillée sera utile pour découvrir, de préférence à vélo, cette

Le dauphin de Dingle

La petite ville de Dingle a adopté un dauphin cabot, nommé Fungi, et Fungi lui marque bien sa reconnaissance. Depuis son arrivée dans la baie, il y a plus de dix-sept ans, aux côtés de sa mère, l'animal improvise sans relâche, sept jours sur sept, un show complet pour son public ravi. La mascotte de Dingle, qui figure sous une forme ou une autre sur nombre d'objets souvenirs de toute la région, protège jalousement sa place et chasse tous les dauphins qui tenteraient de lui voler la vedette. Des bateaux remplis de touristes sortent tous les jours en été pour l'approcher de plus près et naviguer en sa charmante compagnie.

● *Renseignements : office du tourisme de Dingle,*
T (066) 91 51 188.

belle région truffée de petits sites d'intérêt archéologique. Certains amateurs prétendent que le gaélique parlé à Dingle est bien le plus beau du pays. Les cinéphiles retrouveront le somptueux décor naturel du film que David Lean tourna ici en 1970, *La Fille de Ryan*. Des circuits en autocar passent par les lieux du tournage ainsi que par ceux d'un film plus récent, *Horizons lointains*, de Ron Howard, interprété par Tom Cruise et Nicole Kidman en 1992.

● *Renseignements : office du tourisme de Dingle,* ***T (066) 91 51 188****.*

À défaut de participer à une sortie de pêche en haute mer ou de plongée, une visite à l'aquarium, Dingle Ocean World, est l'occasion de se familiariser avec le milieu marin au large de Dingle et des îles de Blasket.

● *Dingle Ocean World, Dingle Harbour,* ***T (066) 91 52 111****. (Ouv. du 1er juillet au 31 août, tlj de 9 h à 21 h ; du 1er septembre au 30 juin, tlj de 9 h à 17 h. Plein tarif : 4,50 IR £, soit 5,71 € ; tarif réduit : 2,75 livres irl, soit 3,49 €.)*

Skellig Michael

Les 650 marches de pierre de l'étonnant escalier de Skellig Michael permettent une montée vertigineuse à l'un des premiers monastères d'Irlande, érigé au-dessus de la mer au sommet d'un rocher inhospitalier de 17 ha.

L'autre île de Skellig, Little Skellig, est le royaume privé d'une quantité inimaginable d'oiseaux de mer, pétrels, fous de Bassan et perroquets de mer. De loin, l'île paraît blanche, mais, si l'on s'approche, les oiseaux se détachent peu à peu du noir de la roche. Un centre de documentation situé sur l'île de Valentia, le Skellig Experience Centre, présente une exposition sur le monastère et la vie des moines et fournit des informations sur les oiseaux et la vie marine des îles.

● *Skellig Experience Centre,* ***T (066) 94 76 306****. (Ouv. du 1er mars au 31 octobre, tlj de 9 h 30 à 19 h. Plein tarif : 3 IR £, soit 3,81 € ; tarif réduit : 1,50 livre irl, soit 1,90 €.)*

Comté de Clare : terre lunaire

L'incursion dans le comté de Clare à partir de Kilrush remonte la côte atlantique jusqu'aux imposantes falaises de Moher, parcourt le stupéfiant plateau lunaire du Burren et retrouve la Shannon et le Lough Derg à Killaloe. Le vélo est le moyen idéal pour découvrir cette région remarquable éloignée de l'agitation des grandes villes et où la musique irlandaise se joue avec ferveur dans chaque village.

Burren

Paradis des géologues, cette étrange région recouverte d'une dalle de pierre nue est aussi le paradis des botanistes, qui, aux mois de mai et juin, iront d'espèce rare en espèce rare comme dans un jardin de rocaille géant. Au niveau de la mer, fleurs alpines et espèces méditerranéennes poussent ensemble en toute fraternité : géranium sanguin, chêneau, gentiane printanière, orchidée-mouche ou saxifrage alpine fleurissent dans les fissures de cet énorme plateau karstique. La surface de cette vaste étendue de pierre calcaire sculptée par l'érosion absorbe l'eau de pluie par une multitude de fractures et de dépressions, creusant un réseau de cavités et de galeries souterraines. On observe aussi la résurgence de lacs temporaires, appelés *turloughs*. Les spéléologues explorent 40 km de grottes dans le sous-sol du Burren, comme à Ailwee Caves, où l'ours des cavernes est à l'honneur. Le Burren Display Centre de Kilfenora, petit village connu dans le pays tout entier pour son orchestre de *céili*, présente une exposition audiovisuelle expliquant la formation géologique de ce plateau de plus de 160 km^2.

● *Ailwee Caves. (Ouv. du 15 mars au 30 novembre, tlj de 10 h à 18 h. Plein tarif : 4,50 IR £, soit 5,71 € ; tarif réduit : 2,50 IR £, soit 3,17 € ; familles : 13,50 IR £, soit 17,14 €.)*

● *Burren Display Centre, Kilfenora,* ***T (065) 70 88 030****. (Ouv. du 1er mars au 31 mai, tlj de 10 h à 17 h ; du 1er juin au 30 septembre, tlj de 9 h 30 à 18 h ; du 1er au 31 octobre, tlj de 10 h à 17 h. Plein tarif : 2,50 IR £, soit 3,17 € ; tarif réduit : 1,50 IR £, soit 1,90 €.)*

Lisdoonvarna

En lisière du Burren, Lisdoonvarna, village autrefois réputé pour les qualités de ses eaux sulfureuses et iodées, est devenu célèbre pour son festival insolite, The Matchmaking Festival. Ce « festival des marieurs », qui se déroule au mois de septembre, réussit à déplacer un nombre impressionnant de célibataires, Américaines et Irlandaises surtout. Mais les Allemandes fréquentent de plus en plus le festival, en quête de l'âme sœur. Les fermiers de la région attendent cette occasion pour déposer leur demande et leurs conditions auprès du marieur, qui a la lourde responsabilité de trouver la fiancée parfaite.

● *Renseignements : centre d'information touristique d'Ennis,* ***T (065) 68 28 366.***

Craggaunowen Project

Création de l'archéologue John Hunt sur le domaine du château de Craggaunowen, l'écomusée appelé Craggaunowen Project est un environnement témoin de la vie des Celtes en Irlande. Combats, chasse, agriculture et organisation sociale des tribus sont évoqués par des animateurs à travers des personnages d'époque. C'est ici qu'est exposé le bateau à coque de cuir utilisé par l'écrivain Tim Severin, en 1976, pour faire la traversée de l'Atlantique sur les traces du navigateur saint Brendan. La plupart des constructions sont des reconstitutions fidèles d'habitations ou de forts, d'après des documents archéologiques et historiques. La *togher*, route en chêne trouvée à Longford, date de l'âge du fer.

● *Craggaunowen Project, Quin,*
T (061) 36 71 78*. (Ouv. de Pâques au 15 mai, tlj de 10 h à 18 h ; du 16 mai au 30 septembre, tlj de 9 h à 18 h, du 1er au 31 octobre, tlj de 10 h à 18 h. Plein tarif : 4,50 IR £, soit 5,71 € ; tarif réduit : 2,60 IR £, soit 3,30 € ; familles : 11 IR £, soit 13,97 €.)*

Killaloe

Le pont à 13 arches qui enjambe la Shannon à Killaloe relie les comtés de Clare et de Tipperary. Dans un décor magnifique entouré de montagnes et de collines, les navigateurs partent à l'aventure sur la Shannon, vers Lough Key, dans le comté de Sligo. À 3 km au nord de Killaloe, le centre d'activités de l'université de Limerick propose des cours et des stages de voile, de planche à voile et de canoë-kayak. Les pêcheurs se rendront à Mountshannon, grand centre de pêche à la ligne, situé un peu plus haut sur le lac, et plusieurs centres équestres accueillent les cavaliers.

Comté de Limerick : à l'embouchure de la Shannon

Petit poème de cinq vers et deux rimes, le limerick circule le plus souvent de bouche à oreille. La ville du même nom, à l'embouchure de la Shannon, longtemps convoitée pour sa place stratégique, est aujourd'hui un port industriel. La proximité d'un aéroport transatlantique, Shannon Airport, a contribué à transformer Limerick en lieu de passage sur la route de Kerry, comté très fréquenté par les touristes américains d'origine irlandaise.

Adare

La perfection du joli village d'Adare, sur la N20, à 16 km au sud-ouest de Limerick, attire énormément de touristes. Le plus « anglais » des villages irlandais est la création de l'Earl of Dunraven, qui l'a bâti au XIXe siècle. Le manoir aux 365 fenêtres du domaine d'Adare est aujourd'hui un hôtel luxueux avec terrain de golf, où les ruines d'un monastère franciscain du XVe siècle se dressent encore à la hauteur du 15e tee ! Au centre du village, le centre Adare Heritage présente la région aux visiteurs, maquettes et documents audiovisuels à l'appui. À proximité, les 300 ha du parc forestier Curraghchase sont sillonnés de sentiers de randonnée.

● *Adare Heritage,*
T (061) 39 66 66*.*
(Ouv. du 17 mars au 31 octobre, tlj de 9 h à 17 h ; du 1er novembre au 16 mars, sur rendez-vous. Plein tarif : 3 IR £, soit 3,81 € ; tarif réduit : 2 IR £, soit 2,54 €.)

Lough Gur

À 26 km de Limerick, sur la R512, ce petit lac en forme de fer à cheval est au cœur d'un des plus grands sites archéologiques de la préhistoire irlandaise. Les fouilles ont permis de mettre au jour de nombreux vestiges tels que dolmens, village lacustre, tombes à chambre, mais aussi squelettes d'ours, d'élans et d'autres cervidés. Les hommes qui s'installèrent près de ce lac vers 3000 avant J.-C. ont laissé silex, poteries et autres objets témoins de leur vie et de leur activité agricole. Un centre d'information et de documentation, le Lough Gur Interpretive Centre, expose des photographies et des objets permettant de mieux comprendre l'univers des fermiers néolithiques qui vécurent sur ce site. Les objets présentés sont des répliques d'objets du musée Hunt à Limerick et du Musée national à Dublin. Le musée d'Histoire naturelle de Dublin expose aussi certains spécimens trouvés à Lough Gur.

● *Lough Gur Interpretive Centre, Grange,* ***T (061) 36 07 88****.*
(Ouv. du 1er mai au 30 septembre, tlj de 10 h à 18 h. Plein tarif : 2,50 IR £, soit 3,17 € ; tarif réduit : 1,50 IR £, soit 1,90 €.)

● *Hunt Museum, Limerick,* ***T (061) 73 12 833****.*
(Ouv. du lun. au sam. de 10 h à 17 h, dim. de 14 h à 17 h. Plein tarif : 4 IR £, soit 5,08 € ; tarif réduit : 2 IR £, soit 2,54 €.)

Frank McCourt

L'autobiographie de l'écrivain Frank McCourt, couronné par le prix Pulitzer en 1996, a provoqué un sérieux malaise dans la ville où il a grandi tant bien que mal dans des conditions de pauvreté et de dénuement extrêmes. La peinture si réaliste de cette vie misérable est effectivement insoutenable et la mauvaise conscience de ses compatriotes, sidérés par la publication de ce livre, s'est souvent traduite par de la mauvaise foi. Miraculeusement, Frank McCourt, conteur hors pair, survit à une enfance pitoyable, émigre aux États-Unis en 1949, à l'âge de 19 ans, étudie et devient professeur. Il publie son premier livre, *Angela's Ashes*, son autobiographie, à l'âge de la retraite. Pour *Les Cendres d'Angela*, transposition du roman à l'écran en 1999, le cinéaste Alan Parker a tourné certaines séquences du film à Limerick même.

Comté de Tipperary : les forteresses des rois

Tout le monde connaît la chanson *It's a Long Way to Tipperary*. Le compositeur anglais Jack Judge, auteur de ces paroles en 1912, choisit le mot Tipperary pour sa sonorité, mais on dit qu'il ne mit jamais les pieds dans la région. Toujours est-il qu'il est pratiquement impossible de traverser ce grand comté sans fredonner l'air de temps en temps. La terre est ici riche et fertile et les fermiers de Tipperary sont parmi les plus heureux du pays. Les entraîneurs de chevaux affectionnent eux aussi ce comté, où la tradition du hurling est si forte qu'il est rare de ne pas rencontrer l'équipe locale en finale nationale à Croke Park tous les ans. Les pêcheurs fréquentent les eaux prolifiques du Lough Derg, au nord-ouest du comté, tandis que les montagnes de Galtee et la vallée d'Aherlow ravissent les randonneurs.

Cashel

C'est par la N24 que l'on va de Limerick à la ville de Tipperary, et c'est sur la N74 que se trouvent Cashel et son fameux rocher. Perchée sur ce piton de plus de 60 m de haut, la forteresse de Cashel se dresse fièrement au-dessus de la plaine, entourée d'un mur d'enceinte. Sur l'emplacement de l'ancienne résidence des rois de Munster, cet impressionnant ensemble médiéval avec château, chapelle et cathédrale domine la ville. La chapelle de Cormac McCarthy, véritable bijou de style roman irlandais, et la tour ronde, qui s'élève à près de 30 m, seraient les plus anciens monuments de Cashel. Les ruines de la dernière abbaye cistercienne d'Irlande, Hore Abbey, se visitent au pied du rocher. John Boorman a choisi ce site exceptionnel pour tourner son film *Excalibur*, en 1981.

● *Forteresse de Cashel, chapelle de Cormac McCarthy, tour ronde,* ***T (062) 61 437****. (Ouv. du 16 mars au 15 juin, tlj de 9 h 30 à 17 h 30 ; du 16 juin au 15 septembre, tlj de 9 h à 19 h 30 ; du 16 septembre au 15 mars, tlj de 9 h 30 à 16 h 30. Plein tarif : 3 IR £, soit 3,81 € ; tarif réduit : 1,25 IR £, soit 1,58 €.)*

Cahir

Le château le mieux conservé et le plus monumental d'Irlande est bâti sur une île rocheuse de la Suir. Cinq tours rondes, trois tours carrées et trois enceintes protégeaient ce château, qui fut la résidence de la famille anglo-normande Butler de 1375 à 1964. Cahir Castle a servi de décor au film *Barry Lyndon*, tourné par Stanley Kubrick en 1975.

● *Cahir Castle. (Ouv. du 1er avril au 15 juin, tlj de 9 h 30 à 17 h 30 ; du 16 juin au 15 septembre, tlj de 9 h à 19 h 30 ; du 16 septembre au 15 octobre, tlj de 9 h 30 à 17 h 30 ; du 16 octobre au 31 mars, tlj de 9 h 30 à 16 h 30. Plein tarif : 2 IR £, soit 2,54 € ; tarif réduit : 1 IR £, soit 1,27 €.)*

La N8 vers Mitchelstown mène aux Mitchelstown Caves, l'un des ensembles de grottes les plus importants du pays (à 16 km de Cahir).

● *Mitchelstown Caves,* ***T (052) 67 277****. (Ouv. tlj de 10 h à 18 h. Plein tarif : 3 IR £, soit 3,81 € ; tarif réduit : 1 IR £, soit 1,27 €.)*

Comté de Waterford : la capitale du verre taillé

Capitale du cristal irlandais, Waterford est connue des amateurs de verre taillé du monde entier. En Irlande même, chaque famille possède au moins une petite coupelle de « verre » de Waterford, cadeau de mariage ou trophée gagné lors d'un concours de golf ou de pêche. Comme son voisin Wexford, Waterford a connu des invasions étrangères bien avant le reste du pays, mais, malgré une forte influence étrangère, le comté a conservé un Gaéltacht à Rinn (Ring), près de Dungarven.

Waterford

Fondé par les Vikings au VIIIe siècle, Vadrafjord est devenu Waterford, un port stratégique que les envahisseurs venus du nord gardèrent sauvagement jusqu'au XIIe siècle, coupant le nez de tout Irlandais qui manquait de leur payer l'impôt. Les Anglo-Normands prirent Waterford en 1170 et la ville devint la cité la plus puissante d'Irlande jusqu'à l'arrivée de Cromwell, en 1650. Cromwell, « bon prince » comme à son habitude, donna à ses prisonniers le choix d'aller en enfer ou... à Connacht. En réalité, il vendit la plupart des catholiques de Waterford, qui finirent esclaves aux îles Caraïbes.

Aujourd'hui, le visiteur admirera les murs bâtis par les Vikings, ainsi qu'un superbe théâtre du XVIIIe siècle. L'ancienne halle au blé abrite le plus récent musée de la ville et sa collection de trésors de la ville et de la région. Une visite à la fabrique de cristal de Waterford, à 2,5 km au sud de la ville, permet d'assister à de fascinantes démonstrations.

● *Theatre Royal, The Mall, Waterford. Renseignements :* ***T (051) 87 44 02****.*

● *Musée, The Mall, Waterford,* ***T (051) 87 35 01****. (Ouv. de Pâques au 31 octobre, du lun. au ven. de 10 h à 17 h, sam. et dim. de 14 h à 18 h. Plein tarif : 1,50 IR £, soit 1,90 € ; tarif réduit : 1 IR £, soit 1,27 €.)*

● *Fabrique de cristal, Cork Road, Waterford,* ***T (051) 37 33 11****. (Ouv. du 1er avril au 31 octobre, tlj de 8 h 30 à 16 h ; du 1er novembre au 31 mars, du lun. au ven. de 9 h à 15 h. Plein tarif : 3,50 IR £, soit 4,44 € ; tarif réduit : 1,75 IR £, soit 2,22 €. Tickets en vente sur place et à l'office du tourisme.)*

Dunmore East

Sur la route de Tramore à Dungarven, plusieurs villages représentent autant d'étapes agréables pour s'arrêter et se baigner. Ballinacourty Point, en face de Helvick Head, est un bon spot de surf. Mais le véritable paradis des sports nautiques du comté se trouve à Dunmore East. Surf, planche à voile, canoë, plongée, pêche au requin, exploration d'épaves : tous les sports aquatiques se pratiquent dans ce charmant petit port de pêche bordé de falaises de grès rouge.

Un grand tournoi de golf international, le Murphy's Golf Classic Tournament, se déroule à Dunmore East tous les ans, au mois d'avril.

Ardmore

Un drapeau bleu flotte au-dessus de la plage de la dernière halte du comté avant le retour à Cork. Ardmore, village de saint Declan, ressemble à une carte postale, avec son alignement de chaumières pittoresques et sa plage de sable dominée par la tour ronde du monastère. Haute de 30 m, c'est une des plus belles tours du pays.

Le village fête son saint le 24 juillet, avec force processions et messe de minuit.

Un chemin de randonnée de 94 km, The Saint-Declan's Way, suit l'ancien sentier de pèlerinage jusqu'au rocher de Cashel, dans le comté de Tipperary.

L'écriture des pierres d'Ogham

La plus ancienne écriture celtique connue s'appelle *ogham*. Formée d'entailles droites ou obliques pratiquées au-dessus, au-dessous ou en travers d'une ligne de base et correspondant à vingt lettres de l'alphabet latin, cette écriture date du IVe siècle de notre ère. Les entailles, gravées sur les côtés de pierres levées ou sur l'angle formé par leurs surfaces adjacentes, se lisent de bas en haut et indiquent habituellement le nom de la personne ensevelie. Les pierres d'Ogham datent du IVe au VIIe siècle et se trouvent surtout dans la province de Munster, dans les comtés de Cork, Kerry et Waterford. L'église de Saint-Declan, à Ardmore, abrite deux pierres oghamiques en bon état de conservation.

● *Renseignements* : ***T (024) 94 444.***

BIEN VIVRE SUR LE CHEMIN DE MUNSTER

Comté de Cork

Indicatifs téléphoniques

Baltimore : **028**.
Bantry Bay : **027**.
Blarney : **021**.
Cape Clear Island : **028**.
Castletownbere : **027**.
Cork : **021**.
Fermoy : **025**.
Glengariff : **027**.
Killeagh : **024**.
Kilworth : **025**.
Kinsale : **021**.
Macroom : **026**.
Mallow : **022**.
Millstreet Tow : **029**.
Rosscarbery : **023**.
Schull : **028**.
Skibereen : **028**.
Youghal : **024**.

Arriver

En avion

- *Cork Airport, Kinsale Road, **T (021) 31 31 31**. À 8 km au sud de Cork.*

En train

- *Kent Station, Lower Glanmire Road, Cork, **T (021) 50 67 66**.*

En bus

- *Gare routière, Parnell Place, Cork, **T (021) 50 81 88**.*

En ferry

- *Ringaskiddy Terminal, **T (021) 37 81 11**.*

Circuler

Location de voitures

- *Avis, Emmet Place, Cork, **T (021) 28 11 11**.*
- *Budget Rent-a-Car, Tourist Office, Grand Parade, Cork, **T (021) 27 47 55**.*
- *Great Island Car Rentals, 47 MacCurtain Street, Cork, **T (021) 50 35 36**.*

Se loger

- *Arbutus Lodge Hotel, Montenotte, Cork, **T (021) 50 12 37**. Cette maison* *de 1802 jouit d'une excellente réputation. Restaurant de grande qualité. (À partir de 45 IR £ par personne, soit 57,10 €.)*

● *Ballylickey Manor House, Ballylickey, Bantry Bay,* **T (027) 50 071**. *Belle demeure membre des Relais & Châteaux.*
(À partir de 66 IR £ par personne, soit 83,80 €.)

● *Eccles Hotel, Glengariff Harbour,* **T (027) 63 003**. *Sur le port de Glengariff. Une vingtaine de randonnées possibles. (À partir de 40 IR £ par personne, soit 50,80 €.)*

● *Fernhill Golf & Country Club, Carrigaline,* **T (021) 37 22 26**.
À 10 mn de Cork et 20 mn de Kinsale. Prestations de qualité. Golf 18 trous, piscine. (À partir de 25 IR £ par personne, soit 31,70 €.)

● *Fuchsia House Hostel, The Square, Kilworth,* **T (025) 27 565**. *Accueil des groupes. Pêche possible. (À partir de 20 IR £ par personne, soit 25,40 €.)*

● *Imperial Hotel, South Mall, Cork,* **T (021) 27 40 40**. *Décor raffiné. Tradition et histoire au centre-ville.*
(À partir de 35 IR £ par personne, soit 44,40 €.)

● *Inishannon House Hotel, Inishannon,* **T (021) 77 51 21**.
Le décor romantique d'une belle maison de 1720 sur les berges de la Bandon. Restauration de qualité. Pêche, golf, équitation à proximité.
(À partir de 55 IR £ par personne, soit 69,85 €.)

● *Trident Hotel, World's End, Kinsale,* **T (021) 77 23 01**. *Magnifique situation. Toutes les chambres ont vue sur la mer. Restaurant membre du Good Food Circle. (À partir de 30 IR £ par personne, soit 38,10 €.)*

Hébergement économique

● *Cork City Independent Hostel, 100 Lower Glanmire Road, Cork,* **T (021) 50 90 89**. *La meilleure auberge de jeunesse de la ville. Hébergement en dortoir. (6 IR £ par personne, soit 7,62 €.)*

● *MUSA Marketing University Summer Accommodation, UCC Castlewhite Apartments, University College Cork,* **T (021) 49 02 793**. *Chambres sur le campus universitaire.*

Campings

● *Blarney Caravan & Camping Park, Blarney,* **T (021) 43 85 167**. *Sur la R617. (Emplacement pour 1 tente et 1 voiture : env. 5 IR £, soit 6,34 €.)*

● *Eagle Point Camping, Ballylikey,* **T (027) 50 630**. *(Emplacement pour 1 tente et 1 voiture : env. 12 IR £, soit 15,25 €.)*

● *Garrettstown House Holiday Park,* **T (021) 47 78 156**. *Sur la R600 au sud-ouest de Kinsale, près de Ballinspittle. (Emplacement pour 1 tente : env. 6,50 IR £, soit 8,25 €.)*

● *Sonas Caravan Park, Ballymacoda, Youghal,* **T (024) 98 132**.
Prendre la N25 au sud de Youghal. (Emplacement pour 1 tente : env. 8 IR £, soit 10,16 €.)

Se restaurer

● *An Spailpin Fanach, 28 South Main Street, Cork,* **T (021) 27 79 49**.
Le plus ancien pub de Cork sert le ragoût traditionnel, l'irish-stew. (Service : du lun. au ven. de 12 h à 15 h. Plat du jour : env. 4 IR £, soit 5,08 €.)

● *Convent Avenue, Sunday's Well, Cork,* **T (021) 43 05 022**. *Dans* *l'ancienne prison de Cork. Menu du directeur ou formule des prisonniers.*

- *The Courtyard, Schull,* ***T (028) 28 390****. Pains maison et nombreuses spécialités. (Ouv. de 9 h à 18 h. Thé, café, fromages et pains : de 5 à 10 IR £, soit 6,34 à 12,70 €.)*
- *The Gingerbread House, Paul Street, Cork,* ***T (021) 27 64 11****. Beaucoup d'ambiance. Le rendez-vous des Corkonians. (Plats : de 6 à 10 IR £, soit 7,62 à 12,70 €.)*
- *Man Friday, Scilly, Kinsale,* ***T (021) 77 22 60****. Restaurant avec vue sur le port de Kinsale. Excellents poissons. (Plats : env. 15 IR £, soit 19 €.)*
- *Max's Wine Bar, Main Street, Kinsale,* ***T (021) 47 72 443****. Réputé depuis plus de 20 ans pour ses spécialités au saumon. (Plats : env. 12 IR £, soit 15,25 €.)*
- *Polo's Gourmet Café, Washington Street, Cork,* ***T (021) 27 70 99****. Cuisine irlandaise d'hier et d'aujourd'hui. (Ouv. du lun. au mer. de 8 h à 13 h et du jeu. au dim. de 9 h à 16 h. Plats : env. 8 IR £, soit 10,16 €.)*
- *Quay Co-op, 24 Sullivan's Quay, Cork,* ***T (021) 31 76 60****. Magasin diététique. Soupes et plats végétariens à consommer sur place ou à emporter. Menu le soir. (Vente à emporter : du lun. au sam. de 9 h à 21 h. Service : du lun. au sam. de 19 h à 22 h 30. Soupes : env. 2 IR £, soit 2,54 €.)*
- *Shrimps Seafood Bistro, Kierans Folkhouse Inn, Guardwell, Kinsale,* ***T (021) 77 23 82****. Brasserie et restaurant membre du Kinsale Good Food Circle. (Plats : env. 15 IR £, soit 19 €.)*

Loisirs

Musée

- *Crawford Art Gallery, Emmet Place, Cork,* ***T (021) 42 73 377****. (Ouv. du lun. au sam. de 10 h à 17 h. Entrée libre.)*

Visites guidées

- *Discover Cork, Cork,* ***T (021) 42 93 873****. En saison, visite gratuite de la ville au départ de l'office du tourisme, Grand Parade, Cork.*

Courses de chevaux

- *Hippodrome de Mallow. Renseignements : office du tourisme de Mallow,* ***T (022) 42 222****.*

Sports

Golf

- *Terrains : Bantry Park, Berehaven, Cobh, Coosheen, Doneraile, Dunmore, Frankfield, Glengariff, Macroom, Rafeen Creek (9 trous) ; Mitchelstown (15 trous) ; Bandon, Charleville, Cork, Douglas, East Cork, Fermoy, Fernhill, Fota Island, Harbour Point, Kanturk, Lee Valley, Mahon, Mallow, Monkstown, Muskerry, Skibereen, Youghal (18 trous) ; Kinsale (27 trous).*
- *Renseignements : Golfing Ireland, 18 Parnell Square, Dublin 1,* ***T (01) 87 26 711****.*

Sports nautiques

- *Atlantic Boating Service, Baltimore,* ***T (028) 22 734****. Ski nautique, location de bateaux.*
- *Baltimore Diving & Watersports Centre, Baltimore,* ***T (028) 20 300****. Plongée, exploration d'épaves. Location de matériel, stages.*
- *Brian Toomey Sports,*

18 McCurtain Street, Fermoy, **T (025) 31 811**. *Pêche.*

- *Cape Clear Island Adventure Centre, Cape Clear Island,* **T (028) 39 144**. *Plongée, canoë-kayak. Hébergement.*
- *EPS, Fitzgerald House, Grand Parade, Cork,* **T (021) 27 55 64**. *Office central de renseignements sur la pêche.*
- *Maritime Tourist Ltd., Castlepark Marina Centre, Kinsale,* **T (021) 77 49 59**. *Pêche en mer.*
- *South Western Regional Fisheries Board, 1 Nevilles Terrace, Masseytown, Macroom,* **T (026) 41 221**. *Pêche.*
- *Watersports Centre, Schull,* **T (028) 28 554**. *Plongée, planche à voile.*

Location de vélos

- *Cycle Scene, 396 Blarney Street, Cork,* **T (021) 30 11 83**.
- *Richard Roycroft, Ilen Street, Skibereen,* **T (028) 21 235**.
- *Rothar Cycles, Aidan Quinlan, 55 Barrack Street, Cork,* **T (021) 31 31 33**.

Randonnées équestres

- *Ballymakeigh Equestrian Centre, Killeagh,* **T (024) 95 184**. *Leçons de tous niveaux. Chevaux et poneys de qualité.*
- *Eden Hill Riding Farm, Eden Hill, Navigation Road, Mallow,* **T (022) 21 143**. *Manège couvert et de plein air, parcours de cross-country, polo-cross, saut d'obstacles, chasse à courre, séjours pour jeunes non accompagnés.*
- *Milstreet Riding Holidays, Milstreet Tow,* **T (029) 70 039**. *Centre équestre de classe internationale, avec bâtiments isolés et chauffés. Manifestations hippiques internationales deux fois par an.*

Randonnées pédestres

- *The Beara Way (nouveau circuit de 210 km), The Blackwater Way, The Sheep's Head Way. Renseignements : Suzanne Whitty, Kealties, Durrus-Bantry,* **T (027) 61 052**.
- *Caha Walking Festival, festival début mai. Balades guidées pour randonneurs de tous niveaux. Renseignements : Laurie Craggs,* **T (027) 63 455**.

Matériel de camping

- *Outside World & The Tent Shop, Parnell Place, Cork,* **T (021) 27 88 33**.

Adresses utiles

- *Office du tourisme, Wolfe Tone Square, Bantry,* **T (027) 50 229**.
- *Office du tourisme, The Old Yacht Club, Cobh,* **T (021) 48 13 301**.
- *Office du tourisme (Aras Failte), Grand Parade, Cork,* **T (021) 27 32 51**.
- *Office du tourisme, Kinsale Harbour,* **T (021) 47 72 234**. *(Ouv. du 1er mars au 30 juin, du lun. au sam. de 9 h 15 à 13 h et de 14 h 15 à 17 h 30 ; du 1er juillet au 31 août, tlj de 9 h 15 à 13 h et de 14 h 15 à 17 h 30 ; du 1er sept au 31 oct, du lun. au sam. de 9 h 15 à 13 h et de 14 h 15 à 17 h 30.)*
- *Office du tourisme, Mallow,* **T (022) 42 222**.
- *West Cork Tourism, UDC Offices, North Street, Skibereen,* **T (028) 22 812**.

Urgences

Appel gratuit : **T 999**.

Comté de Kerry

Indicatifs téléphoniques

Dingle : **066**.
Glencar : **066**.
Killarney : **064**.
Killorglin : **066**.
Tralee : **066**.

Arriver

En avion

● *Kerry Airport, **T (066) 64 644**. À mi-chemin entre Killarney et Tralee.*

En bus

● *Gare routière, au croisement d'Edward Street et de John Joe Sheehy Road, Tralee, **T (066) 23 566**.*

En ferry

● *Shannon Ferry Ltd., Tarbert, **T (065) 53 124**. Traversée de l'estuaire de la Shannon de Killimer (comté de Clare) à Tarbert (comté de Kerry).*

Circuler

En voiture ou en autobus, mais le vélo reste le meilleur moyen d'explorer le comté.

En bus

Bus Éireann propose des circuits touristiques en saison.

● *Renseignements : Bus Éireann, Casement Station, Tralee, **T (066) 71 23 566**, et Fairhill, Killarney, **T (064) 34 777**.*

Se loger

● *Cahernane House Hotel, Muckross Road, Killarney, **T (064) 31 895**. Ancienne résidence des Earls of Pembroke. La maison, nichée dans un écrin de verdure, date de 1877. (À partir de 55 IR £ par personne, soit 69,85 €.)*

● *Crutch's Hillville House Hotel, Kilcummin, near Castlegregory, **T (066) 38 118**. Pour visiter la péninsule de Dingle. Jolie situation. Hôtel restauré en 1995, cuisine traditionnelle. (À partir de 30 IR £ par personne, soit 38,10 €.)*

● *Hotel Ard na Sidhe, Caragh Lake, Killorglin, **T (066) 69 105**. Manoir victorien au bord du lac Caragh. Un petit coin de paradis loin de la foule. (À partir de 60 IR £ par personne, soit 76,20 €.)*

● *Kileen House Hotel, Aghadoe, Lakes of Killarney, **T (064) 31 711**. Spécialiste des séjours de golf. Charmant décor old world. (À partir de 40 IR £ par personne, soit 50,80 €.)*

● *Lake Hotel, Muckross Road, Killarney, **T (064) 31 035**. Superbe situation et équipements de haute qualité. 60 ch., 20 suites de luxe. (À partir de 35 IR £ par personne, soit 44,40 €.)*

Campings

● *Mannix Point Caravan & Camping Park, Cahirciveen, **T (066) 94 72 806**. En bord de mer, près d'une réserve naturelle et en face du château de*

Ballycarbery. (Tarif : 3,50 IR £ par personne, soit 4,44 €.)

- *Ring of Kerry Caravan & Camping Park, Sneem Road,* **T (064) 41 648**. *Entre montagnes et lacs, à 4 km à l'ouest de Kenmare. (Tarif : 7,50 IR £, soit 9,52 €, pour l'emplacement d'une voiture et d'une tente + 1,50 IR £ par adulte, soit 1,90 €.)*
- *West's Caravan & Camping Park, Killorglin,* **T (066) 97 61 240**. *(Tarif : env. 4 livres par personne, soit 5,08 €, pour l'emplacement d'une tente.)*

Se restaurer

- *An Café Liteartha, Dykegate Street, Dingle,* **T (066) 51 388**. *Salon de thé-librairie de langue gaélique. (Ouv. du lun. au ven. de 10 h à 17 h 30 ; sam. et dim. de 11 h à 17 h 30.)*
- *La Cascade, Sheen Falls Lodge, Kenmare,* **T (064) 41 600**. *Une étoile au Michelin pour ce restaurant entouré d'un magnifique parc.*
- *The Colleen Bawn, Eviston House Hotel, 97 New Street, Killarney,* **T (064) 31 640**.
- *Fredericks, Aghadoe Heights Hotel, Killarney,* **T (064) 31 766**. *Restaurant panoramique. Menu de qualité.*
- *The Old Forge, Church Street, Tralee,* **T (066) 28 095**. *Pour goûter le ragoût de bœuf à la Guinness. (Ouv. du 1er juillet au 30 septembre, du lun. au sam. de 9 h à 22 h ; du 1er octobre au 30 juin, du lun. au sam. de 9 h à 18 h. Env. 7 IR £, soit 8,90 €.)*

Loisirs

Festivals

- *Festival de Tralee, élection de la « rose » de l'année. Renseignements : office du tourisme de Tralee,* **T (066) 71 21 288**.
- *Festival de Killorglin, élection du bouc de l'année. Renseignements : office du tourisme de Tralee,* **T (066) 71 21 288**.

Château

- *Bunratty Castle,* **T (061) 36 15 11**. *(Ouv. du 1er juin au 31 août, tlj de 9 h à 16 h 45 ; du 1er septembre au 31 mai, tlj de 9 h 30 à 16 h 15. Entrée au château et au Bunratty Folk Park : plein tarif, 5 IR £, soit 6,34 € ; tarif réduit : 2,50 IR £, soit 3,17 € ; familles : 12 IR £, soit 15,24 €.)*
- *Réservations pour les banquets à Bunratty Castle,* **T (061) 36 07 88**. *(Tlj à 17 h 30 et 20 h 45. Env. 35 IR £, soit 44,40 €.)*

Sports

Golf

- *Terrains : Ardfert, Ballyheigue Castle, Castlegregory, Kerries, Parknasilla, Ross (9 trous) ; Beaufort, Ceann Sibeal, Dooks, Kenmare, Killorglin, Tralee, Waterville (18 trous) ; Ballybunion, Killarney (36 trous).*
- *Renseignements : Golfing Ireland, 18 Parnell Square, Dublin 1,* **T (01) 87 26 711**.

Sports nautiques

- *Cappanalea Outdoor Education Centre,* **T (066) 69 244**. *À 11 km au sud-ouest de Killorglin. Canoë, planche à voile, voile, pêche. Autre activité proposée : escalade.*
- *Derrynane Sea Sports, Caherdaniel,* **T (066) 94 75 266**. *Surf et voile.*
- *Feehan's Angling Boats, Dunleagan,*

Ballinskelligs, **T (066) 94 79 182**. *Requins, fond de mer.*

- *Hugh Maguire, The Anchor Bar, Caherciveen*, **T (066) 94 73 180**. *Requins, fond de mer, épaves.*
- *Lily of Killarney, Killarney*, **T (064) 31 068**. *Location de bateaux.*
- *Nicholas O'Connor, Angler's Rest, Ventry, Dingle*, **T (066) 91 59 947**. *Requins, fond de mer, épaves.*
- *Pride of the Lakes, Killarney*, **T (064) 32 638**. *Location de bateaux.*
- *Skellig Aquatics, Cahirdaniel*, **T (066) 94 75 277**. *Location de matériel de plongée et formation à la plongée.*

Location de vélos

- *The Bike Camping Store, Bishop's Lane, New Street, Killarney*, **T (064) 31 282**.
- *Eamonn Casey, New Street, Cahirciveen*, **T (066) 94 72 474**.
- *Foxy John Moriarty's, Main Street, Dingle*, **T (066) 51 316**.
- *Tralee Gas & Bicycle Supplies, Strand Street, Tralee*, **T (066) 71 22 018**.

Randonnées équestres

- *Dingle Horse Riding, Ballinaboula, Dingle*, **T (066) 91 51 202**. *Hébergement, ainsi qu'un choix de formules. Les randonnées suivent les plages et les chemins de montagne, offrant des panoramas exceptionnels sur les îles Blasket.*
- *Dingle Peninsula Trail Rides, Ballyard, Tralee*, **T (066) 71 21 840**. *Le tout premier itinéraire équestre en Irlande, The Dingle Peninsula Trail, existe depuis 1967.*
- *Killarney Riding Stables, Ballydowney, Killarney*, **T (064) 31 686**. *À proximité du parc national de Killarney.*

Randonnées pédestres

- *The Climbers Inn, Glencar*, **T (066) 60 101**.
- *Countryside Tours, Glencar House, Glencar*, **T (066) 60 211**.
- *South-West Walks Ireland, 40 Ashe Street, Tralee*, **T (066) 71 28 733**.
- *Valentia Island Walking Holidays, Knightstown*, **T (066) 76 370**.

Escalade

- *Cappanalea Outdoor Education Centre*, **T (066) 69 244**. *À 11 km au sud-ouest de Killorglin. Autres activités proposées : canoë, planche à voile, voile, pêche.*

Adresses utiles

- *Bureau d'informations touristiques, Killorglin. Au carrefour d'Iveragh Road et d'Upper Bridge Street. (Ouv. en été selon le nombre de visiteurs.)*
- *Office du tourisme, Dingle*, **T (066) 91 51 188**. *Sur le port. (Ouv. du 1er au 31 mars, du lun. au sam. de 9 h 15 à 13 h et de 14 h 15 à 17 h 30 ; du 1er avril au 30 septembre, tlj de 9 h à 18 h ; du 1er au 31 octobre, du lun. au sam. de 9 h 15 à 13 h et de 14 h 15 à 17 h 30.)*
- *Office du tourisme, Beach Street, Killarney*, **T (064) 31 633**.
- *Office du tourisme, Tralee*, **T (066) 71 21 288**.

Urgences

Appel gratuit : **T 999**.

Comté de Clare

Indicatifs téléphoniques

Ennis : **065**.
Killaloe : **061**.
Killimer : **065**.
Kilrush : **065**.
Newmarket-on-Fergus : **061**.

Arriver

En avion

● *Shannon Airport, Ennis Road, N18,* ***T (061) 47 14 44****.*

En train

● *Gare ferroviaire, Station Road, Ennis,* ***T (065) 68 40 444****.*

En bus

Les bus arrivent à la gare ferroviaire, Station Road, Ennis.

● *Renseignements : Bus Éireann,* ***T (065) 68 24 177****.*

Circuler

Location de voitures

● *Avis,* ***T (061) 47 10 94****. À l'aéroport de Shannon.*

● *King Car Rentals, Concorde Travel, Bank Place, Ennis,* ***T (065) 68 29 989****.*

Se loger

● *Anvil Farm Guesthouse, Loop Head, Kilbaha,* ***T (065) 58 018****. Belle situation en bord de mer, à proximité des plages. (À partir de 16 IR £ par personne, soit 20,32 €.)*

● *Aran View House Hotel & Restaurant, Coast Road, Doolin,* ***T (065) 74 061****. Belle maison du XVIIIe s. avec restaurant. (À partir de 35 IR £ par personne, soit 44,40 €.)*

● *Ballinalacken Castle Hotel, Lisdoonvarna,* ***T (065) 74 025****. À l'ombre d'un château en ruine, cet hôtel jouit de vues panoramiques sur les îles d'Aran et les falaises de Moher. (À partir de 30 IR £ par personne, soit 38,10 €.)*

Dromoland Castle, Newmarket-on-Fergus, Ennis, ***T (061) 36 81 44****. Château du XVIe s. Golf, pêche, tennis, centre de remise en forme. (À partir de 115 IR £ par personne, soit 146,05 €.)*

● *Hylands Hotel, Ballyvaughan,* ***T (065) 70 77 037****. Hôtel traditionnel et familial. (À partir de 30 IR £ par personne, soit 38,10 €.)*

● *Kincora Hall, Killaloe,* ***T (061) 37 60 00****. Confort et tradition dans un décor traditionnel. Marina privée sur la Shannon. (À partir de 16 IR £ par personne, soit 20,32 €.)*

● *Old Ground Hotel, O'Connell Street, Ennis,* ***T (065) 68 28 127****. Grand hôtel traditionnel. Rendez-vous des musiciens lors des festivals du fleadh chéoil. (À partir de 45 IR £ par personne, soit 57,10 €.)*

● *Queen's Hotel, Abbey Street, Ennis,* ***T (065) 68 28 963****. (À partir de 30 IR £ par personne, soit 38,10 €.)*

Hébergement économique

● *Corofin Village Hostel & Camping Park, Main Street, Corofin,* ***T (065) 37 683****. (Lit en dortoir : 7,50 IR*

£, soit 9,52 € ; chambre double : 18 IR £, soit 22,86 €.)

● *Kilrush Creek Lodge, Kilrush,* **T (065) 52 855**. *Accueil des groupes. (Lit en dortoir : 10 IR £, soit 12,70 € ; chambre double : 15 à 20 IR £, soit 19 à 25,40 €.)*

Campings

● *Lakeside Caravan & Camping Park, Mountshannon,* **T (061) 92 72 25**. *Sur la R352 vers Portumna. (Tarif : 5 IR £ pour 1 tente, soit 6,34 €, plus 1 IR £ par adulte, soit 1,27 €, et 50 pence par enfant, soit 0,63 €.)*

● *Lough Derg Holiday Park, Killaloe,* **T (061) 37 63 29**. *(Tarif : 7,50 IR £ pour 1 tente, soit 9,52 €, plus 2,50 IR £ par adulte, soit 3,17 €, et 1 IR £ par enfant, soit 1,27 €.)*

Se restaurer

● *Crotty's Courtyard Bar, Killaloe,* **T (061) 37 69 65**. *Brasserie et musique. (Plats au pub : env. 8 IR £, soit 10,16 €.)*

● *Dalcassian, Main Street, Killaloe,* **T (061) 37 67 62**. *Spécialités de fruits de mer. (Ouv. tlj de 11 h à 17 h et de 18 h à 21 h 30. Plats : env. 10 IR £, soit 12,70 €.)*

● *Monk's of Ballyvaughan, Ballyvaughan,* **T (065) 77 059**. *Pub avec musique et fruits de mer. À ne pas manquer. (Plats : env. 6,50 IR £, soit 8,25 €.)*

● *Old Ground Hotel, O'Connell Street, Ennis,* **T (065) 68 28 127**. *Repas traditionnel irlandais. (Env. 6 IR £, soit 7,62 € ; dîner complet : env. 18 IR £, soit 22,86 €.)*

● *Upper Crust, Market Square, Ennis,* **T (065) 68 43 261**. *Repas corrects à prix plus que corrects. (Ouv. du lun. au jeu. de 8 h à 20 h, ven. et sam. de 8 h à 18 h, dim. de 8 h 30 à 14 h 30.)*

Loisirs

Festival

● *Willie Week, Miltown Malbay. Courant juillet, fête de musique traditionnelle, cours et stages. Renseignements : Willie Clancy School of Traditional Music, Miltown Malbay,* **T (065) 84 148**.

Croisières

● *Aran Ferries, Liscannor,* **T (065) 81 368**. *Croisière de 1 h au pied des falaises de Moher.*

● *« Découverte des dauphins », Kilrush,* **T (065) 88 584 711**. *Sorties en bateau à la découverte des dauphins.*

● *R & B Marine Services, Mountshannon,* **T (061) 37 50 11**. *De Mountshannon à Holy Island à bord du Derg Princess, la découverte des monastères de Holy Island.*

Sports

Golf

● *Terrains : Clonara, East Clare, Kilkee, Spanish Point (9 trous) ; Dromoland, Ennis, Kilrush, Shannon, Woodstock (18 trous) ; Lahinch (36 trous).*

● *Renseignements : Golfing Ireland, 18 Parnell Square, Dublin 1,* **T (01) 87 26 711**.

Sports nautiques

● *Burke's, Corofin,* **T (065) 37 677**. *Guide pour la pêche et location de bateaux.*

● *Kilkee Diving & Watersports Centre, Kilkee,* **T (065) 90 56 707**. *Location d'équipement de plongée. Stages de 1 semaine.*

● *Kilrush Creek Adventure Centre, Kilrush,* **T (065) 90 52 855**. *Grand choix d'activités. Hébergement.*

● *Martin Brennan, Kilrush,* **T (065) 52 031**. *Pêche en haute mer.*

● *Shannonside Activity Centre, Killaloe,* **T (061) 376 622**. *Grand choix d'activités.*

● *Shannon Regional Fisheries Board, Thomond Weir, Limerick,* **T (061) 45 51 71**. *Renseignements pour la pêche.*

● *University of Limerick Activity Centre, Killaloe,* **T (061) 37 66 22**. *Grand choix d'activités.*

● *Whelan's, Killaloe,* **T (061) 37 61 59**. *Location de bateaux.*

Location de vélos

● *Byrne's, Ennis Road, Miltown Malbay,* **T (065) 84 079**.

● *Gleeson's Cycles, Henry Street, Kilrush,* **T (065) 511 127**.

● *Michael Tierney Cycles & Fishing, 17 Abbey Street, Ennis,* **T (065) 29 433**.

● *Simply Cycling, Doolin,* **T (065) 74 429**.

Randonnées équestres

● *Burren Riding Centre, Fanore,* **T (065) 70 76 140** ; **e-mail : burrenriding.enis@eircom.net**. *Centre situé en bordure du Burren et au-dessus de la baie de Galway, entre Ballyvaughan et Lisdoonvarna. Sorties de 1 à 7 jours autour du Burren. Poneys du Connemara, irish-draught et hunter.*

● *Burren Trail, Equestrian & Leisure Ireland, Derryvoran East, Whitegate,* **T (061) 92 74 11 ; e-mail : ansibinridihg@eircom.net**. *Randonnées en étapes à travers tourbières, forêts, parcs nationaux et le Burren. Hébergement dans une ancienne ferme restaurée.*

● *Cahergal House & Riding Centre, Newmarket-on-Fergus,* **T (061) 36 88 05**. *Hébergement et chasse au renard.*

● *Care Equestrian Centre, Deerpark, Doora, Ennis,* **T (065) 40 136**. *Préparation aux concours hippiques par une cavalière de niveau international, Marie Burke.*

● *Carrowbaun Farm Riding Centre, Killaloe,* **T (061) 376 754**. *Jolie situation pour ce centre proche de Killaloe. Cours, trekking, randonnées sur les chemins des montagnes d'Arra et le mont Bernagh.*

● *Mountshannon Pony Centre, Mountshannon,* **T (061) 92 14 28**. *Location de poneys et leçons d'équitation.*

Randonnées pédestres

● *Burren Walking Holidays, Carrigann Hotel, Lisdoonvarna,* **T (065) 70 74 036**. *Randonnées avec guides. Cartes détaillées fournies aux marcheurs seuls.*

● *The Burren Way, circuit de 45 km (Ballyvaughan, les falaises de Moher, Ballinalackan, Doolin, Lahinch). Renseignements : Ennis Tourist Centre,* **T (065) 68 28 366**.

● *The East Clare Way, Unit 1, Tulla Business Centre, Tulla,* **T (065) 68 35 912** ; **e-mail : walks.ennis@eircom.net**.

Spéléologie
● *Ailwee Caves,* ***T (065) 70 77 036****.*

Adresses utiles

● *Ennis Tourist Centre, Arthur's Row, Ennis,* ***T (065) 68 28 366****.*

● *Killaloe Heritage Centre, Brudge Street, Killaloe,* ***T (061) 37 68 66****. (Ouv. du 1er mai au 30 septembre, tlj de 10 h à 18 h.)*

Urgences

Appel gratuit : **T 999**.

Comté de Limerick

Indicatifs téléphoniques

Adare : **061**.
Limerick : **061**.

Arriver

En train
● *Colbert Station, Parnell Street, Limerick,* ***T (061) 31 55 55****.*

En bus
Les bus partent également de Colbert Station, Parnell Street, Limerick.
● *Renseignements : Bus Éireann,* ***T (061) 31 33 33****.*

Se loger

● *Adare Manor Hotel, Adare,* ***T (061) 39 65 66****. Manoir gothique avec golf 18 trous. 64 ch. (À partir de 115 IR £ la chambre, soit 146,05 €.)*
● *Dunraven Arms Hotel, Adare,* ***T (061) 39 66 33****. Centre renommé de la chasse au renard. 66 ch., dont 8 suites. (À partir de 65 IR £ par personne, soit 82,55 €.)*
● *Greenhills Hotel Conference & Leisure Centre, Ennis Road, Limerick,* ***T (061) 45 30 33****. À 5 mn de Limerick et 15 mn de l'aéroport de Shannon. Centre de remise en forme, brasserie, restaurant. L'agneau servi au restaurant provient de la ferme de l'hôtel. (À partir de 40 IR £ par personne, soit 50,80 €.)*
● *Limerick Ryan Hotel, Ardhu House, Ennis Road, Limerick,* ***T (061) 45 39 22****. À 2 km de la ville. Restaurant primé, 3 bars. (À partir de 40 IR £ par personne, soit 50,80 €.)*
● *Murphy's Cross, Killarney Road, Adare,* ***T (061) 39 60 42****. Bed & breakfast dans un cottage vieux de plus de 150 ans.*

Hébergement économique
● *Plassey Campus Centre Ltd., University of Limerick,* ***T (061) 20 29 83*** *;* ***e-mail : kate.sheahan@ul.ie****. Chambres sur le campus universitaire.*

Camping
● *Shannon Cottage Caravan & Camping Park,* ***T (061) 37 71 18****. À 12 km de Limerick, le camping le plus proche est dans le comté de*

Clare. (Emplacement pour 1 tente et 1 voiture : env. 10 IR £, soit 12,70 €.)

Se restaurer

● *The Blue Door, Adare,* ***T (061) 39 64 81****. Pour se restaurer dans un pittoresque cottage fleuri à toit de chaume. (Ouv. de 10 h à 21 h 30. Plat du jour : env. 5 IR £, soit 6,34 €.)*

● *Dolmen Gallery & Restaurant, Honan's Quay, Limerick,* ***T (061) 41 79 29****. Spécialités irlandaises. (Ouv. du lun. au sam. de 10 h à 17 h 30. Plats : env. 7 IR £, soit 8,89 €.)*

● *Glenquin Restaurant, Devon Inn Hotel, Templeglantine, Newcastle West,* ***T (069) 84 122****. Bar, brasserie, restaurant. (Soupes, sandwichs : env. 3 IR £, soit 3,81 € ; plat du jour : env. 5 IR £, soit 6,34 €.)*

● *The Green Onion Café, 3 Ellen Street, Limerick,* ***T (061) 40 07 10****. (Ouv. tlj de 12 h à 22 h. Plat à l'heure du déjeuner : env. 6 IR £, soit 7,62 € ; le soir : 12 IR £, soit 15,24 €.)*

● *Hunt Museum Restaurant, Hunt Museum, Rutland Street, Limerick,* ***T (061) 73 12 833****. Rendez-vous populaire. (Plat de moules à l'heure du déjeuner : env. 3 IR £, soit 3,81 €.)*

● *O'Flaherty's Basement Restaurant, 74 O'Connell Street, Limerick,* ***T (061) 31 63 11****. Ambiance et repas de qualité. (Plats : env. 10 IR £, soit 12,70 €.)*

Sortir

● *Belltable Arts Centre, 69 O'Connell Street, Limerick,* ***T (061) 31 98 66****. Pièces de théâtre puisées dans un répertoire varié d'auteurs célèbres. (Guichets ouv. du lun. au sam. de 9 h à 18 h. Billets : env. 7 IR £, soit 8,89 €.)*

Loisirs

Courses de lévriers

● *Market's Field, Mulgrave Street, Limerick,* ***T (061) 31 67 88****. (Lun., jeu. et sam. à 20 h. Entrée : 3 IR £, soit 3,81 €.)*

Sports

Golf

● *Terrains : Abbeyfeale (9 trous) ; Adare Manor, Castletroy, Killeline, Limerick, Limerick County (18 trous).*

● *Renseignements : Golfing Ireland, 18 Parnell Square, Dublin 1,* ***T (01) 87 26 711****.*

Location de vélos

● *The Bike Shop, O'Connell Avenue, Limerick,* ***T (061) 31 59 00****.*

● *McMahons Cycleworld, 25 Roches Street, Limerick,* ***T (061) 41 52 02****.*

Randonnées équestres

● *Clonshire Equestrian Centre, Adare,* ***T (061) 39 67 70****. École de polo. Enseignement de haut niveau, programmes individualisés.*

● *Dunraven Arms Hotel, Adare,* ***T (061) 39 66 33****. Centre renommé de la chasse au renard.*

Randonnées pédestres

● *Lough Derg Way, chemin de randonnée qui part de Limerick, sur la rive droite de la Shannon, jusqu'à Killaloe. Renseignements : office de tourisme de Limerick,* ***T (061) 31 75 22****.*

Adresses utiles

● *Office du tourisme, Adare Heritage Centre, Adare,* ***T (061) 39 66 66****. (Ouv. du lun. au ven. de 9 h à 19 h, sam. et dim. de 9 h à 18 h.)*

● *Office de tourisme, Arthur's Quay, Limerick,* ***T (061) 31 75 22****.*

Urgences

Appel gratuit : **T 999**.

Comté de Tipperary

Indicatifs téléphoniques

Cahir : **052**.
Cashel : **062**.
Clonmel : **052**.
Cloughjordan : **0505**.
Dundrum : **062**.
Nenagh : **067**.
Thurles : **0504**.
Tipperary : **062**.

Arriver

En train

● *Gare ferroviaire, Prior Park Road, Clonmel,* ***T (052) 21 982****.*

En bus

● *Bus Éireann. Renseignements : Raftery's Travel, Gladstone Street, Clonmel,* ***T (062) 51 555****.*

Se loger

● *Ashley Park House, Ashley Park, Nenagh,* ***T (067) 38 223****. Manoir du XVIIe s., avec lac privé pour la pêche. (À partir de 20 IR £ par personne, soit 25,40 €.)*

● *Cashel Palace Hotel, Main Street, Cashel,* ***T (062) 62 707****. 13 ch. dans l'ancien archevêché, au centre de Cashel. (À partir de 65 IR £ par personne, soit 82,55 €.)*

● *Dundrum House Hotel, Dundrum,* ***T (062) 71 116****. Manoir du XVIIIe s. à 6 km de Cashel. 61 ch., restaurant, golf, piscine, remise en forme. (À partir de 50 IR £ par personne, soit 63,40 €.)*

● *Glen Hotel, Glen of Aherlow,* ***T (062) 56 146****. À 8 km de la ville de Tipperary, à l'ombre des montagnes de Galtee. (À partir de 25 IR £ par personne, soit 31,70 €.)*

● *Hotel Minella, Clonmel,* ***T (052) 22 388****. Magnifique situation au bord de la Suir. À 1 km de la ville de Clonmel. (À partir de 40 IR £ par personne, soit 50,80 €.)*

Hébergement économique

● *Powers-the-Pot Hostel & Caravan Park, Harney's Cross, Clonmel,* ***T (052) 23 085****. Superbe situation sur le mont de Comeragh. Bar-restaurant. (Lit en dortoir : 6 IR £, soit 7,62 € ; chambre : 7 IR £, soit 8,89 €.)*

Camping

● *Powers-the-Pot Hostel & Caravan Park, Harney's Cross, Clonmel,* ***T (052) 23 085****. Bar-restaurant. (Tarif : 3,50 IR £ par personne, soit 4,44 €.)*

Se restaurer

● *The Bishop's Buttery, Cashel Palace Hotel, Main Street, Cashel,* **T (062) 62 707**. *Menu raffiné dans l'ancien archevêché au centre de Cashel.*
● *Catalpa, Sarsfield Street, Clonmel,* **T (052) 26 821**. *(Ouv. du mar. au sam. de 12 h 30 à 14 h 30 et de 18 h 30 à 23 h. Pizzas : env. 5 IR £, soit 6,34 € ; plats : env. 10 IR £, soit 12,70 €.)*
● *The Cloister, Abbey Court Hotel, Dublin Road, Nenagh,* **T (067) 411 11**. *Brasserie, déjeuners et restaurant.*
● *Swiss Cottage, Ardfinnan Road, Cahir,* **T (052) 41 144**. *Salon de thé incontournable dans un ravissant cottage orné. Cette folie rustique construite en 1810 pour la famille Butler est aujourd'hui restaurée. (Ouv. de 10 h à 18 h.)*
● *Tierney's, O'Connell Street, Clonmel,* **T (052) 24 467**. *Superbe pub à l'ambiance chaleureuse, confortable restaurant à l'étage. Repas toute la journée*

Loisirs

Hurling
● *Renseignements : Liz Howard, Newtown, Nenagh,* **T (067) 47 16 66**.

Courses de lévriers
● *Cynodrome, Davis Street, Clonmel,* **T (052) 21 422**. *(Lun. et jeu. à 20 h.)*

Sports

Golf
● *Terrains : Rockwell, Templemore, Tipperary (9 trous) ; Balykisteen, Cahir Park, Clonmel, Co. Tipperary, Nenagh, Roscrea, Thurles (18 trous).*
● *Renseignements : Golfing Ireland, 18 Parnell Square, Dublin 1,* **T (01) 87 26 711**.

Pêche
● *TJ's Angling Centre, Ballina,* **T (061) 37 60 09**. *Vente et location d'équipement, location de bateaux.*

Randonnées équestres
● *Charlie Swan Equestrian Centre, Modreeny, Cloughjordan,* **T (0505) 42 221**. *Belle demeure familiale de l'époque georgienne, entourée d'un domaine boisé, domicile du jockey Charlie Swan. Dressage, manège couvert, parcours de cross-country.*
● *Crossogue House, Thurles,* **T (0504) 54 123**. *Hébergement, obstacles de cross-country répartis sur 150 ha de terrains agricoles et boisés.*

Randonnées pédestres
● *The East Munster Way, de Carrick-on-Suir à Clogheen. Renseignements : Tipperary SR (South Riding) County Council, County Hall, Clonmel,* **T (052) 25 399**.

Adresses utiles

● *Office du tourisme, Sarsfield Street, Clonmel,* **T (052) 22 960**.
● *Office du tourisme, James Street, Tipperary,* **T (062) 51 457**.
● *Tipperary SR (South Riding) County Council, County Hall, Clonmel,* **T (052) 25 399**.

Urgences

Appel gratuit : **T 999**.

Comté de Waterford

Indicatifs téléphoniques

Butlerstown : **051**.
Dungarven : **058**.
Dunmore East : **051**.
Faithlegg : **051**.
Tramore : **051**.
Waterford : **051**.

Arriver

En avion

- *Aéroport de Waterford, **T (051) 87 55 89**. À 6 km au sud de la ville.*

En train

- *Gare ferroviaire, Plunkett Station, Waterford, **T (051) 87 90 00**.*

En bus

Les bus s'arrêtent également à la gare ferroviaire, Plunkett Station, Waterford.

- *Renseignements : **T (051) 87 90 00**.*

Circuler

Location de voitures

- *À l'aéroport de Waterford, **T (051) 87 55 89**.*

Se loger

- *Candlelight Inn, Dunmore East, **T (051) 38 32 15**. Agréable hôtel familial. Cuisine maison, tournois de bridge, stages de peinture, piscine en été. (À partir de 25 IR £ par personne, soit 31,70 €.)*
- *Cliff House Hotel, Ardmore, **T (024) 94 106**. Merveilleuse situation sur la baie d'Ardmore. (À partir de 25 IR £ par personne, soit 31,70 €.)*
- *The Coach House, Butlerstown Castle, Butlerstown, **T (051) 38 46 56**. Restauration élégante d'une maison du XIXe s. sur le domaine d'un château du XIIIe s. (À partir de 25 IR £ par personne, soit 31,70 €.)*
- *Dooley's Hotel, The Quay, Waterford, **T (051) 87 35 31**. Hôtel traditionnel de 113 ch. au cœur de Waterford. (À partir de 40 IR £ par personne, soit 50,80 €.)*
- *Faithlegg House Hotel, Faithlegg, **T (051) 38 20 00**. Demeure du XIIIe s. entièrement restaurée. Terrain de golf, remise en forme. (À partir de 65 IR £ par personne, soit 82,55 €.)*
- *Gold Coast Golf & Leisure Centre, Ballinacourty, Dungarven, **T (058) 42 249**. Vues panoramiques. Golf 18 trous, piscine. (À partir de 35 IR £ par personne, soit 44,40 €.)*
- *Haven Hotel, Dunmore East, **T (051) 38 31 50**. Jardin boisé et bon restaurant. (À partir de 30 IR £ par personne, soit 38,10 €.)*

Campings

- *Dunmore Caravan & Camping Park, Dunmore East, **T (051) 38 32 00**. (Tarif pour 1 tente : 10 IR £, soit 12,70 €.)*
- *Newtown Caravan & Camping Park, Dungarven Road, Tramore, **T (051) 38 19 79**. (Tarif pour 1 voiture ou 1 caravane : 10 IR £, soit 12,70 € ; tarif pour cyclistes : 5 IR £ par personne, soit 6,34 €.)*

Se restaurer

● *Bridge Hotel, 1 The Quay, Waterford,* ***T (051) 87 222****.* *3 restaurants. Spécialité : fruits de mer.*
● *The Doneraile Restaurant, Grand Hotel, Tramore,* ***T (051) 38 14 14****. Le menu de ce restaurant panoramique jouit d'une grande réputation.*
● *Ocean Hotel, Dunmore East,* ***T (051) 38 31 36****. Fruits de mer. (Plats : env. 18 IR £, soit 22,86 €.)*
● *The Reginald, The Mall, Waterford,* ***T (051) 85 50 87****. Bar-restaurant derrière une façade de style médiéval. (Déjeuner de 12 h à 15 h, dîner de 17 h 30 à 22 h 30. Plat du jour : env. 5 IR £, soit 6,34 €.)*
● *Sizzler's Restaurant, The Quay, Waterford,* ***T (051) 85 211****. (Ouv. 24 h/24. Friture : env. 5 IR £, soit 6,34 €.)*

Sortir

● *City Hall, The Mall, Waterford,* ***T (051) 87 57 88****. Spectacles de musique et danse. (Du 1er mai au 30 septembre, jeu., ven. et dim. de 8 h 45 à 10 h 15. Entrée : 7 IR £, soit 8,89 €.)*

Sports et loisirs

Golf

● *Terrains : Gold Coast, Lismore (9 trous) ; Carrick-on-Suir, Dungarvan, Dunmore East, Faithlegg, Tramore, Waterford Coast, West Waterford (18 trous).*
● *Renseignements : Golfing Ireland, 18 Parnell Square, Dublin 1,* ***T (01) 87 26 711****.*

Sports nautiques

● *Dunmore East Adventure Centre, Dock Road, Dunmore East,* ***T (051) 38 37 83****. Surf, voile, kayak.*
● *Autres renseignements : Discover East Waterford Tourism Enterprise,* ***T (051) 38 26 77****.*

Location de vélos

● *Wright's Cycle Depot, Henrietta Street, Waterford,* ***T (051) 87 44 11****.*

Randonnées équestres

Nire Valley Equestrian Trail-Riding & Trekking, Ballymacarbry, Clonmel, ***T (052) 36 147****. Chemins forestiers et randonnées dans les montagnes de Comeragh, au nord-ouest du comté.*

Randonnées pédestres

● *Saint-Declan's Way. Renseignements :* ***T (024) 94 444****.*

Adresses utiles

● *Discover East Waterford Tourism Enterprise, Passage East, Waterford,* ***T (051) 38 26 77****.*
● *Office du tourisme, Ardmore,* ***T (024) 94 444****. Sur le front de mer. (Ouv. du 1er mai au 30 septembre.)*
● *Office du tourisme, 41 Merchant's Quay, Waterford,* ***T (051) 87 57 88****. Informations sur tout le comté.*

Urgences

Appel gratuit : **T 999**.

Le chemin du Connacht

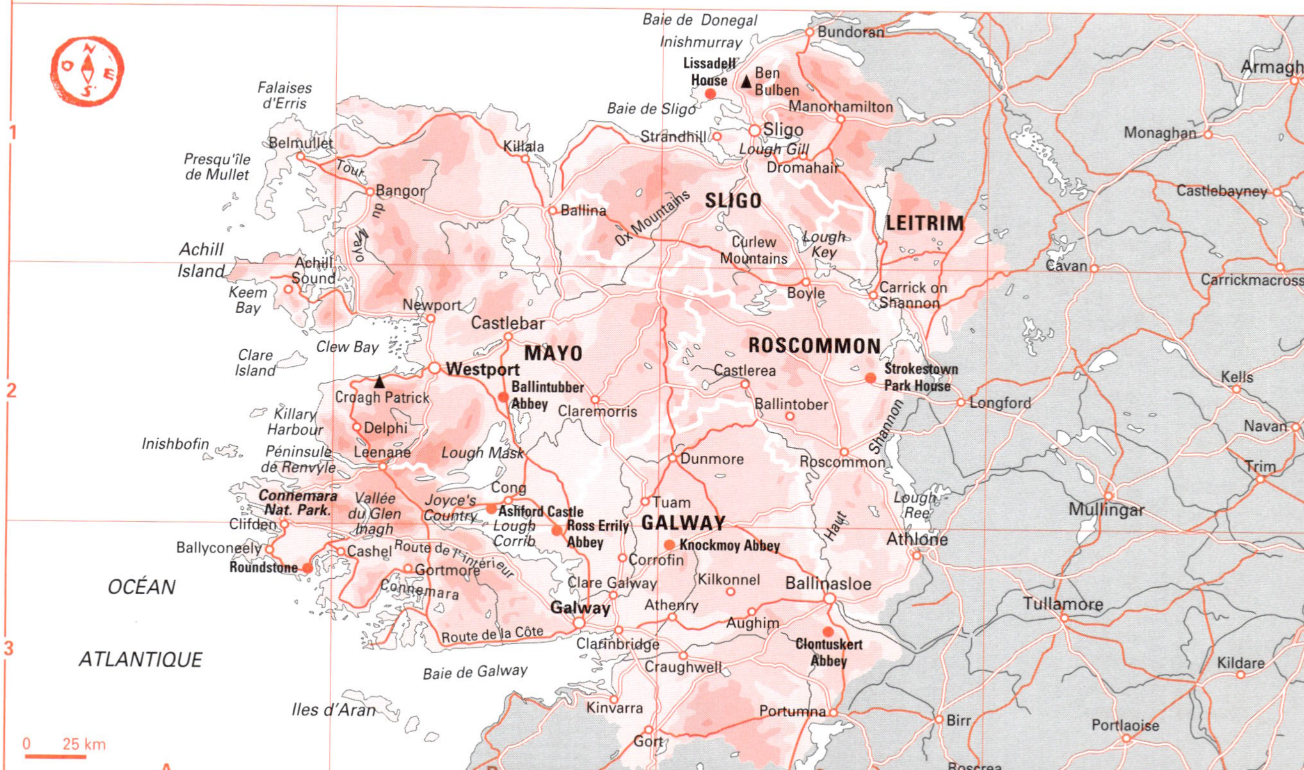

LE CHEMIN DU CONNACHT

Le terrible Oliver Cromwell, officier sanguinaire à la solde de l'Angleterre, enjoignait à tout Irlandais qui avait le malheur de se trouver sur son chemin d'aller « to hell or to Connacht », de mourir sur-le-champ ou d'aller vivre dans « ce lieu sauvage où il n'y a pas assez d'eau pour noyer un homme, pas un arbre pour le pendre, ni de terre pour l'enterrer ».
Cinq comtés composent cette province à l'ouest de l'Irlande, bordée par l'océan Atlantique d'un côté et la rivière Shannon de l'autre. Le circuit du Connacht part de Galway et du Connemara et traverse les comtés de Mayo, Sligo, Leitrim et Roscommon.

POPULATION : 60 000 hab.
DÉCOUVRIR : le théâtre en langue gaélique au Taibhdhearc, les bateaux traditionnels (les *Galway hookers*) autour du Claddagh, le pub Ti Neachtain sur Cross Street.

À FAIRE : partir en excursion aux îles d'Aran, suivre la route côtière jusqu'à Leitirlmullan, jouer au golf à Bealadangan (Connemara Isles), voir le soleil se coucher sur Galway Bay.

Galway

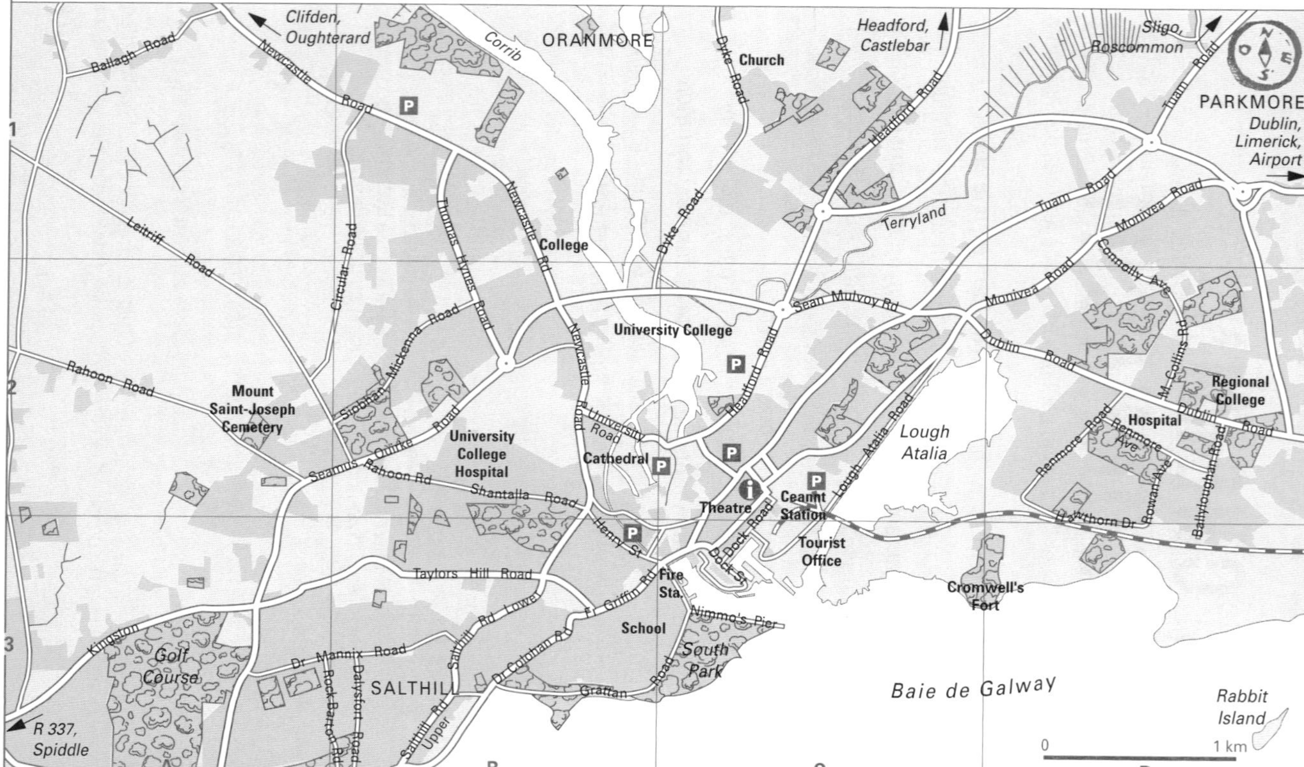

Clifden, Oughterard
ORANMORE
Corrib
Church
Headford, Castlebar
Sligo, Roscommon
PARKMORE
Dublin, Limerick, Airport
Ballagh Road
Newcastle Road
Leitriff Road
Circular Road
Thomas Hynes Road
Newcastle Rd
College
Dyke Road
Headford Road
Terryland
Tuam Road
Monivea Road
Connolly Ave
Sean Mulvoy Rd
University College
M. Collins Rd
Dublin Road
Regional College
Hospital
Rahoon Road
Mount Saint-Joseph Cemetery
Siobhan Mickenna Road
Seamus Quirke Road
University College Hospital
Seamus Rahoon Rd
Shantalla Road
University Road
Cathedral
Theatre
Ceannt Station
Lough Atalia Road
Lough Atalia
Renmore Road
Renmore Ave
Rowan Ave
Ballyloughan Road
Hawthorn Dr
Henry St
Dock Road
Dock St
Tourist Office
Cromwell's Fort
Taylors Hill Road
Lower Salthill Rd
F. Griffin Rd
Fire Sta.
Nimmo's Pier
School
South Park
Kingston
Golf Course
Dr Mannix Road
Rock Barton Rd
Dalysfort Road
SALTHILL
Dr Colohan Rd
Grattan Road
Upper Salthill Rd
R 337, Spiddle
Baie de Galway
Rabbit Island
0
1 km
1
2
3
A
B
C
D

Galway : une ville en fête

La plus grande ville du Connacht se distingue des autres agglomérations du pays. Une atmosphère de fête permanente semble faire battre le cœur de la cité, et la présence d'une grande université où l'on a la possibilité de passer ses diplômes en gaélique ne peut suffire à expliquer l'excitation continue qui anime les rues de Gaillimh.

La cité des tribus

Quatorze tribus se sont partagé ce port important durant 200 ans. La plus puissante, celle des Lynch, dont les membres ont occupé des positions élevées dans la ville de 1480 à 1650, a légué un mot redoutable à la langue anglaise : « lyncher ». C'est le maire de la ville, au XVe siècle, qui fut à l'origine de cette expression. James Lynch avait condamné son fils Walter à mort pour le meurtre d'un marin espagnol. Mais, nul à Galway ne voulant exécuter un membre de l'illustre famille, James Lynch fut le bourreau de son propre fils. La maison de la famille Lynch, Lynch's Castle, sur Shop Street, est aujourd'hui une banque. On peut voir la tombe de James Lynch dans l'église Saint-Nicolas et se rendre à l'emplacement de la potence, où une petite plaque portant une tête de mort commémore la sinistre exécution.

● *Église Saint-Nicolas.*
(Ouv. du 1er avril au 30 septembre, tlj de 9 h à 17 h 45 ; du 1er octobre au 31 mars, tlj de 9 h 30 à 16 h 30.)

Claddagh

Si Galway est une ville pas comme les autres, le quartier de Claddagh en est peut-être une des raisons. Ce village de pêcheurs jouissait de fortes particularités : les habitants de Claddagh étaient gouvernés par leur propre roi et parlaient leur langue, mélange d'espagnol et d'irlandais. Quant à leurs vêtements, ils ne ressemblaient en rien aux vêtements en usage à l'époque.
La bague de l'amitié que les femmes de Claddagh portent en alliance a fait le tour du monde avant d'arriver à Galway : le cœur couronné, comme serti de deux mains, représenté sur cet anneau existait en Italie au XVe siècle, mais ce sont les Espagnols qui l'introduisirent à Claddagh. Les hommes – pour qui le port de bijoux est exceptionnel – l'adoptèrent comme les femmes et l'arborent encore aujourd'hui.
Un rassemblement des bateaux qui partaient autrefois de Claddagh, comme les *Galway hookers* ou les *pucan*, a lieu tous les étés à Kinvarra, joli village au sud de Galway, au cours du festival de Cruinniu na mBad.

● *Renseignements : West Tourism Office, Victoria Place, Galway,* ***T (091) 56 30 81***.

Une cité artistique

C'est au moment du Festival d'art que les *Galwegians* peuvent profiter des spectacles, concerts et expositions artistiques de qualité venus chez eux des quatre coins du monde. La ville reprend alors ses allures de cité des tribus, avec l'apparition de grands chapiteaux érigés pour accueillir les différentes manifestations. L'association qui encadrait l'animation de rue du festival à ses débuts a fondé une formidable troupe de créatures fantastiques qui participe aujourd'hui à la plupart des grandes fêtes irlandaises. En 2000, Macnas fut ainsi présente au défilé de la Saint-Patrick à New York. Deux théâtres, le Taibhdhearc, qui joue en gaélique, et le Druid, proposent des pièces toute l'année.

Galway est la porte du Connemara, mais aussi la capitale de la plus importante région Gaéltacht du pays, et siège de la chaîne de télévision et de la station de radio gaélique.

● *An Taibhdhearc, Middle Street, Galway,* ***T (091) 56 024****.*

● *Druid Theatre Company, Town Hall Theatre, Courthouse Square, Galway,* ***T (091) 56 97 77****.*

Les festivals de Galway

La Galway des 14 tribus d'autrefois est aujourd'hui la ville aux 14 festivals. Au moins une fois par mois, on fête quelque chose à Galway. Le festival d'art, au mois de juillet, invite des artistes et des troupes de théâtre internationaux. Bien qu'il jouisse d'un immense succès, il ne pourra jamais dépasser en popularité le festival des courses de chevaux, au mois d'août. Fidèles aux traditions propres à Galway, les courses se transforment en fêtes gigantesques. De toute la semaine, la ville ne connaît plus le sommeil, aucun habitant ne manque à l'appel des réjouissances et personne ne trouve étrange que commerces et même cabinets de médecins soient désertés par leurs propriétaires. Même engouement pour la fête des huîtres, au mois de septembre, où huîtres et Guinness sont consommés en quantités impressionnantes.

Février : festival de jazz.

Avril : Cuirt, festival de poésie et de littérature.

Mai : The Galway Early Music Festival, festival de musique du XIIe au XVIIe siècle.

Juillet : Galway Film Fleadh, l'un des plus importants festivals de cinéma du pays.

Juillet-août : Galway Arts Festival.

Juillet (dernière semaine) : festival des courses (chevaux).

Septembre : fête des huîtres.

Octobre : Ballinasloe International Horse Fair and Festival, festival hippique.

● *Renseignements : office du tourisme,* ***T (091) 56 30 81****.*

Les îles d'Aran

Une échappée aux îles d'Aran est une garantie de dépaysement unique. Robert Flaherty y a tourné l'étonnant *L'Homme d'Aran* en 1934 et, si les années ont passé, les paysages tourmentés de ces trois îles de pierre calcaire ont peu changé. Inishmor, Inishmaan et Inisheer sont un univers immuable de pierre et d'algues au large de la baie de Galway. Les hommes d'Aran s'expriment en gaélique et plus difficilement en anglais, parlé avec un incomparable et merveilleux accent. La silhouette des hommes portant leurs barques de toile noire (*currachs*) renversées sur la tête est une des images fascinantes de ces îles : on croirait voir des insectes géants marcher sur la plage. Ce sont ces mêmes hommes qui portent les pulls irlandais célèbres dans le monde entier et qui servaient à l'origine à identifier les pêcheurs noyés, chaque famille ayant ses propres motifs. On est bien loin de la foule sur les îles d'Aran. Seuls fous de Bassan, craves à bec rouge, loutres marines, dauphins ou baleines y viennent en nombre.

La porte du Connemara

Le Connemara offre un grand choix de pistes de randonnée et une variété fascinante de paysages, lacs, sentiers côtiers, montagnes (Maamturk et Twelve Bens) et grandes étendues de tourbières, dont plusieurs sont sous la protection du parc national. Pour quitter Galway, la route côtière R336 est excitante, malgré les regrettables constructions récentes qui ont quelque peu défiguré le paysage, du moins jusqu'à Spiddle. C'est ici qu'une superbe route désolée rejoint Moycullan et la N59, qui traverse le Connemara jusqu'à Clifden (à 80 km à l'ouest de Galway). Plusieurs films, dont *L'Homme tranquille* de John Ford (1951), *L'Incroyable Évasion* de John Houston (1973), *Le Taxi mauve* d'Yves Boisset (1977) et *Le Cheval venu de la mer* de Mike Newell (1992) permettent de retrouver ces merveilleux paysages.

Dun Aengus

C'est sur la plus grande des trois îles d'Aran que l'on découvre un des sites les plus isolés et les plus spectaculaires du pays, le fort préhistorique de Dun Aengus. Au sommet d'une falaise de 90 m qui tombe à pic dans l'océan, l'édifice en demi-cercle est protégé par trois murs d'enceinte concentriques et par une terrible barrière de pierres pointues dressées à angles différents en chevaux de frise. De l'autre côté, la chute dans l'océan est vertigineuse. Le site, exposé aux quatre vents, s'étend sur 4 ha et la promenade à travers les « cailloux » est assez sportive, mais des sensations inoubliables sont au rendez-vous.

Les îles d'Aran

CLIFDEN

Les amateurs de pêche s'arrêteront à Oughterard, sur les bords de l'immense Lough Corrib. Les autres continueront vers la capitale du Connemara à Clifden, base idéale pour découvrir la région à pied ou à vélo. La grande foire de poneys du Connemara se tient chaque année au mois d'août dans cette petite ville très animée. Au nord-ouest, la pittoresque *sky road* (« route du ciel ») contourne l'océan sur 11 km.

KYLEMORE ABBEY

À environ 17 km au nord-est de Clifden, sur les bords de Kylemore Lough, un étonnant château néogothique dans un écrin de fuchsias et de rhododendrons, Kylemore Abbey, s'élève sur l'eau du Kylemore Lough. Construit en 1868 par un magnat de Manchester, Mitchell Henry, le château, dans un vaste domaine de 400 ha, abrite aujourd'hui un couvent bénédictin et une école de filles. L'église, le jardin victorien, un salon de thé et une boutique sont ouverts au public.

Kylemore Abbey. (Centre des visiteurs, abbaye, salon de thé : ouv. tlj de 9 h à 17 h 30, sauf semaine de Noël et ven. saint. Jardin : ouv. de Pâques au 30 septembre, tlj de 10 h 30 à 16 h 30. Boutique : ouv. du 1er mars au 30 novembre, tlj de 9 h à 18 h. Entrée de l'abbaye : plein tarif, 3 IR £, soit 3,81 € ; groupes, 2 IR £, soit 2,54 €. Entrée du jardin : plein tarif, 3,50 IR £, soit 4,44 € ; groupes : 2,50 IR £, soit 3,17 €. Ticket combiné : plein tarif, 6 IR £, soit 7,62 € ; groupes : 2,25 IR £, soit 2,85 €.)

CONNEMARA NATIONAL PARK

Le centre des visiteurs de Letterfrack est le point de départ pour la découverte de ce splendide parc national, qui s'étend sur 2 000 ha de landes, montagnes et tourbières. Promenades guidées et randonnées libres.

Centre des visiteurs de Letterfrack, ***T (095) 41 054****. (Ouv. du 1er avril au 30 juin, tlj de 10 h à 18 h 30 ; du 1er juillet au 31 août, tlj de 9 h 30 à 18 h 30 ; du 1er au 30 septembre, tlj de 10 h à 18 h 30.)*

Le poète des îles d'Aran

John Millington Synge, dramaturge irlandais (1871-1909) ami de Yeats, vécut régulièrement sur les îles d'Aran entre 1898 et 1902. Un livre restitue l'ambiance de ces terres préservées au début du siècle. Légendes, histoires de pêcheurs aux accents gaéliques, *Les Îles d'Aran* est le témoignage littéraire et humain d'un romancier tombé amoureux de ces îles d'un autre temps.

Comté de Mayo : terre sainte d'Irlande

Beaucoup moins fréquenté par les visiteurs étrangers que son voisin Galway, ce comté l'est beaucoup plus par les Irlandais, pèlerins et sportifs. Deux sites sacrés attirent les premiers, la montagne sacrée de Saint-Patrick, le Croagh Patrick, que l'on gravit tous les ans au mois de juillet, pieds nus de préférence, et Knock, le « Lourdes » d'Irlande, doté d'une nouvelle basilique et d'un aéroport, visité par plus de 1 million de pèlerins par an. Les amateurs de pêche et de sports nautiques filent à Foxford ou à Achill Island et la magie préchrétienne est au rendez-vous autour du plus vaste enclos de l'âge de pierre en Europe, à Céide Fields.

Cong

On peut, au choix, suivre les pas de John Wayne, « l'homme tranquille » (*the quiet man*), dans ce village de 300 habitants qui n'a pas oublié le tournage du film, en 1952, ou partir sur les traces de célébrités comme Ronald Reagan ou Woody Allen, qui ont séjourné dans le plus bel hôtel d'Irlande, Ashford Castle, partie du décor du film.

L'année des Français

L'Irlande a failli, au XVIIIe siècle, être libérée de son colonisateur anglais par une armée française. À la tête d'un millier d'hommes, le général Humbert débarqua à Kilcummin, Killala Bay, en 1798. Soutenu par les rebelles irlandais, il réussit à prendre la moitié du comté de Mayo, de Killala à Castlebar. Vaincus par les Anglais à Ballinamuck (Longford) un mois plus tard, les Français durent se rendre et les alliés irlandais furent exécutés. Une sculpture marque l'endroit où tomba le premier soldat français, près de la baie de Lackan. Malgré cette déception cruelle, les Irlandais de Mayo gardèrent un espoir de liberté et c'est dans ce comté que, des années plus tard, les paysans du domaine du capitaine Boycott firent la première grève des loyers. Hélas pour eux, l'effet le plus marquant de cette rébellion fut d'enrichir la langue anglaise du mot « boycott », qui a survécu jusqu'à nos jours.

Les spéléologues peuvent quant à eux explorer de nombreuses grottes à proximité de Cong.

● *Quiet Man Heritage Centre, Cong,* ***T (092) 46 089****. (Ouv. du 1er avril au 31 mai, tlj de 10 h à 18 h ; du 1er juin au 31 août, tlj de 9 h 30 à 20 h ; du 1er sept au 15 novembre, tlj de 10 h à 18 h. Plein tarif : 2,50 IR £, soit 3,17 € ; tarif réduit : 1 IR £, soit 1,27 €.)*

Louisburgh

« Invincible sur terre et sur mer » : la devise de la pirate Grainné O'Malley (1530-1603) est inscrite sur une pierre de l'abbaye de Clare Island, où elle est enterrée. Le centre Granuaile de Louisburgh est consacré à cette femme redoutable qui contrôla la région autour de Clew Bay, à la tête d'une flotte impressionnante qui, depuis son château sur l'île de Clare, terrorisa les marchands de Galway et d'ailleurs. Aujourd'hui, les seuls pirates qui fréquentent ces eaux sont des fantômes et les surfeurs, ravis, n'en souffrent pas.

● *Centre Granuaile, The Square, Louisburgh,* ***T (098) 66 341****. (Ouv. du 1er juin au 30 septembre, tlj de 10 h à 18 h. Plein tarif : 2 IR £, soit 2,54 € ; tarif réduit : 1 IR £, soit 1,27 €.)*

Westport

Cette jolie petite ville située à 65 km de Clifden et à 82 km au nord de Galway est une agréable étape pour explorer le comté. La montagne sacrée, Croagh Patrick, d'où saint Patrick chassa tous les serpents d'Irlande, s'élève à 765 m au sud-ouest de la ville. Les amateurs de musique irlandaise vont à Westport attirés par le pub de Matt Molloy, musicien de l'orchestre le plus célèbre d'Irlande, les Chieftains.

● *Matt Molloy Pub, Bridge Street, Westport,* ***T (098) 26 655****.*

Achill Island

La plus grande île au large d'Irlande, dont il est possible de faire le tour en un après-midi, est reliée au continent par une route. Mais il serait dommage de ne pas en profiter pour plonger, pêcher le requin, contempler les phoques ou jouir des plages sublimes qui alternent avec les falaises d'Achill.

Belmullet

Beaucoup moins fréquentée qu'Achill, la péninsule de Belmullet possède une formidable plage de sable doré. Et faire une partie de golf sur le terrain en bord de mer, avec les vaches pour seule compagnie, est une expérience inoubliable.

Ballina

La ville natale de la première femme présidente d'Irlande, Mary Robinson, est située sur la Moy, l'une des meilleures rivières de pêche au saumon d'Europe. Ballina attire aussi les pêcheurs de truite, sur les lacs Conn et Cullin, au sud de la ville. Un parcours de quinze grandes sculptures, œuvres d'artistes internationaux, suit la R314 de Ballina jusqu'à Blacksod Point.

Comté de Sligo : au pays des contes et des légendes

Terre de magie et de mystère, patrie de l'antique reine Maedbh de Connacht, entre les tourbières du Mayo et les montagnes du Donegal, Sligo est une des portes de l'Ulster. Aujourd'hui, la plus grande ville du Nord-Ouest rend surtout hommage au poète W. B. Yeats, enterré à Drumcliff au pied du plateau de Benbulben, et à son frère, le peintre Jack B. Yeats, dont les œuvres sont exposées à la Yeats Art Gallery.

Les surfeurs trouvent leur bonheur à Strandhill et à Rosses Point, dans la baie de Sligo.

À 5 km au sud-ouest de la ville, sur un site de plus de 12 km^2, les 45 tombes à couloir de Carrowmore composent un des plus vastes cimetières mégalithiques d'Europe. De nombreuses pierres ont fait l'objet de pillages fréquents. On les retrouve parfois décorant les jardins des environs.

Knocknarea

Maedbh, reine de Connacht, est enterrée debout, dressée face à ses ennemis d'Ulster, au sommet du mont Knocknarea. Sa tombe, haute

William Butler Yeats

L'un des poètes les plus connus d'Irlande, W. B. Yeats, est né à Dublin en 1865. Sa mère était originaire de Sligo et, petit garçon, il séjournait souvent avec elle dans ce pays qu'il adorait. Adulte, il revint à Sligo et son œuvre est habitée par le comté et ses légendes. Sénateur en 1922, prix Nobel de littérature en 1923, l'instigateur du renouveau de la littérature irlandaise est mort en France en 1939. Aujourd'hui, le visiteur retrouvera à Sligo et dans les environs les lieux qui inspirèrent le poète depuis son enfance : l'îlot d'Inishfree, la cascade du lac de Glencar, Lough Gill, la montagne de Benbulben et Lissadell House. Il pourra se rendre au cimetière de Drumcliff, sur la tombe où Yeats repose depuis 1948. Le Sligo County Museum abrite des souvenirs du poète et le Yeats Building est un centre consacré au Yeats International Summer School, festival annuel qui, la première quinzaine du mois d'août, réunit depuis 1956 des poètes et des amateurs de poésie du monde entier.

de 10 m et large de 55 m, inspire encore le respect chez les Irlandais, qui relatent ses exploits et donnent son prénom à leurs filles depuis près de 5 000 ans. L'ascension de cette colline magique se fait en moins d'une heure et la vue sur la baie est superbe.

Ballinafad

Situé entre le Lough Arrow et les montagnes Bricklieve, Ballinafad attire les pêcheurs et les amateurs de planche à voile. Près de Castlebaldwin, au sommet d'une colline dominant le lac, la nécropole préhistorique de Carrowkeel présente 14 tumuli circulaires avec tombes à couloir, dont quatre sont ouvertes à la visite. L'une des constructions ressemble à Newgrange, mais sa chambre funéraire est éclairée au moment du solstice d'été, tandis que celle de Newgrange l'est lors du solstice d'hiver.

- *Lissadell House, Drumcliffe,* **T (071) 63 150**. *(Ouv. du 1er avril au 31 octobre, du lun. au sam. de 10 h à 12 h 45 et de 14 h à 17 h, dim. de 11 h à 12 h 45 et de 14 h à 18 h ; du 1er novembre au 31 mars, du lun. au ven. de 10 h à 12 h 45 et de 14 h à 17 h, dim. de 14 h à 17 h ; pour les groupes, visites sur rendez-vous de 12 h 45 à 14 h. Plein tarif : 3,15 IR £, soit 4 € ; tarif réduit : 2,65 IR £, soit 3,36 € ; familles : 8,75 IR £, soit 11,11 €.)*
- *Sligo County Museum, Sligo. (Ouv. du 1er avril au 31 mai, du lun. au sam. de 10 h 30 à 12 h 30 ; du 1er juin au 30 septembre, du lun. au sam. de 10 h 30 à 12 h 30 et de 14 h 30 à 16 h 30. Entrée libre.)*
- *Yeats Building, Sligo. (Ouv. du lun. au ven. de 10 h à 17 h, sam. de 10 h à 14 h. Entrée libre.)*

Comté de Leitrim : comté des lacs paisibles

Le comté le moins peuplé d'Irlande est un paradis paisible parsemé de lacs cristallins. Le plus grand d'entre eux, le Lough Allen, coupe le comté en deux. Le parcours de grande randonnée qui traverse ce comté emprunte les chemins suivis par les anciens mineurs qui extrayaient jadis le charbon des montagnes d'Arigna, invraisemblable industrie dans ce comté désert.

Parke's Castle

Les excursions en bateau autour du Lough Gill partent du pied de ce château fortifié, à 6 km au nord de Dromahair. Édifiée au XVIIe siècle par un Anglais, Robert Parke, à l'emplacement de l'ancienne forteresse du clan des O'Rourke, seigneurs de Leitrim, la bâtisse, récemment restaurée par l'État, est ouverte au public. On peut y voir une exposition présentant le château ainsi que des sites préhistoriques de la région.

● *Parke's Castle,* ***T (071) 64 149****.*
(Ouv. du 1er avril au 31 mai, tlj de 10 h à 17 h ; du 1er juin au 30 septembre, tlj de 9 h 30 à 18 h 30 ; du 1er au 31 octobre, tlj de 10 h à 17 h. Plein tarif : 2 IR £, soit 2,54 € ; tarif réduit : 1 IR £, soit 1,27 €.)

Carrick-on-Shannon

Centre de navigation fluviale sur la rivière Shannon, la capitale du comté de Leitrim a bénéficié dernièrement de la réouverture du Shannon-Erne Waterway. Cette voie de 382 km est composée d'une suite de rivières et de lacs reliés entre eux par des canaux. La marina moderne de Carrick, point de départ des bateaux à cabine sur la Shannon, est l'endroit le plus animé de cette petite ville.

Comté de Roscommon : la porte du Connacht

Les frontières est et ouest de cette destination de pêche tranquille sont dessinées par deux cours d'eau, la Suck et la Shannon, et entourées par de nombreux lacs, dont le lac Ree, l'un des plus importants de la Shannon. Plusieurs fois par an, la ville de Roscommon s'anime à l'occasion des matchs de football gaélique qui ont lieu au stade Douglas-Hyde ou des courses de chevaux à l'hippodrome de la ville. Les ruines du plus grand château d'Irlande se trouvent ici. À 18 km au nord, sur la R368, le domaine de Strokestown abrite le musée de la Grande Famine.

Lough Key Forest Park

Parc forestier de 350 ha, avec un lac et une trentaine d'îlots boisés, à 6 km de Carrick-on-Shannon sur la N4. La maison n'existe plus depuis l'incendie qui l'a ravagée il y a 50 ans, mais les écuries, l'église ou encore l'enclos des cerfs se visitent. De nombreux circuits balisés parcourent les bois, envahis de rhododendrons au printemps, comme partout ailleurs sur le domaine de Rockingham, plus grand domaine du comté de Roscommon. L'accès à l'église se fait par bateau-bus, qui fait le trajet aux îles Trinity, où l'on découvre des ruines médiévales, et à Castle Island dotée d'une folie du XIXe siècle. Il est possible de louer des bateaux et la pêche au brochet est très prisée sur le lac.

● *Lough Key Forest Park.*
(Ouv. tlj de 10 h à 18 h. Plein tarif : 1 IR £, soit 1,27 € ; familles : 3 IR £, soit 3,81 €. Café-restaurant ouv. de 12 h 30 à 18 h, ouv. le soir en été.)
● *Bateau-bus pour les îles Trinity, à l'embarcadère de Lough Key. Renseignements : office du tourisme de Boyle,* ***T (079) 62 145****.*

Strokestown Park House et musée de la Grande Famine

La famille Pakenham Mahon habita cette belle demeure de 1600 à 1979. De ce fait, elle contient encore presque tout son mobilier d'origine. La visite de la maison, qui présente l'intimité (jouets, salle de classe, tableaux, cuisine) de la vie d'une famille de l'aristocratie anglaise, est particulièrement intéressante si on la compare aux conditions de vie infligées aux paysans irlandais dépendant du domaine à la même époque. Le musée aménagé dans les cours des écuries retrace la terrible histoire de la Grande Famine irlandaise. Plaisant jardin d'agrément clos de 2 ha.

● *Strokestown Park House et musée de la Grande Famine,* ***T (078) 33 013****.*
(Ouv. du 1er avril au 31 octobre, tlj de 11 h à 17 h 30 ; pour les groupes : toute l'année sur rendez-vous. Maison seule : 3,25 IR £, soit 4,13 € ; jardin seul : 3,25 IR £, soit 4,13 € ; billet combiné : 8,50 IR £, soit 10,80 €.)

La Grande Famine

Le musée de Strokestown est le témoin vivant de la Grande Famine de 1845-1850. Ces cinq années ont suffi à diviser par deux une population estimée à 8 millions d'individus avant le désastre. La province de Connacht fut la plus durement touchée. Conséquence de l'attaque du mildiou sur les cultures de pommes de terre, aliment de base des paysans de l'Ouest irlandais, la famine poussa 1 million de personnes à émigrer vers l'Amérique ou l'Australie à bord de bateaux « cercueils ». Malgré la décision du gouvernement anglais de ne pas secourir la population agonisante, certains propriétaires terriens firent preuve d'humanité. Mais la majorité se montra impitoyable : à Strokestown, la famille Mahon chassa 3 000 paysans incapables de payer leurs loyers. La soupe était toutefois distribuée aux paysans qui acceptaient de se convertir au protestantisme. Ils furent méprisés pendant des décennies, sous le sobriquet de « soupers ». La population du pays, 4 millions environ, n'a plus jamais regagné le chiffre d'avant la Grande Famine.

BIEN VIVRE SUR LE CHEMIN DU CONNACHT

Comté de Galway

Indicatifs téléphoniques

Clifden : **095**.
Galway : **091**.
Loughrea : **091**.
Moycullen : **091**.

Arriver

En avion
Deux vols Aer Lingus desservent l'aéroport de Carnmore, à l'est de Galway, **T (091) 75 55 69**.

En train
En train et en bus, la ville de Galway est bien desservie.
● *Gare ferroviaire, Eamonn Ceannt, Eyre Square, **T (091) 56 14 44**.*

En bus
Les bus arrivent également à la gare Eamonn Ceannt, Eyre Square, Galway.
● *Renseignements : Bus Éireann, **T (091) 56 20 00**.*

Circuler

La circulation est difficile à Galway ; il est recommandé de circuler à pied ou à vélo.

En bus pour le Connemara
● *Bus Éireann, **T (091) 56 20 00**.*
● *Connemara Tours, **T (091) 56 29 05**.*
● *Gaeltacht Tours, **T (091) 59 33 22**.*
En saison, les circuits Western Cultural and Heritage Tours partent de l'office du tourisme de Galway.
● *Renseignements : **T (091) 52 16 99**.*

En ferry pour les îles d'Aran
● *Island Ferries Galway, Victoria Place, Galway, **T (091) 56 89 03**. Renseignements sur les traversées aux îles d'Aran.*
● *O'Brien Shipping, Galway Harbour, **T (091) 56 76 76**. Ferry au départ de Galway. Dessert les îles d'Aran et propose une navette interîles.*

Location de voitures
● *Avis, Motorpark, Terryland Roundabout, Headford Road, Galway, **T (091) 56 88 86**.*
● *Budget Rent-a-Car, Eyre Square, Galway.*

Se loger

● *Brennan's Yard Hotel, Lower Merchant's Road, Galway,* ***T (091) 56 81 66****. L'un des hôtels récents de Galway, dans un ancien entrepôt restauré. (À partir de 35 IR £ par personne, soit 44,40 €.)*

● *Cashel House Hotel, Cashel,* ***T (095) 31 001****. Hébergement de qualité. Écurie de poneys du Connemara, leçons d'équitation. C'est à cette adresse que descendit le général de Gaulle lorsqu'il séjourna en Irlande en 1969.*

● *Foyle's Hotel, Clifden,* ***T (095) 21 458****. Sur la place de Clifden, hôtel géré par la famille Foyle depuis 1917. (À partir de 35 IR £ par personne, soit 44,40 €.)*

● *Jury's Galway Inn, Galway,* ***T (091) 56 64 44****. Un nouvel hôtel de qualité dans un quartier très animé. (À partir de 38 IR £ par personne, soit 48,25 €.)*

● *Spanish Arch Hotel, Quay Street, Galway,* ***T (091) 56 91 91****. Nouvel hôtel sur la rivière Corrib. (À partir de 38 IR £ par personne, soit 48,25 €.)*

● *Station House Hotel, Clifden, Connemara,* ***T (095) 21 699****. L'ancienne gare de Clifden, transformée en hôtel moderne. Prestations de qualité. (À partir de 30 IR £ par personne, soit 38,10 €.)*

Camping

● *Spiddal Caravan & Camping Park,* ***T (091) 55 33 72****. Sur la R336 entre Spiddal et Inverin.*

Se restaurer

● *Busker Browne's, Upper Cross Street, Galway,* ***T (091) 56 33 77****. Excellents fruits de mer. Ouverture tardive.*

● *Drumcoing House, Moycullen,* ***T (091) 55 51 15****. Entre Galway et Oughterard, l'un des meilleurs restaurants de la province. Cette adresse est bien connue des gourmets de Galway : il faut réserver à l'avance. (Plats : env. 20 IR £, soit 25,40 €.)*

● *McDonagh's, Quay Street, Galway,* ***T (091) 56 14 75****. Cette maison de poissonniers existait bien avant la mode de Quay Street. Excellents produits. (Ouv. du lun. au sam. de 12 h à 24 h, dim. de 12 h à 23 h ; restaurant tlj de 12 h à 23 h. Plats à emporter : env. 4 IR £, soit 5,08 €.)*

● *O'Grady's Seafood Restaurant, Market Street, Clifden, Connemara,* ***T (095) 21 450****. La meilleure adresse de Clifden. (Ouv. du lun. au sam. de 12 h 30 à 22 h. Assiette de moules à l'heure du déjeuner : env. 7 IR £, soit 8,89 €.)*

Shopping

● *Faller's of Williamsgate Street, Galway,* ***T (091) 56 12 26****. Grand choix de bagues de l'amitié.*

● *Kenny's, High Street, Galway. Formidable librairie. Éditions anciennes, expositions. (Ouv. du lun. au sam. de 9 h à 18 h.)*

● *O'Maille's, Dominic Street, Galway. La meilleure adresse de Galway pour le tweed au mètre. (Ouv. du lun. au sam. de 9 h à 18 h.)*

● *Roundstone Musical Instruments, Roundstone Village,* ***T (095) 35 875****. Fabricant de tambours irlandais, les bodhràn. (Ouv. du 1er mars au 31 août, tlj de 8 h à 19 h ; du 1er septembre au 28 février, du lun. au sam.)*

- *Standun's, Spiddal. À l'entrée du village de Spiddal. Grand choix de tricots et de textiles dans cette grande boutique Standun de père en fils. (Ouv. du 1er mars au 31 décembre, du lun. au sam. de 9 h 30 à 18 h 30.)*

Loisirs

Croisières

- *Corrib Princess, Woodquay, Galway,* ***T (091) 59 24 47****. Croisières autour du Lough Corrib.*
- *Island Ferries Galway, Victoria Place, Galway,* ***T (091) 56 89 03****. Renseignements sur les traversées aux îles d'Aran.*
- *O'Brien Shipping, Galway Harbour,* ***T (091) 56 76 76****. Ferry au départ de Galway. Dessert les îles d'Aran et propose une navette interîles.*

Sports

Golf

- *Terrains : Ardacong, Connemara Islres (Lettermore), Curra, Gort, Mountbellew (9 trous) ; Athenry, Ballinasloe, Barna, Connemara, Galway, Loughrea, Oughterard, Portumna, Tuam (18 trous).*
- *Renseignements : Golfing Ireland, 18 Parnell Square, Dublin 1,* ***T (01) 87 26 711****.*

Pêche

- *Deep River Mountain High, Middle Street, Galway,* ***T (091) 56 39 68****.*

Location de vélos

- *Celtic Cycles, Queen Street, Victoria Place, Galway,* ***T (091) 56 66 06****.*
- *Europa Cycles, Hunter Buildings, Earl's Island, Galway,* ***T (091) 56 33 55****.*
- *Mannion's, Bridge Street, Clifden,* ***T (095) 21 160****.*

Randonnées équestres

- *Connemara Coast Trails & Aile Cross Trails, Aile Cross, Loughrea,* ***T (091) 84 12 16****. Randonnées dans le Connemara et le long du littoral, cross-country, chasse au renard.*
- *Errislannan Riding Centre, Ballyconneely Road, Clifden, Connemara,* ***T (095) 21 134****. Leçons et sorties. Poneys du Connemara.*

Randonnées pédestres

- *Connemara Tourism, Letterfrack, Connemara,* ***T (095) 41 117****.*
- *Connemara Walking Centre, Island House, Market Street, Clifden, Connemara,* ***T (095) 21 379****.*
- *Connemara Walking & Cycling Centre, Dun Gibbons Inn, Clifden, Connemara,* ***T (095) 21 845****.*
- *Connemara Safaris, Sky Road, Clifden, Connemara,* ***T (095) 21 071****. Randonnées archéologiques aux îles d'Aran, Achill, Clare, Inisbofin. Découverte des montagnes du Connemara. Le tour des îles en 5 jours, à raison de 10 km par jour. La gamme d'hébergement va des gîtes aux châteaux-hôtels.*

Adresses utiles

- *Office du tourisme, Market Street, Clifden, Connemara,* ***T (095) 21 163****.*
- *Office du tourisme, Eyre Square, Victoria Place, Galway,* ***T (091) 56 30 81****.*

Urgences

Appel gratuit : **T 999**.

Comté de Mayo

Indicatifs téléphoniques

Achill Island : **098**.
Ballina : **096**.
Belmullet : **097**.
Claremorris : **094**.
Cong : **092**.
Knock : **094**.
Louisburgh : **098**.
Westport : **098**.

Arriver

En avion

● *Knock Airport, Glentavraun, Knock, **T (094) 67 222**.*

En bus

Bus Éireann propose des liaisons avec Castlebar et Westport trois fois par jour.
● *Renseignements : **T (096) 71 800**.*

Circuler

En train

● *Gare ferroviaire, Altamont Street, Westport, **T (098) 25 253**.*

En bus

● *Gare routière, Ballina Bus Station, Kevin Barry Street, Ballina, **T (096) 71 800**.*

Se loger

● *Ashford Castle, Cong, **T (092) 46 003**. Construit au XIXe siècle sur un site superbe entre la rivière Cong et Lough Corrib, c'est aujourd'hui l'un des plus beaux hôtels d'Irlande. (À partir de 100 IR £ par personne, soit 127 €.)*
● *Hotel Clew Bay, James Street, Westport, **T (098) 25 438**. (À partir de 30 IR £ par personne, soit 38,10 €.)*
● *Hotel Westport, Newport Road, Westport, **T (098) 25 122**. Centre de conférences et de loisirs, golf, piscine. (À partir de 50 IR £ par personne, soit 63,40 €.)*
● *Gray's Guest House, Dugort, Achill Island, **T (098) 43 244**. Petite maison familiale. (À partir de 30 IR £ par personne, soit 38,10 €.)*
● *Olde Railway Hotel, The Mall, Westport, **T (098) 25 166**. Ancien relais de poste à côté de l'office de tourisme. (À partir de 30 IR £ par personne, soit 38,10 €.)*
● *Western Strands Hotel, Main Street, Belmullet, **T (097) 81 096**. (À partir de 18 IR £ par personne, soit 22,86 €.)*

Campings

● *Old Head Forest Caravan & Camping Park, Louisburgh, **T (098) 66 021**. (Tarif : 8 IR £, soit 10,16 €, plus 50 pence par personne, soit 0,63 €.)*
● *Parkland Caravan & Camping Park, **T (098) 27 766**. Sur le domaine de Westport House. (Tarifs : 15 IR £ pour 1 tente et 2 personnes avec voiture ; emplacement pour cyclistes : 12 IR £, soit 15,24 €.)*
● *Seal Caves Caravan & Camping Park, Dugort, Achill Island, **T (098) 43 262**. (Tarif : 6 IR £, soit 7,62 €, plus 50 pence par personne, soit 0,63 €.)*

Se restaurer

● *Asgard Tavern, Westport Quay, Wesport. Plateaux de fruits de mer. (Plateaux : env. 9 IR £, soit 11,43 €.)*
● *Murphy Bros, Clare Street, Ballina,* **T (096) 22 702**. *Brasserie, pub.*
● *Old Bond Store, Dillon Terrace, Pearse Street, Ballina. Spécialités de saumon. (Plats : env. 8,50 IR £, soit 10,80 €.)*
● *Padden's Family Fare, Carter Square, Belmullet,* **T (097) 81 324**. *(Ouv. du mar. au dim. de 12 h à 22 h. Plats : env. 5 IR £, soit 6,34 €.)*
● *The Towers, Westport Quay, Wesport. Spécialité de moules. (Plats : env. 6 IR £, soit 7,62 €.)*
● *Western Strands Hotel, Main Street, Belmullet,* **T (097) 81 096**. *(Menu du soir : env. 15 IR £, soit 19 €.)*

Shopping

● *Blacoe Jewellers, Claremorris,* **T (094) 62 002**. *Bijoux irlandais.*

Loisirs

Site préhistorique

● *Céide Fields, à l'ouest de Ballycastle. (Ouv. du 16 mars au 31 mai, tlj de 10 h à 17 h ; du 1er juin au 30 septembre, tlj de 9 h 30 à 18 h 30 ; du 1er au 31 octobre, tlj de 10 h à 17 h ; du 1er au 30 novembre, tlj de 10 h à 16 h 30. Plein tarif : 2,50 IR £, soit 3,17 € ; tarif réduit : 1 IR £, soit 1,27 €.)*

Sports

Golf

● *Terrains : Achill Island, Ballyhaunis, Claremorris, Mulranny, Swinford (9 trous) ; Ballina, Ballinrobe, Belmullet, Castlebar, Westport (18 trous).*
● *Renseignements : Golfing Ireland, 18 Parnell Square, Dublin 1,* **T (01) 87 26 711.**

Surf

● *Renseignements : office du tourisme de Castlebar,* **T (094) 21 207**.

Pêche

● *Anthony Burke, Cashel, Achill Island,* **T (098) 47 257**. *Pêche au requin.*
● *Belmullet Sea Angling Competition, concours de pêche à la mi-juillet.* **T (097) 81 076**. *Prix en espèces pour les plus beaux flétans.*
● *Delphi Lodge,* **T (095) 42 211**. *Pêche et hébergement.*
● *Game Angling Ireland West, Tourist Office, James Street, Westport,* **T (098) 25 711**.
● *John Johnston, Dooega East, Achill Island,* **T (098) 45 743**. *Pêche au requin.*
● *North Western Regional Fisheries Board, Ardnaree House, Abbey Street, Ballina,* **T (096) 22 788**. *Renseignements pour tout le comté.*
● *Autres renseignements : Hewetson, Bridge Street, Westport,* **T (098) 26 018**.

Location de vélos

● *Belmullet Cycle Centre, American Street, Belmullet,* **T (097) 81 424**.
● *Breheny & Sons, Castlebar Street, Westport,* **T (098) 25 020**.
● *O'Malley's Island Sports, Keel, Achill Island,* **T (098) 43 125**.

Randonnées équestres

● *Ashford Equestrian Centre, Cong,* ***T (092) 46 024*** *et* ***(092) 46 507****. Poneys du Connemara et chevaux de chasse irlandais, cross-country et leçons d'équitation.*

● *Drummindoo Stud & Equitation Centre, Knockranny, Westport,* ***T (098) 25 616****. Randonnée en étapes de Clew Bay, le long du littoral de l'océan Atlantique.*

Randonnées pédestres

● *Tochar Walks, Ballintubber Abbey, Ballintubber, Claremorris,* ***T (094) 30 934****. Au départ de Ballintubber, randonnées guidées et cours de spiritualité le long du Tochar Phadraig, une route de pèlerins qui mène au sommet de Croagh Patrick, montagne sacrée d'Irlande.*

Spéléologie

● *Renseignements : office de tourisme de Cong,* ***T (092) 46 542****.*

Adresses utiles

● *Office du tourisme, Linenhall Street, Castlebar,* ***T (094) 21 207****. (Ouv. du 16 avril au 30 septembre, de 9 h 30 à 13 h et de 14 h à 17 h 30.)*

● *Office du tourisme, Abbey Street, Cong,* ***T (092) 46 542****. (Ouv. du 1er avril au 31 mai, tlj de 10 h à 18 h ; du 1er juin au 31 août, tlj de 9 h 30 à 20 h ; du 1er septembre au 15 novembre, tlj de 10 h à 18 h.)*

Urgences

Appel gratuit : **T 999**.

Comté de Sligo

Indicatifs téléphoniques

Collooney : **071**.
Enniscrone : **096**.
Grange : **071**.
Mullaghmore : **071**.
Rosses Point : **071**.
Sligo : **071**.

Arriver

En avion

● *Sligo Airport, Strandhill Road,* ***T (071) 68 280****.*

En train

● *Gare McDiarmada, Lord Edward Street, Sligo,* ***T (071) 69 888****.*

En bus

● *Gare routière, Sligo,* ***T (071) 60 066****.*

Se loger

● *Ballinacar House, Rosses Point,* ***T (071) 45 361****. Loin de la plage, loin des foules. (À partir de 38 IR £ par personne, soit 48,25 €.)*

● *Beach Hotel, The Harbour, Mullaghmore,* ***T (071) 66 103****. Sur le joli port de Mullaghmore. Restaurant et centre de remise en forme. (À partir de 25 IR £ par personne, soit 31,70 €.)*

Clarence Hotel, Wine Street, Sligo, ***T (071) 42 211****. Bien situé au centre-ville. (À partir de 30 IR £ par personne, soit 38,10 €.)*

- *Markree Castle, Collooney,* ***T (071) 67 800****. Château du XVIIe s. entouré d'un domaine boisé. Équitation sur place. (À partir de 50 IR £ par personne, soit 63,40 €.)*
- *Silver Swan Hotel, Hyde Bridge, Sligo,* ***T (071) 43 231****. Le « Cygne argenté » est un des hôtels les plus populaires de la ville. (À partir de 30 IR £ par personne, soit 38,10 €.)*
- *Yeats Country Hotel, Rosses Point,* ***T (071) 77 211****. Hôtel familial de 80 ch. (À partir de 25 IR £ par personne, soit 31,70 €.)*

Se restaurer

- *The Belfry, Thomas Street, Sligo,* ***T (071) 62 15 030****. 30 whiskeys à la carte, et repas à l'heure du déjeuner.*
- *Hargadon Bros, O'Connell Street, Sligo,* ***T (071) 70 933****. Pintes de bière au menu. Une institution à Sligo.*
- *The Loft, MJ Carr's Pub, 17-19 Lord Edward Street, Sligo,* ***T (071) 46 770****. Restaurant à l'étage. (Plats : env. 10 IR £, soit 12,70 €.)*
- *Lyon's Café, Quay Street, Sligo,* ***T (071) 42 969****. (Ouv. du lun. au sam. de 9 h à 18 h. Menu à l'heure du déjeuner : env. 5 IR £, soit 6,34 €.)*

Shopping

- *The Winding Stair, Hyde Bridge, Sligo,* ***T (071) 41 244****. Littérature irlandaise et livres d'occasion.*

Loisirs

Musée

- *Yeats Art Gallery, Sligo. (Ouv. du lun. au ven. de 10 h à 17 h, sam. de 10 h à 14 h.)*

Site préhistorique

Cimetière mégalithique de Carrowmore, à 5 km au sud-ouest de Sligo.

- *Centre des visiteurs,* ***T (071) 61 534****. (Ouv. du 1er mai au 30 septembre, tlj de 9 h 30 à 18 h 30. Plein tarif : 1,50 IR £, soit 1,90 € ; tarif réduit : 60 pence, soit 0,76 €.)*

Croisières

- *The Wild Rose Water Bus, Sligo,* ***T (071) 64 266****. Circuit Parke's Castle, Inishfree et Garavogue. Également de nuit.*

Sports

Golf

- *Terrains : Ballymote (9 trous) ; Co. Sligo, Enniscrone, Strandhill (18 trous).*
- *Renseignements : Golfing Ireland, 18 Parnell Square, Dublin 1,* ***T (01) 87 26 711****.*

Planche à voile

- *Renseignements : office du tourisme de Sligo,* ***T (071) 61 201****.*

Surf

- *Irish Surfing Association. Renseignements : Zoe Lally,* ***T (096) 49 428****.*

Pêche

- *Alainn Tours, 12 Stephen Street, Sligo,* ***T (071) 44 536****.*
- *Autres renseignements : office du tourisme de Sligo,* ***T (071) 61 201****.*

Location de vélos

- *Harbour House, Finisklin Road, Sligo,* ***T (071) 71 547****.*

● *West Coast Cycles, Enniscrone,* ***T (096) 36 593****.*

Randonnées équestres
● *Horse Holiday Farm, Grange,* ***T (071) 66 152****. Séjours pour cavaliers chevronnés au pied de Benbulben.*

Adresse utile

● *Office du tourisme, Temple Street, Sligo,* ***T (071) 61 201****.*

Urgences

Appel gratuit : **T 999**.

Comté de Leitrim

Indicatifs téléphoniques

Ballinamore : **078**.
Carrick-on-Shannon : **078**.
Mohill : **078**.

Arriver

En train
● *Gare ferroviaire, Station Road, Carrick-on-Shannon,* ***T (078) 20 036****.*

En bus
● *Bus Éireann. Renseignements :* ***T (071) 60 066****.*
À Carrick-on-Shannon, l'arrêt se trouve près du pont devant la pâtisserie.

Se loger

● *Bush Hotel, Carrick-on-Shannon,* ***T (078) 20 114****. Au centre-ville. (À partir de 30 IR £ par personne, soit 38,10 €.)*
● *Riverdale Farm Guesthouse, Ballinamore,* ***T (078) 44 122****. Belle maison avec salle de jeux et piscine chauffée. (À partir de 25 IR £ par personne, soit 31,70 €.)*
● *Glebe House, Ballinamore Road, Mohill,* ***T (078) 31 086****. Ancien presbytère au calme entouré d'un domaine boisé. (À partir de 30 IR £ par personne, soit 38,10 €.)*

Se restaurer

● *The Anchorage, Bridge Street, Carrick-on-Shannon,* ***T (078) 20 416****.*
● *Mariner's Reach, Bridge Street, Carrick-on-Shannon. (Plat du jour : env. 4 IR £, soit 5,08 €.)*

Loisirs

Minicroisières
● *Moon River Cruises, The Marina, Carrick-on-Shannon,* ***T (078) 21 777****. (Minicroisière : 5 IR £, soit 6,34 €.)*

Sports

Golf
Ballinamore, Carrick-on-Shannon (9 trous).
● *Renseignements : Golfing Ireland, 18 Parnell Square, Dublin 1,* ***T (01) 87 26 711****.*

Location de bateaux
Emerald Star Ltd., The Marina, Carrick-on-Shannon, ***T (078) 20 234****.*

- *Michael Lynch, The Marina, Carrick-on-Shannon,* ***T (078) 20 034****.*
- *Riversdale Barge Holiday, Ballinamore,* ***T (078) 44 122****.*

Pêche

- *The Angling & Tourism Association, Carrick-on-Shannon,* ***T (078) 20 489****. Location de matériel, hébergement.*

Randonnées pédestres

- *Renseignements : Leitrim County Council, Governer House, Carrick-on-Shannon,* ***T (078) 20 005****.*

Adresses utiles

- *Leitrim County Council, Governer House, Carrick-on-Shannon,* ***T (078) 20 005****.*
- *Office du tourisme, West Quay, Marina, Carrick-on-Shannon,* ***T (078) 20 170****.*

Urgences

Appel gratuit : **T 999**.

Comté de Roscommon

Indicatifs téléphoniques

Boyle : **079**.
Roscommon : **0903**.
Strokestown : **078**.

Se loger

- *Abbey Hotel, Abbeytown, Roscommon,* ***T (0903) 26 250****. Cadre agréable, bon restaurant. (À partir de 45 IR £ par personne, soit 57,15 €.)*
- *Forest Park Hotel, Dublin Road, Boyle,* ***T (079) 62 229****. Hôtel avec bar et restaurant à 1 km de Boyle. (À partir de 40 IR £ par personne, soit 50,80 €.)*
- *Gleeson's, Main Street, Roscommon,* ***T (0903) 26 954****. Bed & breakfast avec salon de thé et restaurant.*
- *Percy French Hotel, Main Street, Strokestown,* ***T (078) 33 300****. (À partir de 30 IR £ par personne, soit 38,10 €.)*
- *Royal Hotel, Castle Street, Roscommon,* ***T (0903) 26 317****. Hôtel familial près du centre. (À partir de 25 IR £ par personne, soit 31,70 €.)*

Campings

- *Gailey Bay Caravan & Camping Park, Knockcroghery,* ***T (0903) 61 058****. (Tarif : 5 IR £ par tente, soit 6,34 €, plus 1 IR £ par personne, soit 1,27 €.)*
- *Lough Key Forest Caravan & Camping Park, Carrick Road, Boyle,* ***T (079) 62 212****. (Tarif : 9 IR £ par famille, soit 11,43 €, ou 3,50 IR £ par personne, soit 4,44 €.)*

Se restaurer

- *Gleeson's, Main Street, Roscommon,* ***T (0903) 26 954****.*

Salon de thé, restaurant et bed & breakfast.

- *Harlow's, Main Street, Roscommon. Dans une ancienne droguerie devenue pub.*
- *Tatler's, Main Street, Roscommon. Ambiance agréable dans un ancien pub devenu restaurant.*
- *Una Bhan Restaurant, King House, Boyle, **T (079) 63 033**. (Ouv. tlj de 9 h 30 à 18 h 30. Salades composées au saumon : env. 4 IR £, soit 5,08 €.)*

Sports et loisirs

Golf

- *Terrains : Ballaghaderreen, Boyle, Castlerea, Strokestown (9 trous) ; Athlone, Roscommon (18 trous).*
- *Renseignements : Golfing Ireland, 18 Parnell Square, Dublin 1, **T (01) 87 26 711.***

Location de bateaux

- *Tara Cruisers, The Moorings, Marina Village, Lough Key, **T (079) 67 777**.*
- *Shannon Erne Waterway Holiday's, Cootehall, Boyle, **T (079) 67 028**.*

Pêche

- *Renseignements : office du tourisme de Boyle, **T (079) 62 145**.*
- *Renseignements pour tout le comté : Central Fisheries Board, Mobhi Boreen, Glasnevin, Dublin 9, **T (01) 83 79 206**.*
- *Una Bhan Tourism Cooperative, Boyle, **T (079) 63 033**. Cette coopérative propose également des randonnées à cheval et à vélo.*

Randonnées cyclistes

- *Una Bhan Tourism Cooperative, Boyle, **T (079) 63 033**. Autres activités proposées : sorties à cheval et pêche.*

Randonnées équestres

- *Una Bhan Tourism Cooperative, Boyle, **T (079) 63 033**. Sorties à cheval de 1 semaine, mais aussi cyclisme et pêche.*

Randonnées pédestres

- *The Suck Valley Way, chemin de randonnée de 75 km au départ de Ballygar, Creggs, Glinsk, Ballymoe, Castlerea, Ballintubber, Donamon ou Castlecoote (étapes libres, la plus longue, Ballintubber-Castlecoote, étant de 20 km). Renseignements : Secretary, Suck Valley Tourism Group, Athleague, **T (0903) 63 602**.*

Adresses utiles

- *Office du tourisme, King House, Main Street, Boyle, **T (079) 62 145**. (Ouv. du 1er avril au 30 septembre, du lun. au ven. de 10 h à 17 h.)*
- *Office du tourisme, Market Square, Roscommon, **T (0903) 26 342**.*

Urgences

Appel gratuit : **T 999**.

Le chemin de l'Ulster

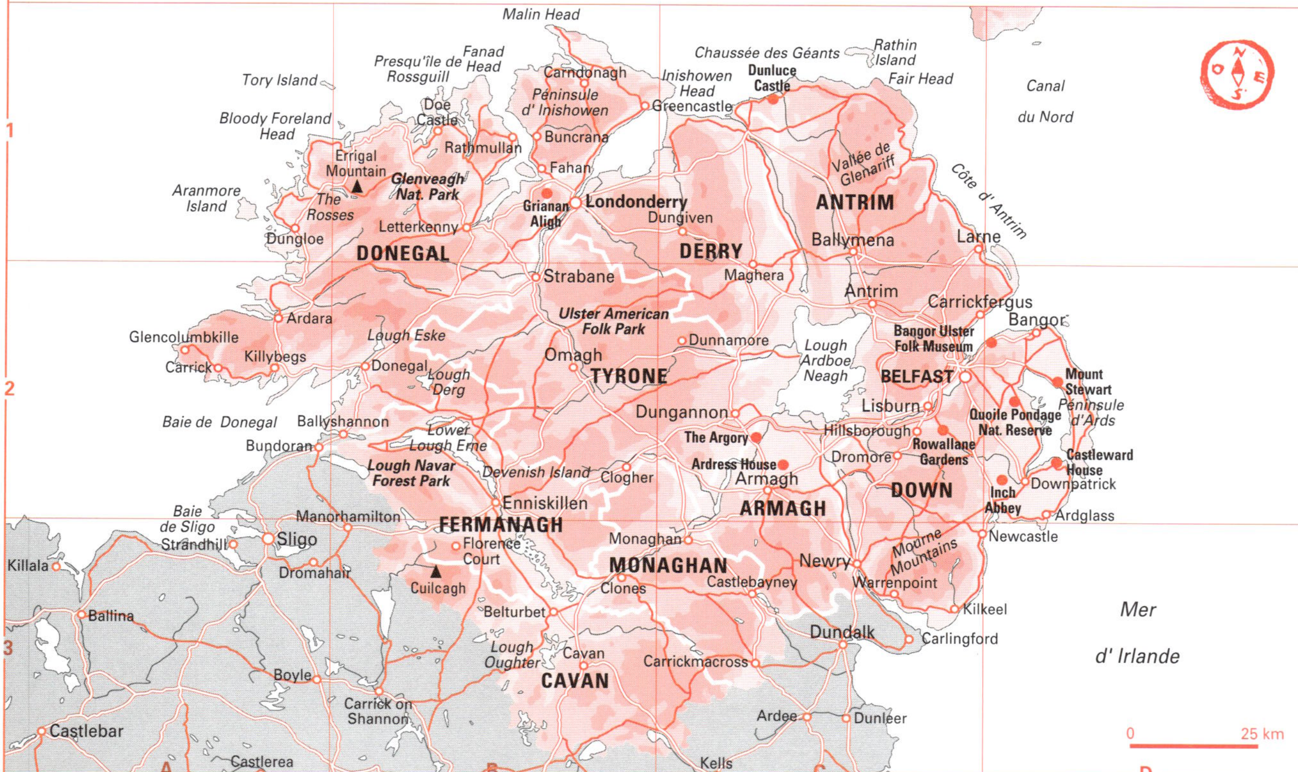

LE CHEMIN DE L'ULSTER

Située à l'extrémité nord de l'Irlande, la province d'Ulster est composée de neuf comtés, dont six – Antrim, Armagh, Down, Fermanagh, Derry et Tyrone – font partie de l'Irlande du Nord depuis 1920, année de la partition de l'île. Les comtés de Cavan, Donegal et Monaghan restent rattachés à la République. L'histoire de la main rouge qui décore le blason d'Ulster ressemble déjà à un présage pour les années sanglantes qui ont suivi : le destin de la province se joua lors d'une course en mer entre l'Écosse et l'Irlande. Le premier à toucher la terre d'Ulster en deviendrait le seigneur. Près de l'arrivée, Red Hugh O'Neill, membre de la plus grande famille d'Ulster, n'hésita pas à se trancher la main et à la jeter sur la berge pour s'assurer la victoire. La « main rouge » est restée le symbole de l'Ulster jusqu'à ce jour.

POPULATION : 330 000 hab.
LES PLUS BEAUX SITES : la bibliothèque du Linen Hall, l'université de Queens, les serres du jardin botanique, l'hôtel de ville, le Waterfront Hall, le Grand Opera House.
DURÉE DU SÉJOUR : il faudrait consacrer 2 jours à la découverte de Belfast.
CIRCULER : le centre-ville est piétonnier. Visiter la ville en bus ou en *minicab* (taxi), moins cher que les *black cabs*.
À FAIRE : suivre le circuit pédestre (le Laganside Trail) qui passe par le chantier naval Harland & Wolff et le front de mer, boire un verre au Crown Liquor Saloon, prendre un taxi pour voir les peintures murales politiques à l'ouest de Belfast, grimper jusqu'à Cave Hill (360 m) pour jouir de la vue panoramique sur la ville.

Belfast et ses environs

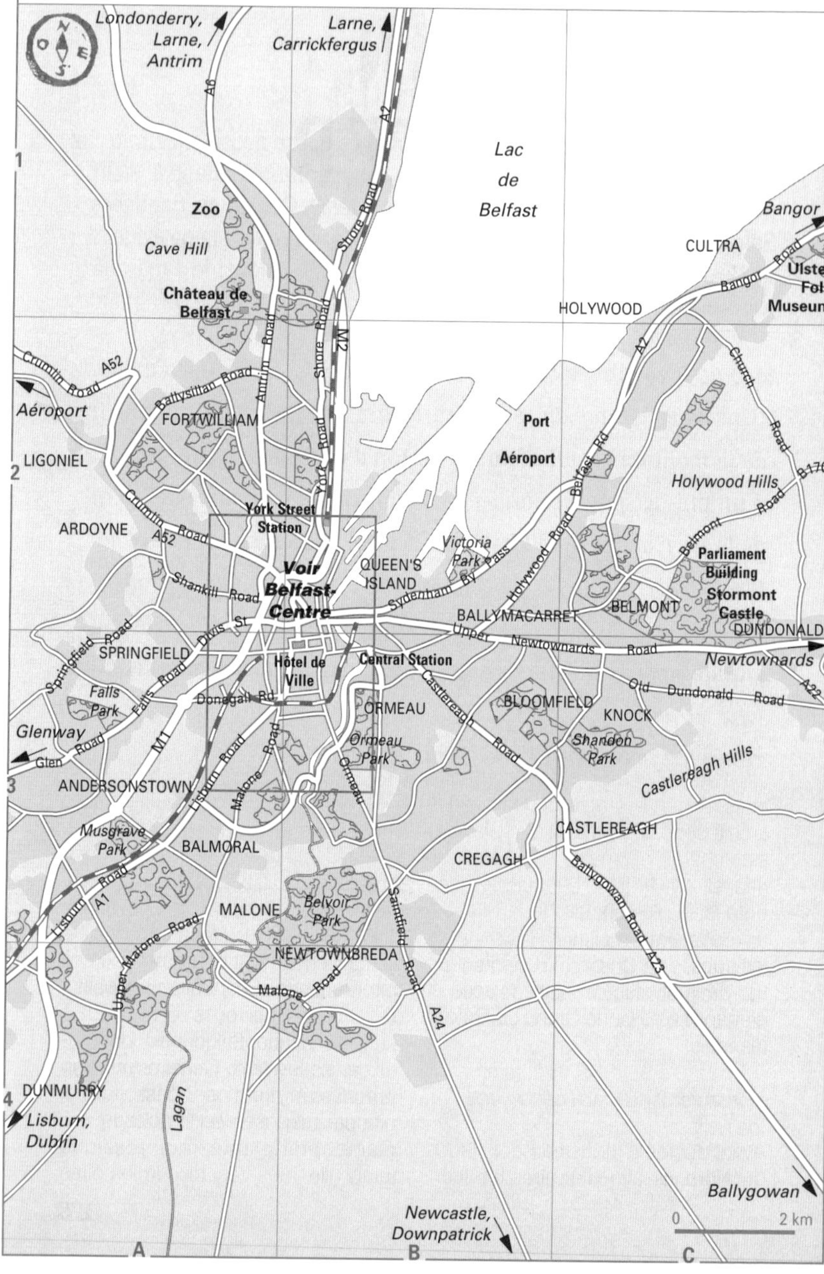

Belfast à l'ombre de Samson et Goliath

Les deux géantes jaunes aux noms bibliques qui se dessinent sur le ciel de Belfast marquent l'emplacement du chantier naval Harland & Wolff, berceau du tristement célèbre paquebot *Titanic*. Ces grues, baptisées Samson et Goliath par les habitants de la ville, marquent le paysage de Béal Feirste, nom irlandais de Belfast, comme l'industrie a marqué le développement de la seule cité véritablement industrielle de l'Irlande.

Une cité renaissante

L'espoir de paix et de renouveau est aujourd'hui palpable à Belfast. Dans cette ville, capitale de l'Irlande du Nord, qui a gardé la force de se relever après tant d'années de conflits et trop d'années de haine, le futur s'annonce positif. Les grands chantiers ont repris et, comme chez les voisins de Londres et de Dublin, c'est dans le quartier du port que ce développement est le plus spectaculaire.
Situé au bord de l'eau, l'immense Waterfront Hall, salle de concert capable d'accueillir 2 000 spectateurs, est un exemple de la nouvelle architecture. Partout ailleurs, la ville est riche en bâtiments de style victorien et edwardien. Le quartier des Entries, le plus ancien de la ville, est un dédale de ruelles où foisonnent les pubs, dont un de 1630, et le quartier de l'université, mêlant vivacité et élégance, est une sorte d'Oxford irlandais.

Colonisation

Ayant décidé d'industrialiser l'Irlande du Nord, et afin d'évincer les Irlandais restés sur place après l'exil de la noblesse irlandaise vers l'Europe (1607), l'Angleterre organise une « implantation » massive de colons écossais et anglais. Le roi Jacques Ier cède d'importantes propriétés aux corporations londoniennes des drapiers et des tanneurs, et à l'arrivée des tisserands huguenots, après la révocation de l'édit de Nantes, l'industrie textile se développe – surtout le lin, suivi, vers 1800, de la filature du coton.

Une cité florissante

C'est au XIXe siècle que Belfast entre dans l'ère industrielle. Grâce aux industries du textile et de l'imprimerie et, à partir de 1859, à l'installation du plus important chantier naval de Grande-Bretagne (Harland & Wolff), elle devient en outre une grande cité commerçante. Sa population passe de 8 500 habitants en 1750 à 230 000 habitants un peu plus de 100 ans plus tard. Cette population compte un tiers de catholiques, minorité méprisée par la classe dirigeante protestante, qui applique autant de mesures discriminatoires

Belfast centre

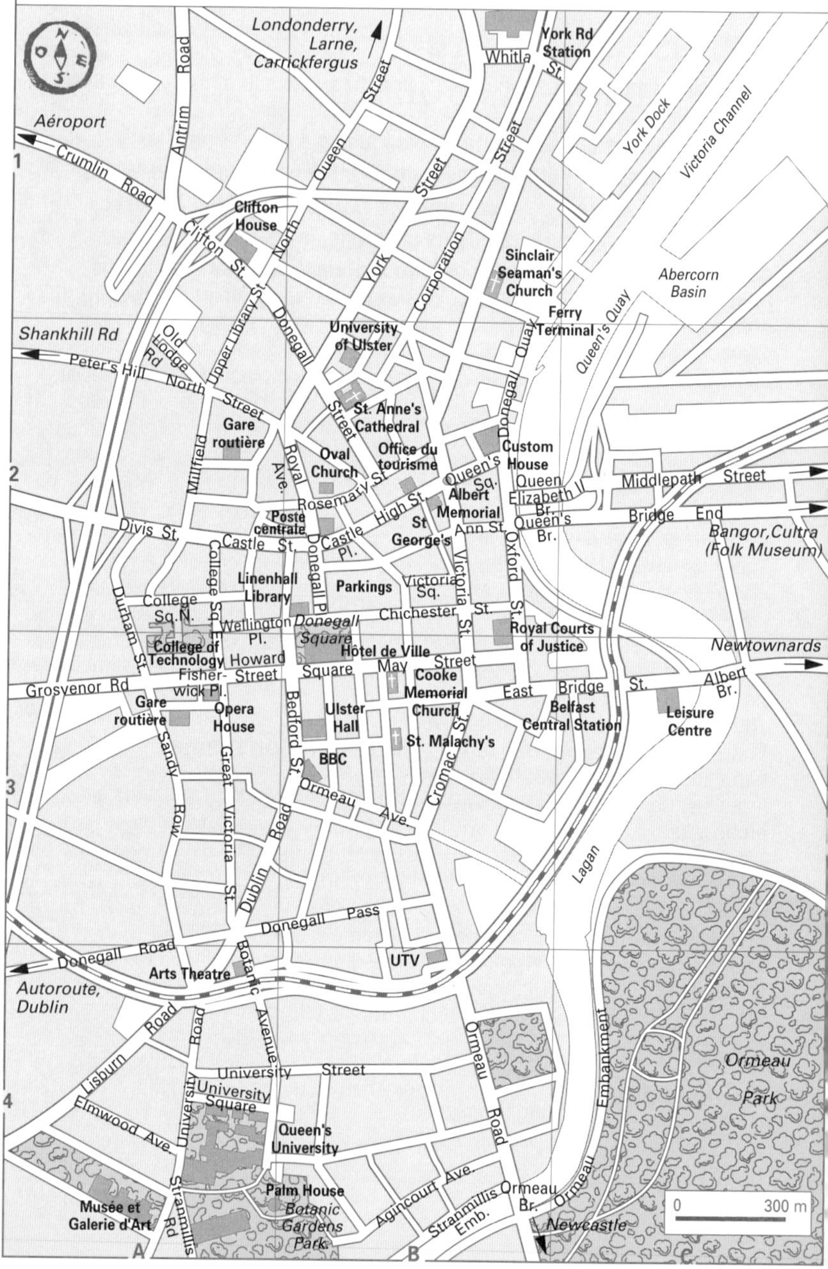

pour les exclure. L'antagonisme entre les deux camps ne peut que s'aggraver et la prospérité est définitivement réservée aux protestants, fidèles à la couronne d'Angleterre.

La découverte de Belfast

Le City Hall victorien (hôtel de ville), sur la grande place de Donegall Square, au centre de Belfast, est un bon point de départ pour une promenade à la découverte de la ville. Les visites guidées de cette bâtisse somptueuse, symbole de la cité au temps de sa prospérité industrielle, sont gratuites et la belle pelouse n'est pas interdite.

● *City Hall*, ***T (028) 90 32 02 02****.*
(Visites gratuites du lun. au ven. à 10 h 30, 11 h 30 et 14 h 30, sam. à 14 h 30.)

La remarquable bibliothèque du Linen Hall est une mine pour le visiteur avide d'informations sur la politique irlandaise, le théâtre ou l'histoire de l'imprimerie à Belfast. La section consacrée à la politique

L'art mural

La tradition des murs peints à Belfast remonte loin. En 1908 déjà, les protestants avaient marqué leur territoire avec un portrait du roi Guillaume d'Orange sur son cheval blanc, victorieux à la bataille de la Boyne, en1690. Victoire encore fêtée bruyamment par les orangistes, chaque année, le 12 juillet. Tout au long de Shankill Road et de Donegall Road, les peintures murales des loyalistes protestants reprennent des symboles forts – que les catholiques trouvent provocants – comme l'Union Jack (drapeau anglais) ou le roi d'Orange, mais aussi la main rouge d'Ulster et des hommes masqués armés de mitraillettes. Les catholiques ont commencé à s'exprimer sur les murs vers 1981, année des grèves de la faim et du décès de dix prisonniers républicains qui réclamaient le statut de prisonniers politiques. Par la suite, aux revendications politiques se sont ajoutés des thèmes historiques, comme la Grande Famine, et de la mythologie celte, portant des slogans en gaélique. Ici, les trottoirs sont peints en vert, blanc, orange, couleurs du drapeau tricolore irlandais, tandis que ceux des quartiers protestants arborent le bleu, blanc, rouge du drapeau anglais. Les taxis noirs font régulièrement des circuits autour des fresques politiques de West Belfast. Les taxis « catholiques », à disque vert, partent de Castle Street pour aller à Andersonstown ou Falls Road, et les taxis « protestants », à disque orange, partent de North Street pour visiter Shankill.

● *Jet Taxi*, ***T (028) 90 32 32 78****.*
(Tarif : env. 50 £ pour 6 personnes, soit 83,50 €.)

de la région compte plus de 130 000 ouvrages, soit plus de la moitié des livres de la bibliothèque. On s'accorde une petite pause au café, avec tous les quotidiens à consulter sur place.

● *Bibliothèque de Linen Hall,*
17 Donegall Square North,
***T (028) 90 32 17 07**.*
(Ouv. lun., mar. mer. et ven. de 9 h 30 à 17 h 30, jeu. de 9 h 30 à 20 h 30, sam. de 9 h 30 à 16 h. Entrée libre.)

Le port de Belfast, à 5 mn à pied de la place centrale, peut aussi se contempler du haut de l'Albert Memorial Clocktower, tour légèrement penchée, ou du Lagan Weir Lookout, poste d'observation du barrage sur la Lagan.

● *Lagan Weir Lookout.*
(Ouv. du 1er mars au 30 septembre, du lun. au ven. de 11 h à 17 h, sam. de 12 h à 17 h, dim. de 14 h à 17 h ; du 1er octobre au 28 février, du mar. au ven. de 11 h à 15 h 30, sam. de 13 h à 16 h 30, dim. de 14 h à 16 h 30. Plein tarif : 1,50 £, soit 2,50 € ; tarif réduit : 1 £, soit 1,67 €.)

Pour déjeuner dans une ambiance conviviale, The Entries, un dédale de ruelles étroites dans le quartier commerçant, au nord de Donegall Square, entre Ann Street et High Street, cache les meilleurs pubs de la ville – le Morning Star, Joy's Entry – et le plus ancien – White's Tavern, fondé en 1630.

Le Golden Mile

Quelques trésors victoriens sont situés dans cette partie de Great Victoria Street, à l'ouest de Donegall Square. Souvent cibles d'attentats, ces monuments ont pourtant résisté et deux engins explosifs n'ont pu venir à bout du splendide Grand Opera House. Le prestigieux hôtel Europa, tout près, a subi plus d'une trentaine d'explosions. Dans ces conditions, il est presque miraculeux que le plus beau pub de la ville tienne encore debout. Le Crown Liquor Saloon, construit en 1885, est le seul pub classé monument historique par le National Trust, qui l'a acheté. La façade extérieure donne un avant-goût du fabuleux décor de l'intérieur, avec éclairage au gaz, bois sculpté, vitraux, marbre et mosaïques. Difficile de trouver une place assise dans cet établissement très couru. Quand on a pu l'obtenir, nul n'a envie de céder sa place dans un *snug*, box fermé pour 2 à 10 personnes où l'on presse une sonnette pour renouveler sa commande au bar.

Le quartier de l'université

University Road mène à la prestigieuse université de Queen's, à 1 km au sud de Donegall Square. Construit en 1849, sur le même plan que Magdalen College à Oxford, ce bâtiment de brique rouge accueille près de 10 000 étudiants. Autour de l'université, les rues paisibles sont animées par de nombreux petits cafés.

● *Centre des visiteurs de l'université de Queen's, Lanyon Room, entrée principale, **T (028) 90 33 52 52**.*
(Ouv. du lun. au ven. de 10 h à 16 h.)

Au pied de l'université, les serres des jardins botaniques sont d'extraordinaires exemples d'architecture de jardin victorienne en verre et fer forgé. Tout comme l'immense Palm House (maison des palmiers) et le Tropical Ravine, d'où un balcon surplombe les fougères, orchidées et autres plantes exotiques.

● *Serres des jardins botaniques.*
(Ouv. tlj de 8 h à la tombée de la nuit. Entrée libre.)

● *Palm House et Tropical Ravine.*
(Ouv. du lun. au ven. de 10 h à 12 h et de 13 h à 17 h, sam. et dim. de 13 h à 17 h. Entrée libre.)

Le grand musée de l'Ulster, situé dans le jardin botanique, est consacré à l'art et à l'histoire de la province, mais aussi à la botanique et à l'archéologie, avec notamment une importante collection datant de l'âge du bronze. C'est dans cette section archéologique qu'est conservé le trésor du musée : les bijoux retrouvés dans les épaves de trois vaisseaux de l'Armada espagnole qui firent naufrage au large des côtes irlandaises en 1588, le *Girona*, le *Trinidad Valencera* et le *Santa Maria de la Rosa*. Le café du musée a vue sur les jardins botaniques.

● *The Ulster Museum, Stranmillis Road,* ***T (028) 90 38 30 00****.*
(Ouv. du lun. au ven. de 10 h à 17 h, sam. de 13 h à 17 h, dim. de 14 h à 17 h. Entrée libre.)

Les environs de Belfast

LA COLLINE DE CAVE HILL

Au nord de la ville, la colline de Cave Hill offre les meilleures vues sur Belfast et les environs. Par beau temps, l'Écosse se profile à l'horizon. Entourée d'un parc de 300 ha qui abrite le passionnant zoo et le château de

Les banques

Il est possible de joindre le plaisir des yeux à l'utile en allant dans une banque à Belfast. Deux des plus beaux bâtiments de la ville sont en effet des banques et l'intérieur de l'Ulster Bank, située Waring Street, a tout d'un palais somptueux. Ce bâtiment grandiose (1860) et ses statues représentant Britannia, la Justice et le Commerce ont résisté aux bombardements de la Seconde Guerre mondiale qui n'ont pas épargné une grande partie des habitants du quartier. Dans la même rue, la Belfast Bank occupe le plus ancien bâtiment public de la ville, l'ancienne halle, qui accueillit le Festival de harpe de Belfast en 1792 et fut plusieurs fois remaniée. L'actuel édifice est l'œuvre de l'architecte Charles Lanyon. Pour un rendez-vous avec le style art déco, le Bank of Ireland Building, construit en 1920 au carrefour de North Street et de Royal Avenue, est un élégant exemple de cette architecture.

● *Ulster Bank, Belfast Bank, Bank of Ireland.*
(Ouv. du lun. au ven. de 9 h à 16 h 30.)

Belfast, Cave Hill arbore aussi plusieurs *rath*, ou forts néolithiques, comme le fort de McArt. La visite du zoo, aménagé en fonction de la dénivellation naturelle du site, est assez sportive.

● *Zoo,* ***T (028) 90 77 62 77****.*
(Ouv. du 1er avril au 30 septembre, tlj de 10 h à 18 h ; du 1er octobre au 31 mars, tlj de 10 h à 15 h 30. Plein tarif : 5 £, soit 8,35 € ; tarif réduit : 2,60 £, soit 4,34 €.)

● *Château de Belfast,* ***T (028) 90 77 69 25****.*
(Ouv. tlj de 9 h à 18 h. Entrée libre.)

● *Fort de McArt, Cave Hill Country Park,* ***T (028) 90 77 69 25****. (Entrée libre.)*

STORMONT

À l'est de Belfast, le siège de la nouvelle assemblée d'Irlande du Nord se découvre uniquement de l'extérieur, mais les jardins du parc boisé de 120 ha qui entoure ce grand bâtiment classique permettent d'agréables promenades.

LAGAN VALLEY REGIONAL PARK

Seize kilomètres de sentiers suivent la rivière qui traverse Belfast jusqu'à Lisburn. Le jardin fleuri du domaine de Malone House est traversé par les chemins de randonnée du Lagan Towpath et le manoir de style georgien abrite une galerie d'art et un bon restaurant.

● *Malone House,* ***T (028) 90 68 12 46****.*
(Ouv. du lun. au sam. de 9 h 30 à 17 h 30.)

SIR THOMAS & LADY DIXON PARK

Non loin de là, le parc de Sir Thomas et Lady Dixon est peut-être le plus inattendu de Belfast. Ouvert en 1836, c'est l'enivrant jardin de toutes les roses. Pas moins de 20 000 variétés de rosiers peuvent être admirées ici, parmi lesquelles des roses de Chine arrivées là à la fin du XVIIIe siècle, ancêtres des roses anglaises d'aujourd'hui.

● *Sir Thomas & Lady Dixon Park, Upper Malone Road. Renseignements : Belfast Parks Department,* ***T (028) 90 32 02 02****.*
(Accès libre tlj du matin à la tombée de la nuit.)

GIANTS RING

Au nord de Malone House, près de Shaw's Bridge, se trouve le mystérieux Giants Ring (« l'anneau des géants »), un cercle de terre préhistorique comprenant, en son centre, un dolmen de 200 m de diamètre.

De la Chaussée des Géants aux gorges d'Antrim

Belfast est le point de départ de la découverte d'un des sites naturels les plus étonnants du monde, la Chaussée des Géants. Remarquable aussi, le chemin de la Chaussée, qui offre encore d'autres merveilles de la nature, à la beauté sauvage et romantique. Sur l'A2 qui suit la côte des comtés d'Antrim et de Derry jusqu'à la ville de Derry, à 116 km de Belfast, neuf vallons encaissés entre Larne et Ballycastle, que l'on appelle les Glens, ou gorges d'Antrim, descendent, majestueusement drapés de verdure, vers la mer. La route côtière est spectaculaire et les petits villages comme Glenarm, Glencoy, Carnlough ont tous un charme particulier. Glenariff, qui détient le titre de « reine des Glens », attire le plus de visiteurs avec, à proximité, ses cascades et son parc forestier de 800 ha.

Le comté d'Antrim

CARRICKFERGUS

À l'entrée de Belfast Lough, à 15 km de la ville, le château de Carrickfergus se dresse fièrement depuis 1180. Cette place forte de 28 m de hauteur, d'où l'on défendait la côte irlandaise, fut la capitale de la région bien longtemps avant Belfast. Aujourd'hui, Carrickfergus est le centre de festivals, banquets médiévaux et régates. Un musée Andrew-Jackson, du nom du 7e président des États-Unis, est consacré à l'histoire de la famille de ce natif de Carrickfergus, ainsi qu'aux premiers *rangers* américains qui s'entraînèrent à Carrickfergus pendant la Seconde Guerre mondiale.

● *Château de Carrickfergus,* ***T (028) 93 35 12 73****. (Ouv. du 1er avril au 30 septembre, tlj de 10 h à 18 h ; du 1er octobre au 31 mars, du lun. au sam. de 10 h à 16 h, dim. de 10 h à 14 h. Plein tarif : 2,70 £, soit 4,51 € ; tarif réduit : 1,35 £, soit 2,25 €.)*

● *Musée Andrew-Jackson,* ***T (028) 93 36 64 55****. (Ouv. du 1er avril au 31 mai, du lun. au ven. de 10 h à 13 h et de 14 h à 16 h, sam. et dim. de 14 h à 18 h ; du 1er juin au 30 septembre, du lun. au ven. de 10 h à 13 h et de 14 h à 18 h, sam. et dim. de 14 h à 18 h. Plein tarif : 1,50 £, soit 2,50 € ; tarif réduit : 75 pence, soit 1,25 €.)*

CUSHENDALL

D'ici, « capitale » des Glens, la côte écossaise se dévoile par beau temps. Les maisons colorées du village de Cushendall sont dominées par une tour rouge, Curfew Tower, où l'on enfermait les bandits des environs. À 1,5 km au nord du village, le site de l'église et le cimetière de Layde offrent de splendides promenades sur les falaises, avec panorama sur la mer. A 3 km à l'ouest de l'église, la tombe d'Ossian est un site mégalithique important. De Cushendall vers l'intérieur des terres, la B14 mène au parc national de Glenariff et au point de départ du Moyle Way, chemin de randonnée de 32 km se terminant à Ballycastle.

● *Curfew Tower. Renseignements : office du tourisme de Cushendall,*
T (028) 21 77 11 80*.*

● *Parc national de Glenariff,*
T (028) 21 75 87 69*.*
(Voitures : 2,50 £, soit 4,17 € ; motos : 1,50 £, soit 2,50 € ; piétons plein tarif : 1 £, soit 1,67 € ; piétons tarif réduit : 50 pence, soit 0,83 €.)

BALLYCASTLE

C'est ici, où l'océan Atlantique rencontre la mer d'Irlande, que Guglielmo Marconi réalisa la première transmission par télégraphe sans fil, en 1898, entre Ballycastle et l'île de Rathlin. Un monument est dédié à cet ingénieur italien dont la mère était irlandaise. Tous les jours, des bateaux se rendent au sanctuaire des oiseaux sur l'île, dont on aperçoit les falaises blanches de l'autre côté du détroit. Ballycastle, qui n'a plus de château, mais une plage de sable et un joli port particulièrement animé en fin de semaine, accueille une fois par an, à la fin du mois d'août, la plus ancienne foire du pays, Ould Lammas Fair.

● *Ferry pour l'île de Rathlin,*
T (028) 20 76 92 99*.*
(Service suivant les conditions météo. Tarif : 8 £ aller et retour, soit 13,36 €.)

CARRICK-A-REDE

À l'est de Ballintoy, pour le temps d'une photo spectaculaire - à deux, pas plus - sur le pont de corde suspendu à 25 m au-dessus de la mer et des rochers, entre la route et l'île de

Ould Lammas Fair

C'est à l'occasion de la foire la plus ancienne du pays, les derniers lundi et mardi d'août, que les Irlandais se pressent à Ballycastle pour goûter les deux spécialités de la ville : le *yellowman* et la *dulse*. Le *yellowman* est un caramel jaune confectionné par la même famille depuis des centaines d'années. La *dulse* (*Rhodymenia palmata*), appelée *dillisk* dans certaines régions, est une algue rougeâtre que l'on trouve sur toutes les côtes d'Irlande. Séchée, cette algue se mange crue ou est ajoutée aux soupes de poissons ou de légumes. On peut aussi la cuire 3 h dans du lait avec une cuillerée à soupe de beurre et une pincée de poivre. Préparée ainsi, elle est excellente avec une purée de pomme de terre ou en accompagnement de poisson ou de viande.

Carrick-a-rede, l'effet sera garanti. Ce pont en planches de bois et fil de fer est tendu d'avril à septembre pour relier les pêcheries de saumon au continent, car ici, tous les ans, les saumons tentent de contourner l'île au même endroit, paradis des ornithologues comme des pêcheurs.

LA CHAUSSÉE DES GÉANTS

Les quelque 40 000 colonnes de basalte qui composent la Chaussée des Géants sont depuis 1987 sous la protection de l'État. Classé au patrimoine mondial de l'humanité, l'endroit est très fréquenté par les visiteurs. Si cela comporte quelques inconvénients, l'avantage en est l'existence d'un centre d'information et de documentation et d'une structure d'accueil bien organisée. Un sentier circulaire descend jusqu'à la Grande Chaussée en passant par les amphithéâtres naturels formés de colonnes de basalte, tandis qu'un « escalier » de 161 « marches » remonte jusqu'au sommet de la falaise. Plusieurs circuits sont possibles autour du site, mais c'est de Hamilton's Seat que l'on a la meilleure vue sur la péninsule d'Inishowen.

● *Centre d'information et de documentation de la Chaussée des Géants. (Ouv. du 1er juillet au 31 août, tlj de 10 h à 19 h ; du 1er septembre au 30 juin, tlj de 10 h à 17 h ; fermé les 25 et 26 décembre. Entrée libre.)*

BUSHMILLS

Pour le « repos des géants », à proximité de la Chaussée, la plus ancienne distillerie du monde se visite tous les jours, avec dégustation de son célèbre whiskey.

● *Old Bushmills. (Ouv. du 1er avril au 31 octobre, du lun. au sam. de 9 h 30*

Le whiskey

Partis pour évangéliser l'Orient, ils revinrent avec un alambic. Les moines irlandais ont appris l'art de la distillation en Égypte, où l'on utilisait déjà l'alambic 3 000 ans avant J.-C., pour fabriquer des parfums. L'eau-de-vie, *uisce-beatha*, ou « eau bénite » – les origines du whiskey en Irlande frôlent le sacré – leur est due, puisque les moines de Saint-Patrick ont introduit simultanément la religion chrétienne et le whiskey ! Ce sont les Normands, lors de leur première descente dans le pays, en 1170, qui ont prononcé le mot gaélique pour « eau », *uisce* (prononcer « ish-que »), comme *whiskey*. Ils l'ont confisqué en grande quantité et l'ont introduit en Angleterre et en France. Au XVIIIe siècle, quelque 2 000 distilleries existaient en Irlande, la plupart clandestines. La plus vieille distillerie du monde se trouve dans le comté d'Antrim. Old Bushmills a obtenu son droit de distiller en 1608, du roi Jacques d'Angleterre. Mais elle fonctionnait déjà depuis 1276.

à 17 h 30, dim. de 12 h à 17 h 30 ; du 1er novembre au 31 mars, du lun. au ven. de 10 h à 17 h. Plein tarif : 3 £, soit 5,01 € ; enfants : gratuit.)

PORTRUSH

Le plus prestigieux terrain de golf du pays, le Royal Portrush, se trouve au bord de la plage de la station balnéaire la plus animée de la côte. Un brin clinquante, Portrush est une ville très fréquentée par les vacanciers et, à la tombée de la nuit, pubs et clubs se réveillent en musique.
Les amateurs de surf trouvent aussi leur bonheur à Portrush, sur la plage et dans le plus grand magasin de surf d'Irlande.

Sperrin Mountains : à cheval sur les comtés de Derry et de Tyrone

La ville de Derry est une bonne étape pour rejoindre les surfeurs sur la côte du comté à partir de Portstewart. Et pour faire le circuit du comté de Tyrone, à commencer par les montagnes de Sperrin, paradis des randonneurs où il n'est pas interdit de tenter sa chance dans la vallée d'Owenkillew, avec les pêcheurs de truite ou même les chercheurs d'or du coin.

Sperrin Mountains

Délimitée par les villes de Strabane, Dungiven, Magherafelt et Newtownstewart, la chaîne des Sperrin offre de merveilleuses randonnées dans un environnement parfaitement intact. À pied ou à cheval, les promenades sont superbes à travers les landes de bruyère de cet ancien territoire des O'Neill, seigneurs d'Ulster. Au pied du mont le plus élevé, le mont Sawel (678 m), un centre de documentation expose l'histoire et les particularités du milieu naturel. C'est aussi ici que l'on vient se munir de son tamis de chercheur d'or.

● *Centre de documentation des Sperrin Mountains, sur la B47 entre Sperrin et Cranagh. Restaurant et café. (Ouv. du 1er mars au 31 octobre, du lun. au sam. de 11 h à 18 h, dim. de 14 h à 19 h.)*

À 5 km à l'est de Sperrin, une section du grand chemin de randonnée Ulster Way rejoint un sentier de 40 km à travers les montagnes.

Le comté de Derry

PORTSTEWART

Cette station balnéaire au charme victorien est plus distinguée que sa voisine populaire, Portrush, qui attire autant les amateurs de surf. À marée haute, la rue principale de Portstewart a presque les pieds dans l'eau et il est difficile d'imaginer l'agitation qui enfièvre cette ville tranquille au mois de mai, lors de la course de moto North-West 200 Motorcycle Race, entre Portrush, Portstewart et Coleraine.

BENONE STRAND

La plage la plus longue est également la plage la plus propre. Un drapeau bleu flotte au-dessus de Benone Strand, appelée aussi Magilligan Strand. Cette plage bordée de falaises et de dunes longe la côte du comté de Derry sur plus de 10 km, jusqu'à Magilligan Point, où se dresse une tour Martello, vestige des guerres napoléoniennes.

ROE VALLEY COUNTRY PARK

Il faut quitter l'A2 et suivre la B192 entre Limavady et Dungiven pour arriver, à 3 km au sud de Limavady, à ce parc bien connu des pêcheurs de saumon et de truite. Au centre d'une région autrefois consacrée à la production du lin, le parc abrite un musée et un centre d'accueil. Ravissantes promenades le long de la rivière.

● *Musée et centre d'accueil de Roe Valley Country Park. (Ouv. toute l'année de 9 h à 17 h. Entrée libre.)*

DERRY

Entre mer et montagne, Derry, à 116 km de Belfast, est la deuxième ville d'Irlande du Nord et la quatrième du pays. Derry, ou Doire (« chênaie » en gaélique), est appelée Londonderry par les Anglais depuis que Jacques Ier d'Angleterre en fit cadeau à la ville de Londres, qui devait y établir une importante colonie. Les colons anglais se sont entourés d'un mur d'enceinte de 8 m de haut et 9 m d'épaisseur, encore intact aujourd'hui, tandis que les Irlandais habitaient et habitent toujours dans les marais du Bogside. C'est dans ce quartier qu'en 1972 les troupes britanniques tuèrent 13 civils lors d'une manifestation pacifique pour les droits civils.
Mais cette cité, bien qu'au centre des tensions politiques entre communautés catholiques et protestantes, est surtout une ville chantante, pleine de caractère. Tous les soirs, les pubs

Seamus Heaney

Né en 1939, ce poète, lauréat du prix Nobel de littérature en 1995, a vu le jour à Bellaghy, dans le comté de Derry. Il passa son enfance près de Slieve Gallion, à la limite est des montagnes de Sperrin. Très marqué par son environnement puissant, qu'il rend avec beaucoup de vie dans ses premiers recueils, *Door Into the Dark* (1969) et *Wintering Out* (1972), le poète a d'abord décrit sa terre d'enfance. Auteur d'une douzaine de recueils de poèmes qui explorent les grands mythes irlandais, Seamus Heaney est aussi l'auteur d'une adaptation du *Philoctète* de Sophocle, *The Cure at Troy* (1990).

affichent des concerts de musique rock ou traditionnelle. L'une des meilleures galeries d'art contemporain du pays, Orchard Gallery, participe à la vie culturelle de la ville depuis plus de vingt ans, avec le soutien de la municipalité.

Le comté de Tyrone

L'ancien royaume des O'Neill – et plus grand comté d'Irlande du Nord – est un terrain idéal pour contempler des vestiges néolithiques comme les sept cercles de pierres levées à Beaghmore, ou à Creggan, plus au sud, sur la A505 entre Omagh et Cookstown, où plus de 40 monuments servent encore de décor mystique à la fête celte de Béaltaine, tous les ans au mois de mai.

ULSTER HISTORY PARK ET ULSTER-AMERICAN FOLK PARK

Une dizaine de kilomètres au nord d'Omagh, près de la B48 vers Gortin, un parc à thème, l'Ulster History Park, retrace l'histoire de l'habitat en Irlande, avec des reconstitutions grandeur nature et un musée.

Un second parc, l'Ulster-American Folk Park, se trouve à proximité. Ici, le musée en plein air, l'un des meilleurs du pays, est consacré à l'histoire et à la vie quotidienne de tous ceux et celles qui furent contraints de s'exiler aux États-Unis. De nombreuses fêtes et festivals ont lieu dans ce musée vivant et il est possible d'acheter des billets d'entrée combinés pour les deux parcs.

Le bois de Gortin Glen est à quelques minutes à pied de l'Ulster History Park, sur la B48. Cette forêt de 400 ha parsemée de petits lacs peut se traverser en voiture, en moto ou à pied, en empruntant des sentiers balisés. Une harde de cerfs japonais évolue parmi les conifères.

● *Ulster History Park,*
T (028) 81 64 81 88*. (Ouv. du 1er avril au 30 septembre, du lun. au sam. de 10 h 30 à 18 h 30, dim. de 11 h 30 à 19 h ; du 1er octobre au 31 mars, du lun. au ven. de 10 h 30 à 17 h. Plein tarif : 3,25 £, soit 5,42 € ; tarif réduit : 1,95 £, soit 3,25 € ; familles : 10 £, soit 16,70 €. Billet combiné pour les 2 parcs : 5,75 £, soit 9,60 € ; tarif réduit : 3 £, soit 5,01 €.)*

● *Ulster-American Folk Park,*
T (028) 82 24 32 92*. (Ouv. du 1er avril au 30 septembre, du lun. au sam. de 11 h à 18 h 30, dim. de 11 h 30 à 19 h ; du 1er octobre au 31 mars, du lun. au ven. de 10 h 30 à 17 h. Plein tarif : 4 £, soit 6,68 € ; tarif réduit : 2,50 £, soit 4,17 € ; familles : 10 £, soit 16,70 €. Billet combiné pour les 2 parcs : 5,75 £, soit 9,60 € ; tarif réduit : 3 £, soit 5,01 €.)*

Le Donegal, dernière terre d'Irlande

Le Donegal est un monde à part, univers de grands espaces solitaires et de dépaysement total. Aucun train ne dessert ce vaste comté tourné vers l'océan, ainsi privé de liens terrestres avec l'Irlande du Nord comme avec la République. L'itinéraire autour du Donegal, de Derry à Eniskillen, est l'occasion d'atteindre le sommet du pays à Malin Head et les falaises les plus hautes d'Europe à Slieve League. La route N56 relie Letterkenny à la ville de Donegal à travers des paysages sauvages et fantastiques.

La péninsule d'Inishowen

En sortant de Derry, rejoindre la R238 pour faire une excursion à vélo ou en voiture autour de la péninsule et atteindre le point le plus septentrional d'Irlande, la couronne de Banba (« d'Irlande », en gaélique), à Malin Head (157 km). Les pubs du petit port de pêche de Greencastle sont réputés pour la musique traditionnelle qu'on y joue et pour un musée maritime qui présente ses collections de bateaux – dont un *currach*, barque irlandaise recouverte de toile goudronnée – et d'objets maritimes dans une maison de garde-côte.

● *Musée maritime, Coastguard's House, Greencastle,* ***T (077) 81 363****.*
(Ouv. du 1er juin au 30 septembre, tlj de 10 h à 18 h ; du 1er octobre au 31 mai, sur rendez-vous.
Plein tarif : 2 IR £, soit 2,54 € ;
tarif réduit : 1 IR £, soit 1,27 €.)

La couronne d'Irlande, au cap Malin, abrite la tour de contrôle qui relaie les bulletins météo. Les plages de Pollan Bay et de Tullagh Bay sont belles, mais bien trop dangereuses pour la baignade. Il faut attendre celles de la station populaire de Buncrana, qui s'étendent sur 5 km. Buncrana, centre historique de la rébellion irlandaise, qui accueillit une armada espagnole en 1602, est la dernière étape avant le monument le plus mystérieux du Donegal, le Grianan of Aileach (18 km).

● *Centre des visiteurs de Grianan of Aileach,* ***T (077) 68 512****.*
(Ouv. du 1er juin au 31 août, tlj de 10 h à 18 h ; du 1er septembre au 31 mai, tlj de 12 h à 18 h.
Plein tarif : 2 IR £, soit 2,54 € ;
tarif réduit : 1,10 IR £, soit 1,40 €.)

Glenveagh National Park

À 60 km de Derry, l'ensemble forestier national de Glenveagh, splendidement isolé, s'étend sur près de 10 000 ha au pied des montagnes sauvages de Deryveagh. Deux routes contournent le plus beau parc naturel d'Irlande. La R251, au nord, passe près du sommet culminant des montagnes, le mont Errigal (750 m), et la R254, qui contourne le Lough Gartan, par le sud. Le domaine, envahi par les rhododendrons et où un millionnaire américain fit construire le château en 1837, reçut de nombreux hôtes célèbres, dont Greta Garbo, qui y trouva certainement la solitude qu'elle recherchait. Le parc et le château furent ensuite cédés à l'État.

De nombreux circuits permettent de découvrir la faune variée de cette vallée et de ses lacs, avec, notamment, la plus grande harde de cerfs du pays, qui vit dans le bois.

● *Centre des visiteurs du Glenveagh National Park,* ***T (074) 37 090****.*
Sur la R25. (Ouv. du 1er juin au 30 septembre, tlj de 10 h à 18 h 30 ; du 1er octobre au 31 novembre, tlj sauf ven. de 10 h à 18 h 30. Plein tarif : 2 IR £, soit 2,54 € ; tarif réduit : 1 IR £, soit 1,27 € ; familles : 5 IR £, soit 6,34 €.)

Rejoindre la route N56 à travers les Rosses jusqu'à la petite ville d'Ardara, capitale du tweed du Donegal, puis celle qui continue jusqu'à Glencolmcille et traverse le merveilleux col de Glengesh.

Les falaises de Slieve League

La route de Glencolmcille par Killybegs, jusqu'à la ville de Donegal, longe des paysages absolument spectaculaires.

À Killybegs, une halte s'impose pour profiter de l'ambiance d'un des ports de pêche les plus animés de la côte. Les amateurs de musique traditionnelle ne seront pas déçus dans les pubs de cette ville particulièrement chaleureuse.

C'est à Carrick qu'une route étroite grimpe sur 8 km jusqu'aux falaises les plus hautes d'Europe, les falaises de Slieve League. L'ascension de

Grianan of Aileach

À l'entrée d'Inishowen Peninsula, le « fort du soleil » d'Aileach, princesse d'Écosse, est le site le plus étonnant du Donegal. Situé au sommet d'une colline, dominant les Loughs Swilly et Foyle, le palais royal du clan des O'Neill du Ve au XIIe siècle date en réalité de 1700 avant J.-C., et Ptolémée le mentionna au IIe siècle avant J.-C. Une multitude de légendes abondent sur ce temple du soleil celte, qui possède des murs de 4 m d'épaisseur et 5 m de hauteur formant un cercle de 23 m de diamètre. Un seul accès mène à l'intérieur, qui comporte des couloirs, des petites pièces et surtout des gradins sur quatre hauteurs. Les panoramas sont superbes et le monument circulaire est dans un état de conservation remarquable, grâce à sa restauration, vers 1870, par un historien de Derry, le Dr Walter Bernard.

Slieve League (601 m) est difficile et dangereuse : à la hauteur de One Man's Pass, le chemin ne mesure que 60 cm de large, avec un à-pic de plus de 500 m dans l'océan d'un côté et, de l'autre, une chute vers les rochers 300 m plus bas. Cette promenade est bien entendu déconseillée par mauvais temps et de toute façon réservée aux randonneurs expérimentés.
Il est possible de voir les falaises depuis la mer en bateau, durant les mois d'été.

Donegal

Dun na nGall signifie « le fort des étrangers », référence à l'envahisseur viking qui, jadis, installa ici une forteresse. Lough Derg, à l'est de la ville, attire de nombreux pèlerins (environ 30 000) tous les ans entre juin et août, sur la petite île de Station Island, ou « purgatoire de saint Patrick ». Ici, pendant trois jours, les pèlerins jeûnent et font le chemin de croix pieds nus. L'accès à l'île leur est réservé. Pour atteindre Enniskillen, la N3 à Ballyshannon rejoint l'A46 à Beleek.

● *Centre des visiteurs de Lough Derg, Main Street, Pettigo. (Ouv. du 1er mai au 31 octobre, du lun. au sam. de 10 h à 17 h. Plein tarif : 2 IR £, soit 2,54 € ; tarif réduit : 1 IR £, soit 1,27 €.)*

● *Accès par bateau pour les pèlerins (du 1er juin au 31 août). Renseignements : The Priory, Saint-Patrick's Purgatory, Pettigo,* ***T (072) 61 518****.*

Le Gaéltacht

Un tiers du comté de Donegal fait partie du Gaéltacht, nom donné aux régions où c'est le gaélique, et non l'anglais, qui est parlé par la population. Pour qui ne connaît pas la langue, il peut être compliqué de s'y retrouver pour circuler dans ces régions, car les inscriptions des noms de lieu en anglais sont souvent effacées sur les panneaux.
De mars à octobre, Oideas Gaél, près de Glencolmcille, organise des stages d'irlandais pour ceux qui désirent se perfectionner ou s'initier à cette langue. Tous les ans, des enfants de tous les coins du pays viennent passer un mois ici, en « colonie de gaélique ».
Pour une immersion plus immédiate, Radio na Gaéltachta émet en gaélique depuis le Connemara, cependant qu'une chaîne de télévision gaélique se taille un fort beau succès avec une programmation astucieuse et moderne.

● *Oideas Gaél, Foras, Cultuir Uladh, Glencolumbcille,*
T (073) 30 248 ; e-mail : oidsgael@iol.ie.

Au pays des lacs : Fermanagh, Cavan et Monaghan

Il est difficile de revenir à la « civilisation » après le dépaysement merveilleux du comté de Donegal. Ce périple permet de se remettre tout doucement dans le bain, les pieds dans l'eau et la tête dans les nuages, à bord d'un bateau ou sur les berges.

Le comté de Fermanagh

L'un des plus petits comtés d'Irlande est traversé par un lac de 80 km de long, divisé en deux et constellé de petites îles mystérieuses qui portent encore de nombreux vestiges monastiques, ainsi que des traces uniques de la civilisation païenne. Tous les sports nautiques – canoë, planche à voile, ski nautique – se pratiquent ici. Pêcheurs et plaisanciers sont aux anges.

- *Boa Island : « Janus Figure », statue de pierre d'environ 2 000 ans. (L'île est reliée à la terre ferme par des ponts.)*
- *Devenish Island : ruines d'un monastère du VIe s., église, abbaye, croix celtiques, cimetière, tour ronde du XIIe s. (Accès libre.)*
- *Drumskinny : cercle de 39 pierres levées et alignement d'une vingtaine de pierres à 7 km au nord-est de Kesh.*
- *Killadeas : « Bishop's Stone », pierre sculptée de la période de transition de l'ère païenne à chrétienne.*
- *White Island : église du XIIe s., huit statues du VIe s. (Accès libre.)*

ENNISKILLEN

La capitale du pays des lacs et ancien siège des Maguire, chefs des clans de Fermanagh, fut jadis la liaison principale entre l'Ulster et la province de Connaught. Située sur une île et reliée au continent par cinq ponts, Enniskillen, à 133 km de Belfast, est une base idéale pour la découverte de cette région lacustre. Deux grands écrivains irlandais, Oscar Wilde et Samuel Beckett, ont fait leurs études à l'école de Portora Royal, au nord-ouest du Centre.

LE TOUR DU LAC INFÉRIEUR

Le tour complet du lac Inférieur (Upper Loch Erne) fait 110 km, dont 60 km environ d'une route panoramique qui suit le bord du lac. Il est possible d'observer oiseaux et animaux depuis des cachettes aménagées sur le rivage du Castle Caldwell Forest Park et de visiter les sites historiques des îles. L'île de Boa est reliée au rivage par deux ponts, tandis que celles de White et de Devenish, à 5 km au nord d'Enniskillen, sont desservies par ferry et bateau-bus les mois d'été. Il existe un point de vue panoramique sur les falaises de Magho au niveau de la forêt de Lough Navar. Le chemin est bordé d'aires de pique-nique.

- *Ferry pour Devenish Island, départ de Trory Point Landing, à 6,5 km d'Enniskillen. (En service du 1er avril au 30 septembre, du mar. au sam. de 10 h à 18 h 30, dim. de 14 h à 19 h. Aller-retour plein tarif : 2,25 £, soit 3,75 € ; tarif réduit : 1,20 £, soit 2 €.)*

● *Ferry pour White Island, départ de Castle Archdale Country Park, à 16 km au nord d'Enniskillen. (En service tlj de 10 h à 19 h. Plein tarif : 3 £, soit 5,01 € ; tarif réduit : 2 £, soit 3,34 €.)*

MARBLE ARCH CAVES

Les grottes de Marble Arch se trouvent en retrait de l'A32, près de Florence Court, domaine grandiose des comtes d'Enniskillen. Les trois cours d'eau souterrains qui les traversent forment la rivière Cladagh. Une promenade souterraine en barque permet de visiter les grottes, où les formations calcaires, stalactites, stalagmites et cascades défilent pendant plus d'une heure. L'arche même se dresse à 9 m de hauteur à l'endroit où la rivière sort de terre.

● *Marble Arch Caves. (Visite du 16 mars au 30 septembre, tlj de 10 h 30 à 17 h, selon la météo. Plein tarif : 6 £, soit 10,02 € ; tarif réduit : 3 £, soit 5,01 € ; familles : 14 £, soit 23,38 €.)*

● *Florence Court,* ***T (028) 66 34 249****. (Ouv. du 1er au 30 avril, sam. et dim. de 13 h à 18 h ; du 1er mai au 31 août, du mer. au lun. de 13 h à 18 h ; du 1er au 30 septembre, sam. et dim. de 13 h à 18 h.)*

CROM ESTATE

Paradis de l'ornithologue et du pêcheur, Crom est un havre de paix, comme posé là, au pays des lacs. Ses bois de chênes séculaires constituent l'une des plus importantes réserves naturelles appartenant au National Trust. Moins fréquenté que le lac Inférieur (Lower Lough Erne) au nord, le lac Supérieur (Upper Lough Erne), labyrinthe d'étangs et d'îlots, offre pêche, promenades et canotage dans une ambiance de calme irréel.

● *Centre d'accueil de Lough Erne,* ***T (028) 67 73 81 74****. À 5 km à l'ouest de Newtownbutler par l'A34. (Ouv. du 1er avril au 30 septembre, du lun. au sam. de 10 h à 18 h, dim. de 12 h à 18 h.)*

Le comté de Cavan

Avec Monaghan et Donegal, Cavan est l'un des trois comtés d'Ulster rattachés à la République. Cette situation particulière a entraîné un certain isolement, et l'ancienne terre des O'Reilly reste peu fréquentée par les touristes, hormis les amateurs de pêche de toute l'Europe, qui s'y donnent rendez-vous tous les ans, au bord des lacs Sheelin et Oughter.

BELLTURBET

À 16 km au nord-ouest de Cavan, sur la N3, Bellturbet est le point de départ de croisières sur l'Upper Lough Erne et sur la voie fluviale Shannon-Erne Waterway de juin à septembre.

KILLYKEEN FOREST PARK

Sur les berges du lac Oughter, à 12 km au nord-ouest de Cavan sur la N3, ce parc forestier renferme un lac parsemé d'îlots dont certains sont des *crannog*, fortifications en bois bâties sur des îles artificielles à l'âge du bronze tardif. Chemins balisés, pêche et oiseaux font le bonheur du visiteur dans les 243 ha du parc. De jolis chalets de style scandinave sont à louer à l'intérieur même du parc.

● *Killykeen Forest Park,*
***T (049) 43 32 541**.*

Le comté de Monaghan

Comme son voisin Cavan, le comté de Monaghan est un secret jalousement gardé par les amateurs de vacances paisibles à l'écart des foules. C'est ici, au centre Tyrone-Guthrie, à Annaghmakerrig, qu'artistes et écrivains irlandais viennent s'isoler, séjournant là de six mois à un an, pour réfléchir ou mener à terme leurs projets.

● *Centre Tyrone-Guthrie, Annaghmakerrig.*
Pour tout renseignement, écrire à : Arts Council of Ireland, 70 Merrion Square, Dublin 2.

CASTLEBLAYNEY

Au sud de Monaghan, sur la N2, près du plus grand lac du comté, le centre d'aventures et de loisirs du Lough Muckno Park est la destination des vacances actives. Ce centre, situé dans un ancien domaine georgien, propose de nombreuses activités sportives. Une auberge de jeunesse et des terrains de camping aménagés sont situés dans une forêt de 35 ha.

● *Centre d'aventures et de loisirs de Lough Muckno Park.*
(Ouv. du 1er juin au 30 septembre, du mar. au ven. de 14 h à 17 h, sam. et dim. de 12 h à 19 h.
Tarif planche à voile : env. 20 IR £ pour 1/2 journée, soit 25,40 €.)

Sauna à l'irlandaise

Entre Blacklion et Dowra, dans le comté de Cavan, des constructions en pierre rappellent une pratique aujourd'hui disparue en Irlande. Ces huttes sont des *sweathouses*, ce qui signifie, littéralement, « maisons à transpirer ». Au XIXe siècle, on se soignait ainsi dans cette région : on faisait brûler un feu de tourbe durant des heures dans la hutte, puis on l'éteignait. Le malade s'allongeait par terre sur des roseaux pour transpirer aussi longtemps que possible. Ce bain de chaleur était suivi d'une baignade fraîche dans une rivière à proximité.

Les terres de saint Patrick : Armagh et Down

Lors de son retour en Irlande, saint Patrick voulut débarquer à Antrim, où il avait passé six ans en esclavage comme berger sur le volcan éteint du mont Slemish (438 m), mais une tempête violente l'obligea à s'abriter dans le fjord de Strangford Lough. Ainsi, le saint arriva à Downpatrick.

Le comté de Down jouit d'un climat plus sec et ensoleillé que celui de ses voisins situés plus à l'ouest et les habitants de Belfast profitent largement des plages de Bangor à Newcastle et, plus au sud, de Warrenpoint. Armagh, connu dans tout le pays comme *the orchard of Ireland* (« le verger d'Irlande »), est un pays magique, encore tout habité des exploits de Cuchulainn, le héros légendaire qui emprunta son nom à Sliabh gCuilainn, le mont Gullion.

Le comté d'Armagh

ARMAGH

Siège des archevêchés anglican et catholique, l'élégante petite ville d'Armagh est une étape agréable sur le chemin de l'Ulster, entre Enniskillen et Belfast. Avant de devenir la capitale spirituelle de toute l'Irlande, Emain Macha (à 3 km à l'ouest de la ville actuelle, sur l'A28) fut la capitale du royaume d'Ulster. Sur ce site, qui connut son apogée vers 700 avant J.-C., s'établit la cour de la reine Macha, objet de récits dans le cycle héroïque des légendes d'Ulster. Conscient de l'importance symbolique de ce site, rasé en 332, saint Patrick fonda son église à Armagh en 445.

● *Centre des visiteurs d'Emain Macha (Navan Centre),* ***T (028) 37 52 55 50****. (Ouv. du 1er avril au 30 juin, du lun. au ven. de 10 h à 17 h, sam. de 11 h à 17 h, dim. de 12 h à 17 h ; du 1er juillet au 31 août, du lun. au sam. de 10 h à 19 h, dim. de 11 h à 19 h ; du 1er au 30 septembre, du lun. au ven. de 10 h à 17 h, sam. de 11 h à 17 h, dim. de 12 h à 17 h ; du 1er octobre au 31 mars, sam. de 11 h à 17 h, dim. de 12 h à 17 h.)*

SLIEVE GULLION FOREST PARK

À 8 km au sud-est d'Armagh, sur la B113, cet ensemble forestier enchâsse le pied du mont Gullion (577 m). Une route pittoresque de 13 km traverse la forêt, où elle offre des vues sur les étonnantes collines en cercle, le Ring of Gullion. L'ascension du mont Gullion par la face nord se fait par un chemin balisé jusqu'au sommet.

● *Centre des visiteurs de Slieve Gullion Forest Park,* ***T (028) 30 84 80 84****. (Ouv. de Pâques au 30 septembre, tlj de 10 h à la* *tombée de la nuit. Entrée : 2,50 £ par voiture, soit 4,17 €.)*

MULLACH BAN

À l'ouest du mont Gullion, le village de Mullach Ban possède un centre culturel où ont lieu des manifestations artistiques et musicales.

● *Thi Chulainn (« la maison du Chulainn »),* ***T (028) 30 88 88 28****.*

Le comté de Down

MOURNE MOUNTAINS

Il n'est pas un Irlandais qui ne sache que les montagnes de Mourne s'élancent jusqu'à la mer. Tous ont en effet été bercés au rythme de la ballade romantique de Percy French *The Mountains of Mourne.*

Pour explorer à pied les 15 sommets de granit sauvages de cette petite chaîne, les visiteurs trouveront au Mourne Countryside Centre des conseils et de la documentation sur une trentaine de randonnées. Seule la B27, entre Kilkeel et Hiltown, traverse ces montagnes, mais on peut aussi suivre la splendide route côtière A2, l'ancienne route des contrebandiers qui contourne les montagnes, avec Warrenpoint, Kilkeel et Annalong comme étapes avant Newcastle.

● *Mourne Countryside Centre, 91 Central Promenade, Newcastle,* ***T (028) 43 72 40 59****. (Ouv. du lun. au ven. de 9 h à 17 h, sam. et dim. de 12 h à 17 h.)*

NEWCASTLE

Le deuxième terrain de golf exceptionnel de l'Ulster, le Royal County Down, se trouve dans cette petite station balnéaire blottie au pied du mont Donard. Outre son célèbre parcours, le club possède un complexe sportif et des jardins qui descendent

Le saint patron d'Irlande

Saint Patrick, né en Bretagne au Ve siècle, fut capturé à l'âge de 16 ans par des pirates irlandais et passa six années en esclavage sur le mont Slemish, près de Ballymena. Il s'en évada et retourna en France, où il étudia dans les monastères d'Auxerre, de Lérins et de Tours. Hanté par une seule idée, celle de rentrer en Irlande pour convertir la population au christianisme, saint Patrick y fonda la cathédrale d'Armagh en 432. Le jour de la Saint-Patrick, le 17 mars, est la fête nationale irlandaise, célébrée par les Irlandais partout dans le monde. Tous portent ce jour-là, en l'honneur du saint, du trèfle bénit à la boutonnière. Un nouveau centre Saint-Patrick à Downpatrick présente l'histoire de la vie du saint et retrace l'étendue de son influence.

● *Centre Saint-Patrick, Downpatrick. Renseignements : office du tourisme, Market Street, Downpatrick,* ***T (028) 44 61 22 33****.*

jusqu'à la plage, laquelle s'étend en demi-lune sur 5 km.

● *Renseignements : office du tourisme de Newcastle,* ***T (028) 43 72 22 22****.*

L'ascension du Slieve Donard (852 m), point culminant d'Irlande du Nord, se fait à partir du Donard Park, au sud de la ville. Trois heures suffisent pour atteindre le sommet, d'où la vue sur le comté, l'Écosse, le pays de Galles et l'île de Man est sublime. Deux autres parcs forestiers, Tollymore Forest Park, à 3 km au nord-est de la ville, et, encore plus au nord, Castlewellan Forest Park, proposent des sentiers de randonnée et de nombreuses activités : randonnées équestres, location de bateaux et pêche à Castlewellan, escalade, canoë et randonnées pédestres à Tollymore. Le parc de Tollymore est parsemé de folies du XVIIIe siècle et Castlewellan possède un passionnant arboretum planté en 1740.

● *Tollymore Forest Park.*
Renseignements :
T (028) 43 72 21 58*.*

● *Castlewellan Forest Park,*
T (028) 43 77 86 64*. (Ouv. de 10 h à la tombée de la nuit. Entrée : 3 £ pour une voiture, soit 5,01 € ; 1,50 £ pour une moto, soit 2,50 €.)*

PORTAFERRY

Suivre l'A2 de Newcastle à Strangford, à l'extrémité de la péninsule de Lecale. Un ferry relie cette péninsule à celle d'Ards, à Portaferry, où l'aquarium présente la vie marine dans le Lough de Strangford, que les Vikings appelaient « le fjord tumultueux ».

● *Ferry de Lecale à Ards.*
Renseignements :
T (028) 44 88 16 37 *; ou office du tourisme de Portaferry,*
T (028) 42 72 98 82*.*

● *Exploris,* ***T (028) 42 72 80 62****.*
(Ouv. du lun. au ven. de 10 h à 18 h, sam. de 11 h à 18 h, dim. de 13 h à 18 h. Plein tarif : 3,75 £, soit 6,26 € ; tarif réduit : 2,60 £, soit 4,34 € ; familles : 12 £, soit 20,04 €.)

LA PÉNINSULE D'ARDS

Cette péninsule dessine un arc de cercle autour de Strangford Lough. Partant de Portaferry, deux routes longent des paysages très contrastés, l'A20 côté Lough, de Portaferry à Newtownards, l'A2 côté mer d'Irlande, de Portaferry à Bangor. Le Lough de Strangford est une réserve naturelle qui abrite oiseaux et animaux. L'itinéraire qui suit cette route permet de visiter le domaine et surtout les superbes jardins de Mount Stewart House, entre Newtownards et Greyabbey. Les jardins de cette demeure du XVIIIe siècle sont classés parmi les trois plus beaux jardins d'Irlande et d'Angleterre. L'A2, exposée aux vents d'une mer houleuse, traverse les petits ports de pêche de Portavogie, Millisle et Donaghdee, d'où partent des excursions pour les îles Copeland, avant d'arriver à Bangor et aux plus beaux paysages du circuit.

● *Mount Stewart House,*
T (028) 42 78 83 87*.*
(Ouv. du 1er au 30 avril, sam. et dim. de 11 h à 18 h ; du 1er mai au 30 septembre, tlj sauf mar. de 13 h à 18 h ; du 1er au 31 octobre, sam. et dim. de 11 h à 18 h. Maison et jardin, plein tarif : 3,50 £, soit 5,84 € ; tarif réduit : 1,75 £, soit 2,92 €. Jardin seul, plein tarif : 3 £, soit 5,01 € ; tarif réduit : 1,50 £, soit 2,50 €.)

BANGOR

Depuis 1995, le nouveau port de plaisance de cette agréable station balnéaire, à 21 km de Belfast, connue pour la pêche en haute mer et la navigation, a une capacité d'accueil de 500 bateaux. Boules sur gazon, tennis et cricket font partie des activités pratiquées à Ward Park, près du centre-ville. Pour faire une belle promenade, le North Down Coastal Path est un agréable chemin de randonnée de 24 km, qui passe par Bangor et longe la plage de Helen's Bay et le parc forestier du Crawfordsburn County Park. Sur le chemin, à Crawfordsburn, l'hôtel le plus ancien d'Irlande, le Old Inn (1614), est une auberge qui a su préserver sa décoration et son ambiance authentique.

ULSTER FOLK & TRANSPORT MUSEUM

Ce musée se trouve à 3 km environ à l'ouest de Bangor, près de la B20. Sur plus de 70 ha, une trentaine de bâtiments caractéristiques de tout l'Ulster – fermes, moulins, scieries, magasins, forge et école – sont aménagés et animés de manière authentique et vivante. De l'autre côté de l'A2, la section consacrée aux transports passionnera les amateurs de voitures de sport, de moto ou de chemin de fer. Pour les nostalgiques du *Titanic*, l'histoire de sa construction est présentée en détail avec les prototypes originaux. Cette dernière halte avant le retour à Belfast est l'un des meilleurs musées en plein air du pays.

● *Ulster Folk & Transport Museum,* ***T (028) 90 42 84 28****. À 3 km environ à l'ouest de Bangor, près de la B20. (Ouv. du 1er avril au 30 juin, du lun. au ven. de 9 h 30 à 17 h, sam. de 10 h 30 à 18 h, dim. de 12 h à 18 h ; du 1er juillet au 31 août, du lun. au sam. de 10 h 30 à 18 h, dim. de 12 h à 18 h ; du 1er au 30 septembre, du lun. au ven. de 9 h 30 à 17 h, sam. de 10 h 30 à 18 h, dim. de 12 h à 18 h ; du 1er octobre au 31 mars, du lun. au ven. de 9 h 30 à 16 h, sam. et dim. de 12 h 30 à 16 h 30. Plein tarif : 4 £, soit 6,68 € ; tarif réduit : 2,50 £, soit 4,17 € ; familles : 9 £, soit 15,03 €.)*

BIEN VIVRE SUR LE CHEMIN DE L'ULSTER

Comté de Belfast

Indicatif téléphonique : **028**.

Arriver

En avion

● *Belfast International Airport,* ***T (028) 94 42 28 88****. Une navette dessert la gare routière Europa Bus Centre, dans le centre-ville. Départs toutes les 30 mn en semaine, toutes les heures le dim.*

● *Belfast City Airport,* ***T (028) 90 45 77 45****. À 6 km du centre-ville. Des trains assurent la liaison avec la gare centrale.*

En train

● *Belfast Central Station, East Bridge Street,* ***T (028) 90 89 94 11****.*

● *Great Victoria Station,* ***T (028) 90 23 06 71****.*

En bus

Les deux principales gares routières, Europa Station, à Glengall Street, et Laganside Station, à Oxford Street, se trouvent près du barrage du Lagan.

● *Renseignements horaires,* ***T (028) 90 33 30 00****.*

En ferry

Le principal point d'arrivée des ferries, se trouve près du centre-ville, que l'on peut même rejoindre à pied. Il est toutefois conseillé de prendre un taxi la nuit.

● *Donegall Quay,* ***T (028) 90 35 10 09*** *et* ***(028) 90 52 35 23****.*

● *Victoria Terminal,* ***T (028) 90 77 90 90****.*

Argent

La monnaie en cours en Irlande du Nord est la livre sterling, divisée en 100 pence. Des billets anglais portant la mention Bank of England, ainsi que des billets émis par quatre autres banques – Bank of Ireland, Northern Bank Limited, First Trust Bank, Ulster Bank Limited – sont en circulation. Ils existent en coupures de 5, 10, 20, 50 et 100 livres, tandis que les pièces, frappées à l'effigie de la reine d'Angleterre, sont de 1, 2, 5, 10, 20, 50 pence et 1 livre. Ces pièces, à l'exception de la pièce de 1 livre, qui arbore une plante de lin, sont identiques aux pièces anglaises.

Attention ! les billets provinciaux ne sont reconnus qu'en Ulster.

Circuler

Les transports en commun sont très efficaces pour circuler à Belfast, et il est conseillé de laisser sa voiture dans un parking, d'autant plus que le centre-ville est en grande partie piétonnier. Le terminus principal du réseau d'autobus, Citybus, se trouve à Donegall Square, où l'on vend des cartes hebdomadaires ou journalières à des tarifs intéressants. Les tickets à l'unité peuvent s'acheter dans les bus. Un service de nuit fonctionne les vendredi et samedi soirs à partir de Shaftesbury Square. Les gares de Great Victoria Street et Belfast Central assurent les liaisons avec les jardins botaniques et les taxis noirs suivent des parcours préétablis vers les quartiers nord et ouest de Belfast. Ces taxis sont collectifs, mais d'autres compagnies assurent un service classique.

Se loger

Hôtels

Les hôtels à Belfast sont assez chers, autour de 1 000 F pour une chambre double, mais tous proposent des tarifs plus intéressants le week-end.

● *Europa Hotel, Great Victoria Street,* ***T (028) 90 32 70 00****. Le meilleur hôtel de Belfast. (Tarif pour une chambre double : de 150 £ en semaine, soit 250,50 €, à 80 £ le week-end, soit 133,60 €.)*

● *Holiday Inn Express, 106A University Street,* ***T (028) 90 20 50 00****. (Tarif : 60 £ par personne, soit 100,20 €.)*

● *Jury's Inn, College Square,* ***T (028) 90 53 35 00****. Établissement fiable possédant d'autres hôtels en Irlande. Prix des chambres intéressant. (Chambre pour 2 adultes et 2 enfants : 65 £, soit 108,55 €.)*

● *McCausland Hotel, 34-38 Victoria Street,* ***T (028) 90 22 02 00****. L'une des nouvelles constructions du projet de développement du Laganside propose de belles chambres. (À partir de 150 £, soit 250 €.)*

Bed & breakfast

Il y a beaucoup de bed & breakfast autour de l'agréable quartier de l'université. (Env. 20 £ par personne, soit 33,40 €.)

● *Botanic Lodge Guesthouse, 87 Botanic Avenue,* ***T (028) 90 32 76 82****.*

● *Camera Guesthouse, 44 Wellington Park,* ***T (028) 90 66 00 26****.*

Auberge de jeunesse

● *The Linen House, 18 Kent Street,* ***T (028) 90 58 64 00****. Autour de la cathédrale Sainte-Anne, dans un quartier en pleine renaissance, cette auberge toute neuve est installée dans une ancienne filature. Accès possible à Internet. (Lit en dortoir : de 6,50 à 7,50 £, soit 10,85 à 12,52 € ; chambre double ou individuelle : de 12 à 20 £, soit 20,04 à 33,40 €.)*

Se restaurer

Le renouveau de Belfast s'accompagne de l'ouverture d'un grand nombre de restaurants qui s'ajoutent aux cafés et salons de thé du centre-ville. La plupart des pubs servent d'excellents repas à l'heure du déjeuner. Comme ailleurs en Irlande, on dîne tôt (à partir de 18 h) et, en conséquence, les restaurants ferment vers 22 h 30.

- *Aero, 44 Bedford Street,* ***T (028) 90 24 48 44****. Ce nouveau restaurant propose un menu spécial entre 17 h 30 et 19 h pour les amateurs de théâtre. (Plats : à partir de 6 £, soit 10 € ; menu du soir avant le théâtre : 9 £, soit 15,03 €.)*
- *Bewley's, Rosemary Street,* ***T (028) 90 23 25 68****. Comme le salon de thé « oriental » du même nom à Dublin. Ambiance agréable et gâteaux à emporter. (Desserts, gâteaux, café : env. 5 £, soit 8,35 €.)*
- *Moghul, Botanic Avenue. Restaurant indien traditionnel avec buffet à l'heure du déjeuner en semaine. (Buffet à midi : 5 £, soit 8,35 € ; plats le soir : env. 10 £, soit 16,70 €.)*
- *Nick's Warehouse, 35 Hill Street,* ***T (028) 90 43 96 90****. Une brasserie particulièrement animée dans un ancien entrepôt. Poissons, fruits de mer et ambiance garantie. (Plat du jour : env. 8 £, soit 13,35 €.)*
- *Revelations Internet Café, 27 Shaftesbury Square. Cybercafé avec sandwichs et plats végétariens. (Sandwichs : de 2 à 3 £, soit 3,35 à 5 €.)*
- *Roscoff, 7 Lesley House, Shaftesbury Square,* ***T (028) 90 33 15 32****. Cuisine française dans un haut lieu de la gastronomie, discret et moderne. (Menu : à partir de 15 £, soit 25 €.)*
- *Windsor Dairy & Home Bakery, 46 College Street,* ***T (028) 90 32 71 57****. Vous pouvez goûter ici un irish-stew, ragoût traditionnel. (Fermé le soir. Sandwichs et plats à emporter : 2 £, soit 3,35 €.)*

Prendre un verre

Rendez-vous de tous les Irlandais à Belfast comme ailleurs, les pubs sont innombrables. Certains ont conservé des décors dignes d'un musée. Beaucoup d'entre eux, calmes le jour, s'animent le soir et deviennent de véritables boîtes de nuit. Blues, soul, rock, jazz, traditionnelle, techno, salsa, disco, hip-hop ou reggae : c'est évident, la ville natale de Van Morrison aime la musique.

Les authentiques

- *Crown Liquor Saloon, Morning Star Pub, Pottingers Entry, White's Tavern et Winecellar Entry, le plus ancien bar de la ville, valent le déplacement pour leur ambiance légendaire.*
- *Kitchen Bar et Maddens, respectivement Victoria Square et 74 Smithfield, sont réputés pour la musique traditionnelle.*

Tendance

- *McHugh's, Queen's Square. Dans le plus ancien bâtiment de la ville, restauré en 1998. Musique rock du jeu. au dim.*
- *The Limelight & Katy Daly's, 17 Ormeau Avenue,* ***T (028) 90 32 59 42****. Concerts et danse.*
- *The Manhatten, 23-31 Bradbury Place. Discothèque sur 3 étages.*

Bars à thème

- *Beaten Docket, 48 Great Victoria Street. Musique disco des années 60 et 70.*
- *The Elm's, 36 University Road. Les toiles d'Edvard Munch servent de décor aux jeux de société et au billard.*
- *The Fly, 5-6 Lower Crescent. Le décor, comme le nom des boissons, s'inspire uniquement de la mouche. DJ's tous les soirs.*
- *Robinson's, 38-40 Great Victoria Street. 4 étages avec des bars différents, dont un pour les motards en sous-sol, le Rock Bottom.*

Dans le quartier des docks

- *Errigle Inn, Ormeau Road,* ***T (028) 90 64 14 10****.*
- *Liverpool Bar, 44 Donegall Quay,* ***T (028) 90 32 47 96****.*
- *The Rotterdam, 54 Pilot Street,* ***T (028) 90 74 60 21****.*

Sécurité

La police d'Irlande du Nord, RUC (Royal Ulster Constabulary), peut effectuer des contrôles d'identité et il est prudent d'avoir son passeport à portée de main. Il ne faut jamais se garer dans une control zone, zone signalée par des panneaux, ni laisser ses bagages sans surveillance. Il est interdit de photographier casernes ou installations militaires sans autorisation. Les dates sensibles – autour du 12 juillet, fête de la victoire de Guillaume d'Orange sur les catholiques – donnent fréquemment lieu à des conflits et sont donc à éviter. Il n'y a pas de consignes dans les aéroports, ni dans les gares.

Guides

- *The Automobile Association, 108-110 Great Victoria Street,* ***T (028) 90 50 06 00****. Grand choix de guides et de cartes.*
- *Eason's, Castlecourt Shopping Centre, Royal Avenue,* ***T (028) 90 23 50 70****. Comme à Dublin, cette librairie propose un grand choix d'ouvrages sur l'Irlande ainsi qu'une section générale, la presse internationale, nationale et régionale.*
- *Office du tourisme, 47 Donegall Place. Plans gratuits de la ville, horaires des bus.*
- *Queen's University Bookshop, 91 University Road,* ***T (028) 90 66 63 02****. Dans le quartier de l'université, de même qu'un grand nombre de librairies d'occasion.*

Shopping

Les magasins sont ouverts du lundi au samedi de 9 h à 17 h 30, le jeudi de 9 h à 19 h.

Artisanat

- *Craftworks Shop, Bedford Street. Au centre de Belfast, c'est la vitrine des artisans d'Irlande du Nord.*
- *Smyth's Irish Linen's, 14 Callender Street. Pour la toile damassée d'Irlande, les mouchoirs en lin et les serviettes.*

Magasins de sport

- *Graham Tiso of Scotland, 12-14 Cornmarket,* ***T (028) 90 23 12 30****. 3 étages pour le randonneur et le sportif. Panneau*

d'affichage concernant plusieurs activités sportives, avec informations d'actualité et programme des sorties.
- *Scout Shop Ski & Camp Centre, 12-14 College Square East,* ***T (028) 90 32 05 80****.*
- *Surf Mountain, 12 Brunswick Street,* ***T (028) 90 24 88 77****.*

Marché

- *Marché Saint-Georges, au coin d'Oxford Street et de May Street. Construit en 1896, ce marché a été complètement restauré en 1999. (Ouv. mar. et ven. à partir de 8 h.)*

Sortir

- *Empire Music Hall, 42 Botanic Avenue,* ***T (028) 90 32 81 10****. Superbe bâtiment victorien. Spectacles, soirées dansantes et musicales.*
- *Grand Opera House, Great Victoria Street. Opéras, théâtre, comédies musicales. Renseignements :* ***T (028) 90 24 19 19****.* *Guichets : 17 Wellington Place,* ***T (028) 90 24 19 19****.* *(Ouv. du lun. au sam. de 9 h 45 à 17 h 30.)*
- *Madison's, 59-63 Botanic Avenue. Une boîte de nuit à la mode, avec musique live le dimanche soir.*
- *Thompson's Garage, Patterson's Place. Le rendez-vous des DJ's internationaux.*
- *Virgin Cinema, Dublin Road. Complexe de 10 écrans au sud du centre.*
- *Waterfront Hall, Lanyon Place,* ***T (028) 90 33 44 55****. La plus grande salle de la ville. Concerts du pop au classique.*

Loisirs

Visite des chantiers navals

Pour visiter le chantier naval Harland & Wolff, adresser une demande écrite à l'adresse suivante :
- *Public Affairs Office, Harland & Wolff, Queen's Island, Belfast BT3.*

Sports

- *Sports Council for Northern Ireland, House of Sport, Malone Road, Belfast BT9 5LA,* ***T (028) 90 38 12 22****. Les détails sur toutes les grandes manifestations sportives.*
- *Promenades en bateau sur la Lagan au départ du Lagan Weir,* ***T (028) 90 33 08 44****.* *(Départs du lun. au ven. à 11 h, 12 h 30, 13 h, 15 h, 16 h, sam. à 14 h et 15 h.)*

Golf

- *Terrains : Cliftonville, Gilnahirk, Ormeau (9 trous) ; Balmoral, Belvoir Park, Dunmurray, Fortwilliam, Knock, Mount Ober, Shandon Park (18 trous) ; Malone (27 trous).*
- *Renseignements : Golfing Ireland, 18 Parnell Square, Dublin 1,* ***T (01) 87 26 711****.*

Randonnées pédestres

- *Laganside Trail et Lagan Towpath. Renseignements :* ***T (028) 90 49 14 69****.*

Observation des oiseaux

- *Birdwatch Northern Ireland, 12 Belvoir Close, Belvoir Park, Belfast BT8 7PL,* ***T (028) 90 69 32 32****.*

Poste

● *Central Post Office, 25 Castle Place,* ***T (028) 90 32 37 40****.*
(Ouv. du lun. au ven. de 9 h à 17 h 30, sam. de 9 h à 13 h.)

Calendrier des jours fériés

1er janvier : jour de l'an.
17 mars : Saint-Patrick.
Lundi de Pâques.
1er mai.
Congé de printemps : dernier lundi de mai.
Orangeman's Day : 12 juillet.
Congé d'été : dernier lundi d'août.
Noël : 25 décembre.
Boxing Day : 26 décembre.
Belfast organise des réjouissances d'Halloween autour du 30-31 octobre.

En cas d'urgence

Police, pompiers, ambulance : **T 999** (appel gratuit).

Comté d'Antrim

Indicatif téléphonique : **028**.

Arriver

En train

● *Gare ferroviaire, Railway Station, Portrush,* ***T (028) 70 82 23 95****.*
● *Gare ferroviaire, Larne Town Station,* ***T (028) 26 06 04****.*

En bus

● *Gare routière, Dunluce Centre, Portrush,* ***T (028) 70 82 33 33****.*
● *Gare routière, Circular Road, Larne,* ***T (028) 27 23 45****.*

Circuler

Le bus n° 252 d'Antrim Coastrer relie Belfast à Coleraine 2 fois par jour du 1er mai au 30 septembre. Départ de Belfast à 9 h 10 et 14 h, départ de Coleraine à 9 h 50 et 16 h 10.
● *Renseignements : Ulsterbus,* ***T (028) 90 33 30 00****.*
Le bus Leaping Leprauchaun relie les auberges de jeunesse sur la côte d'Antrim.
● *Renseignements : Ulsterbus,* ***T (028) 90 33 30 00****.*

Se loger

● *Alexandra, 11 Landsdowne Crescent, Portrush,* ***T (028) 70 82 22 84****. (À partir de 20 £ par personne, soit 33,40 €.)*
● *Belvedere, 15 Landsdowne Crescent, Portrush,* ***T (028) 70 82 27 71****. Bed & breakfast avec vue sur la mer. (À partir de 20 £ par personne, soit 33,40 €.)*
● *Bushmill's Inn, 9 Dunluce Road, Bushmills,* ***T (028) 20 73 23 39****. Hôtel de qualité dans un cadre exceptionnel*

à 4 miles du Royal Portrush Golf Club. (À partir de 65 £ par personne, soit 108,55 €.)

● *Causeway Hotel,* **T (028) 20 73 12 26**. *Tout près de la Chaussée des Géants. (À partir de 45 £ par personne, soit 75,15 €.)*

● *Dobbin's Inn Hotel, 6-8 High Street, Carrickfergus,* **T (028) 93 35 19 05**. *Excellent établissement tricentenaire. Restaurant et hôtel. (À partir de 50 £ par personne, soit 83,50 €.)*

● *Marine Hotel, 1-3 North Street, Ballycastle,* **T (028) 20 76 22 22**. *Sur la plage, à quelques minutes en voiture de la Chaussée des Géants. (À partir de 40 £ par personne, soit 66,80 €.)*

● *Old Manse, 3 Main Street, Portrush,* **T (028) 70 82 41 18**. *Belle maison ancienne. (À partir de 25 £ par personne, soit 41,75 €.)*

Auberges de jeunesse

● *Castle Hostel, 62 Quay Road, Ballycastle,* **T (028) 20 76 23 37**. *(Tarif : 6 £ par personne, soit 10,02 €.)*

● *Macools, 5 Causeway View Terrace, Portrush,* **T (028) 70 82 48 45**. *(Tarif : 7 £, soit 11,69 €, pour un lit en dortoir. Vélos à louer : 5 £ par jour, soit 8,35 €.)*

Campings

● *Cushendall Caravan Park,* **T (028) 21 77 16 99**. *Sur la route côtière à la sortie de Cushendall. (Tarif : 5 £ pour une tente, soit 8,35 €.)*

● *Glenariff Forest Park,* **T (028) 21 75 82 32**. *Près du parc forestier de Glenariff. (Tarif : 3 £ pour une tente, soit 5,01 €.)*

● *Golf Links Holiday Home Park, Bushmills Road, Portrush,* **T (028) 70 82 35 39**. *(Emplacement : 9 £, soit 15,03 €.)*

● *Silvercliffs Holiday Village, 21 Clare Road, Ballycastle,* **T (028) 20 76 25 50**. *À proximité de la ville. Piscine, sauna. (Emplacement : 10 £, soit 16,70 €.)*

Se restaurer

● *Bushmill's Inn, 9 Dunluce Road, Bushmills,* **T (028) 20 73 23 39**. *Brasserie et restaurant dans un cadre exceptionnel à 4 miles du Royal Portrush Golf Club.*

● *Harry's Restaurant, 10 Mill Street, Cushendall,* **T (028) 21 77 20 22**. *Déjeuner et dîner raffinés à prix raisonnables. (Ouv. du lun. au sam. de 12 h 30 à 15 h et de 18 h à 21 h 30, dim. de 12 h 30 à 15 h et de 19 h à 21 h 30. Env. 7 £, soit 11,70 €.)*

● *Johnny Joe McCollam's, 23 Mill Street, Cushendall. Pub avec ambiance garantie.*

● *Ramore, Portrush,* **T (028) 70 82 43 13**. *Sur le port. Le rendez-vous de tout Portrush. Bar à vins et restaurant à l'étage. (Déjeuner de 12 h 15 à 14 h 15, dîner à partir de 18 h. Plat du jour à midi : env. 5 £, soit 8,35 € ; plat du jour le soir : env. 12 £, soit 20,04 €.)*

● *Wysner's, 16 Ann Street, Ballycastle,* **T (028) 20 76 23 72**. *Plats traditionnels. (Ouv. du 1er juillet au 31 août, du lun. au sam. de 8 h à 21 h ; du 1er septembre au 30 juin, du lun. au jeu. de 8 h à 17 h, ven. et sam. de 8 h à 22 h. Déjeuner : 5 £, soit 8,35 € ; plat du soir : env. 7 £, soit 11,70 €.)*

Sortir

● *Clotworthy Arts Centre, Antrim Castle Gardens*, **T (028) 94 42 81 11**. Théâtre et expositions temporaires.

● *Kelly's*, **T (028) 70 82 25 39**. À la sortie de Portrush. Pour les amateurs de dance et de musique techno, une quinzaine d'espaces réunis sous le même toit. DJ's invités venant de Londres.

Loisirs

Observation des oiseaux

● À l'île de Rathlin. Renseignements : Birdwatch Northern Ireland, 12 Belvoir Close, Belvoir Park, Belfast BT8 7PL, **T (028) 90 69 32 32**.

Sports

Golf

● Terrains : Cushendall, Gracehill, Greenisland, Lambeg, Larne, Mallusk (9 trous) ; Ballycastle, Ballyclare, Ballymena, Burnfield House, Bushfoot, Cairndhu, Carrickfergus, Lisburn, Massereene, Whitehead (18 trous) ; et le prestigieux Royal Portrush (45 trous).

● Renseignements : Golfing Ireland, 18 Parnell Square, Dublin 1, **T (01) 87 26 711**.

Surf

● *Troggs, 8 Bath Street, Portrush*, **T (028) 70 82 39 23**. Location d'équipement et conseils.

● *Woodie's Surf-Skate-Snow, 102 Main Street, Portrush*, **T (028) 70 82 32 73**. Location et vente de combinaisons et de planches.

Plongée

● *Ardclinis Activity Centre, 11 High Street, Cushendall*, **T (028) 21 71 340**. Location de combinaisons, cours, sorties. Également location de vélos.

● *McBride's Boat Trips, Ballycastle*, **T (028) 20 62 637**. Sorties.

Pêche

● *McBride's Boat Trips, Ballycastle*, **T (028) 20 62 637**. Sorties en bateau.

● *O'Neill's Country Sports, Mill Street, Cushendall*. Vente de matériel de pêche.

Location de vélos

● *Ardclinis Activity Centre, 11 High Street, Cushendall*, **T (028) 21 71 340**. Également location de matériel de plongée.

● *Bicycle Doctor, 104 Lower Main Street, Portrush*, **T (028) 70 82 43 40**.

● *Northern Auto Factors, 41 Castle Street, Ballycastle*, **T (028) 20 76 37 48**.

Randonnées équestres

● *Hillfarm Riding & Trekking Centre, 47 Altikeragh Road, Portrush*, **T (028) 70 84 86 29**.

● *Maddybenny Riding Centre, Portrush*, **T (028) 70 82 33 94**.

Randonnées pédestres

● *Moyle Way*, chemin de randonnée de 32 km de Glenariff à Ballycastle. Renseignements : office du tourisme de Ballycastle, **T (028) 20 62 024**, ou Sports Council for Northern Ireland, Belfast, **T (028) 90 38 12 22**.

Adresses utiles

● *Dunluce Centre, Sandhill Drive, Portrush,* ***T (028) 70 82 33 33****. Informations touristiques.*
● *Moyle District Council Office, Sheskburn House, 7 Mary Street, Ballycastle,* ***T (028) 20 62 024****. Informations sur toute la côte d'Antrim. Service d'information informatisé à l'extérieur (24 h/24 h).*
● *Office du tourisme, 24 Mill Street, Cushendall,* ***T (028) 21 77 11 80****. (Ouv. du 1er juillet au 31 août, du lun. au sam. de 10 h à 13 h et de 15 h à 19 h 30, dim. de 14 h à 16 h 30 ; du 1er septembre au 30 juin, du mar. au ven. de 10 h à 13 h et de 15 h à 17 h.)*

Urgences

Appel gratuit : **T 999**.

Comté d'Armagh

Indicatif téléphonique : **028**.

Arriver

En bus
● *Gare routière, Mall West, Armagh,* ***T (028) 37 52 22 66****.*

Circuler

En bus
● *Renseignements : gare routière, Mall West, Armagh,* ***T (028) 37 52 22 66****.*

Se loger

● *De Averell House, 47 English Street, Armagh,* ***T (028) 37 51 12 13****. Hôtel-restaurant dans une maison de style georgien. (À partir de 30 £ par personne, soit 50 €.)*
● *Drumsill Hotel, 35 Moy Road, Armagh,* ***T (028) 37 52 20 09****. Entouré de verdure. Bar, restaurant. (À partir de 30 £ par personne, soit 50 €.)*
● *Padua Guest House, 63 Cathedral Road, Armagh,* ***T (028) 37 52 20 39****. Pour dormir à l'ombre de la cathédrale. (À partir de 12 £ par personne, soit 20 €.)*
● *Seagoe Hotel, Upper Church Road, Portadown,* ***T (028) 30 33 30 76****. Maison paisible à 50 km de Belfast. (À partir de 45 £ par personne, soit 75 €.)*

Camping
● *Gosford Forest Park,* ***T (028) 37 55 12 77****. À 11 km au sud d'Armagh. (De 6 à 10 £ la nuit, soit 10,02 à 16,70 €.)*

Se restaurer

● *Basement Café, Market Street, Armagh,* ***T (028) 37 52 43 11****. Au sous-sol du Armagh House Cinema.*

(Ouv. du lun. au sam. de 9 h à 17 h 30.)

- *De Averell House, 47 English Street, Armagh,* ***T (028) 37 51 12 13****. Restaurant et hôtel dans une maison de style georgien. (Ouv. du jeu. au sam. de 18 h à 22 h, dim. de 12 h à 15 h et de 17 h à 21 h 30. Plats : env. 8 £, soit 13,36 €.)*
- *Johnston's Bakery, 9 Scotch Street, Armagh,* ***T (028) 37 52 29 95****. Spécialités aux pommes d'Armagh. (Ouv. du lun. au sam. de 9 h à 18 h. Gâteaux : à partir de 50 pence, soit 0,83 €.)*

Loisirs

Visite en calèche

Deux calèches restaurées font le tour de la ville d'Armagh durant les mois d'été.

- *Renseignements : office du tourisme d'Armagh,* ***T (028) 37 52 18 00****.*

Sports

Golf

- *Terrains : Ashfield, Co. Armagh, Edenmore, Lurgan, Portadown, Silverwood, Tandragee (18 trous).*
- *Renseignements : Golfing Ireland, 18 Parnell Square, Dublin 1,* ***T (01) 87 26 711****.*

Location de vélos

- *Brown's Bikes, 21A Scotch Street, Armagh,* ***T (028) 37 52 27 82****.*

Adresses utiles

- *Office du tourisme, Old Bank Building, 40 English Street, Armagh,* ***T (028) 37 52 18 00****.*
- *Office du tourisme, Market Street, Downpatrick,* ***T (028) 44 61 22 33****.*

Urgences

Appel gratuit : **T 999**.

Comté de Cavan

Indicatifs téléphoniques

Ballyconnell : **049**.
Cavan : **049**.
Kingscourt : **042**.
Shercock : **042**.

Arriver

En bus

- *Gare routière, Farnham Street, Cavan,* ***T (049) 43 31 353****.*

Circuler

En bus

- *Renseignements : gare routière, Farnham Street, Cavan,* ***T (049) 43 31 353****.*

Se loger

- *Cabra Castle Hotel, Kingscourt,* ***T (042) 96 67 030****. Un ancien château entouré d'un parc fabuleux. Séjours équestres, parcours de golf (9 trous).*

(À partir de 55 IR £ par personne, soit 69,85 €.)

- *Deer Park Lodge, Virginia,* **T (049) 43 47 235**. *Belle maison du XVIIIe s. entourée d'un golf 9 trous près du Lough Ramor. (À partir de 35 IR £ par personne, soit 44,40 €.)*
- *Farnham Arms Hotel, Main Street, Cavan,* **T (049) 43 32 577**. *(À partir de 35 IR £ par personne, soit 44,40 €.)*
- *McCaul's Guesthouse, 10 Bridge Street, Cavan,* **T (049) 43 31 327**. *Hôtel bien placé au centre-ville. (À partir de 20 IR £ par personne, soit 25,40 €.)*
- *Slieve Russell Hotel Golf & Country Club, Ballyconnell,* **T (049) 95 36 444**. *Complexe sportif de luxe dans un domaine de 120 ha. Jardins, lacs et terrain de tournoi (18 trous) ouvert depuis 1992. (À partir de 80 IR £ par personne, soit 101,60 €.)*

Camping

- *Lakelands Caravan & Camping Park, Shercock,* **T (042) 96 69 488**. *Au bord du lac Sillian. Pêche au brochet. (Tarif : 7 IR £ par tente, soit 8,89 €, plus 50 pence par personne, soit 0,63 €.)*

Se restaurer

- *Olds Priory, Main Street, Cavan,* **T (049) 96 61 898**. *Ancien couvent transformé en restaurant. Fruits de mer, repas végétariens. (Ouv. du mar. au sam. et dim. soir. Plats : à partir de 5 IR £, soit 6,34 €.)*
- *Farnham Arms Hotel, Main Street, Cavan,* **T (049) 43 32 577**.
- *Sharkey's Hotel, Main Street, Virginia,* **T (049) 43 47 561**. *Brasserie toute la journée et restaurant le soir.*

Loisirs

Croisières

- *Turbet Tours, Bellturbet,* **T (049) 43 22 360**. *Croisières sur l'Upper Lough Erne et la voie fluviale Shannon-Erne Waterway.*

Sports

Golf

- *Terrains : Belturbet, Blacklion, Cabra Castle, Virginia (9 trous) ; Co. Cavan, Slieve Russell (18 trous).*
- *Renseignements : Golfing Ireland, 18 Parnell Square, Dublin 1,* **T (01) 87 26 711**.

Pêche

- *International Fishing Centre, Loughdooley, Bellturbet, Cavan,* **T (049) 95 22 616**. *Hébergement. Bateaux.*
- *Northern Regional Fisheries Board, Cavan,* **T (049) 43 37 174**. *Information sur la pêche sur les lacs Sheelin et Oughter.*

Randonnées pédestres

- *The Cavan Way, circuit de 26 km par Dowra, Shannon Pot (la source de la Shannon) et Blacklion. Renseignements : Cavan County Council,* **T (049) 43 31 799**.

Adresses utiles

- *Cavan County Council, Library Services, Cavan,* **T (049) 43 31 799**. *Informations touristiques.*
- *North West Tourism, Cavan,* **T (049) 43 31 942**.

Urgences

Appel gratuit : **T 999**.

Comté de Derry

Indicatif téléphonique : **028**.

Arriver

En train

- *Gare ferroviaire : Northern Ireland Railways Station, Duke Street, Waterside, Derry,* ***T (028) 71 34 22 28****.*

En bus

- *Gare routière : Ulsterbus Station, Foyle Street, Guildhall, Derry,* ***T (028) 71 26 22 61****.*

Se loger

- *Beach Hill Country House, Ardmore Road, Derry,* ***T (028) 71 34 92 79****. Élégante maison du XVIIIe s. vers Dungiven. Excellent restaurant. (Env. 90 £, soit 150 €.)*
- *Edgewater Hotel, 88 Strand Road, Porstewart,* ***T (028) 70 83 33 14****. Superbe situation avec vue sur l'océan, à proximité du golf de Portstewart. (À partir de 30 £ par personne, soit 50,10 €.)*
- *Lodge Hotel Travelstop, Lodge Road, Coleraine,* ***T (028) 70 54 48 48****. À 10 mn des plages. Brasserie et 2 restaurants. (À partir de 30 £ par personne, soit 50,10 €.)*
- *Pyne's, 36 Great James Street, Derry,* ***T (028) 71 26 96 91****. Bed & breakfast dans une jolie maison victorienne. (Env. 20 £ par personne, soit 33,40 €.)*
- *Radisson Roe Park Hotel & Golf Resort, Roe Park, Limavady,* ***T (028) 77 72 22 22****. Ce domaine, qui possède un golf 18 trous, propose des stages d'entraînement intensif. Hébergement de qualité avec équipement sportif. (À partir de 65 £ par personne, soit 108,55 €.)*
- *Trinity Hotel, Strand Road, Derry,* ***T (028) 71 27 12 71****. Juste au nord du centre-ville. (Env. 65 £ par personne, soit 108,55 €.)*

Auberges de jeunesse

- *Magee College, 26 Northland Road, Derry,* ***T (028) 71 37 13 71****.*
- *Oakgrove Manor, 4-6 Magazine Street, Derry,* ***T (028) 71 28 41 00****. Dans l'enceinte de la ville. (Lit en dortoir : env. 8 £, soit 13,36 € ; chambre individuelle : 15 £ par personne, soit 25,05 €.)*

Campings

- *Benone Tourist Complex,* ***T (028) 77 75 05 55****. À la plage de Benone. (Tarifs : 5,50 £ pour une tente, soit 9,18 € ; 9 £ pour un camping-car, soit 15 €.)*
- *Portstewart Holiday Park,* ***T (028) 70 83 33 08****. (Emplacement : 8 £, soit 13,36 €.)*

Se restaurer

- *Beach Hill Country House, Ardmore Road, Derry,* ***T (028) 71 34 92 79****. Excellent* *restaurant dans une élégante maison du XVIIIe s. vers Dungiven.*

- *Café Nosh, Foyle Street, Derry,* **T (028) 71 30 82 73**. *Plats réputés, poissons. (Ouv. du lun. au sam. de 17 h 30 à 22 h, dim. de 18 h à 21 h. Plats : env. 9 £, soit 15 €.)*
- *Indigo, Shipquay Street, Derry,* **T (028) 71 27 10 11**. *Café-bar-restaurant dans l'enceinte de la ville. (Ouv. tlj de 11 h à 23 h. Plats : env. 6 £, soit 10 €.)*
- *The Lime Tree, 30 Catherine Street, Limavady,* **T (028) 77 76 43 00**. *Cuisine internationale. Fruits de mer. (Ouv. du mer. au dim. de 12 h à 14 h et de 18 h à 21 h 30. Plats du jour : env. 5 £, soit 8,35 € ; dîner : 10 £, soit 16,70 €.)*
- *Reggie's Seafood Restaurant, 145 Strand Road, Derry,* **T (028) 71 26 20 50**. *Excellent choix. Fruits de mer. (Ouv. du lun. au sam. pour déjeuner et dîner.)*

Shopping

- *Austin's, The Diamond, Derry. L'un des plus vieux magasins du pays. On y trouve de tout.*
- *Derry Craft Village, Shipquay Street, Derry,* **T (028) 71 26 03 29**. *Ensemble de magasins d'artisanat irlandais. Tweed, bijoux, céramique.*

Loisirs

Galerie d'art

- *Orchard Gallery, Orchard Street, Derry,* **T (028) 71 26 96 75**. *Expositions d'artistes contemporains. (Ouv. du mar., au ven. de 10 h à 17 h 30, sam. de 10 h à 16 h 30.)*

Sports

Golf

- *Terrains : Brown Trout, Kilrea, Manor (9 trous) ; Moyola Park, Roe Park (18 trous) ; Castlerock, City of Derry, Foyle (27 trous) ; et Portstewart (45 trous).*
- *Renseignements : Golfing Ireland, 18 Parnell Square, Dublin 1,* **T (01) 87 26 711**.

Surf

- *Ocean Warriors, 80 The Promenade, Portstewart,* **T (028) 70 83 65 00**. *Location d'équipements. L'un des plus grands magasins de surf d'Irlande.*
- *Troggs, 20 The Diamond, Portstewart,* **T (028) 70 83 33 61**. *Location de combinaisons et de planches.*

Location de vélos

- *An Mointean B & B, Cycle Hire & Tours, 245 Lone Moor Road, Derry,* **T (028) 71 28 71 28**.
- *Bart's Bikes, 5 Church Pass, Promenade, Portstewart,* **T (028) 70 83 33 20**.

Randonnées pédestres

- *Northern Tours,* **T (028) 71 30 90 51**. *Itinéraires historiques dans la ville de Derry.*
- *The Ulster Way. Renseignements : office du tourisme de Derry,* **T (028) 71 26 72 84**.

Adresses utiles

- *Office du tourisme, 44 Foyle Street, Derry,* **T (028) 71 26 72 84**. *(Ouv. de Pâques au 30 juin, du lun.*

au ven. de 9 h à 17 h, sam. de 10 h à 17 h ; du 1er juillet au 30 septembre, du lun. au ven. de 9 h à 19 h, sam. de 10 h à 18 h, dim. de 10 h à 17 h.)

● *Office du tourisme, Library Building, Portstewart,* ***T (028) 70 83 22 86****.*

(Ouv. du 1er juillet au 31 août, du lun. au sam. de 10 h à 16 h.)

Urgences

Appel gratuit : **T 999**.

Comté de Donegal

Indicatifs téléphoniques

Ardara : **075**.
Bundoran : **072**.
Donegal : **073**.
Downings : **074**.
Gort-a-Choirce : **074**.
Greencastle : **077**.
Inishowen : **077**.
Letterkenny : **074**.

Arriver

En bus

Les trains ne vont pas jusqu'au Donegal. Plusieurs compagnies d'autobus desservent le comté : Bus Éireann, Lough Swilly Buses, McGeehan's Bus Co.
Les tarifs varient plus qu'ailleurs en raison de la concurrence.

● *Bus Éireann, Abbey Hotel, Donegal,* ***T (073) 21 101****.*

● *McGeehan's Bus Co.,* ***T (075) 46 150****. Arrêt devant le poste de police, Garda Station, Donegal.*

Se loger

● *Abbey Hotel, The Diamond, Donegal,* ***T (073) 21 014****. Hôtel de 49 ch. dans le centre-ville. (À partir de 30 IR £ par personne, soit 38,10 €.)*

● *Harvey's Point Country Hotel,* ***T (073) 22 208****. Bel hôtel sur le lac Eske, à la sortie de Donegal. (À partir de 45 IR £ par personne, soit 57,10 €.)*

● *Hyland Central Hotel, The Diamond, Donegal,* ***T (073) 21 027****. Le plus grand hôtel du centre-ville. (À partir de 35 IR £ par personne, soit 44,40 €.)*

● *McGrory's of Culdaff, Culdaff, Inishowen,* ***T (077) 79 104****. Base idéale pour la pêche en mer. (À partir de 15 IR £ par personne, soit 19 €.)*

● *Tourist Lodge, Donegal,* ***T (073) 23 060****. Bed & breakfast en face de l'office du tourisme.*

● *Woodhill House, Ardara,* ***T (075) 41 112****. Bed & breakfast dans la maison historique d'une famille de pêcheurs de baleines. Bar et restaurant. (À partir de 25 IR £ par personne, soit 31,70 €.)*

Auberge de jeunesse

● *Cliffview Holiday Hostel, Killybegs Road, Donegal,* ***T (073) 21 684****. (Lit en dortoir : 7 IR £, soit 8,89 € ; chambre individuelle : 15 IR £ par personne, soit 19 €.)*

Se restaurer

- *An Chistin, Ulster Cultural Foundation, Glencolumbcille,* ***T (073) 30 213****. Fruits de mer, mais aussi pâtisseries. (Ouv. de 9 h 30 à 21 h 30. Plat du jour : env. 3,95 IR £, soit 5 €.)*
- *Greencastle Fort,* ***T (077) 81 279****. Pub et restaurant dans un fort aménagé. (Repas du soir : env. 20 IR £, soit 25,40 €.)*
- *Harvey's Point Country Hotel, Donegal,* ***T (073) 22 208****. Bon restaurant dans cet hôtel sur le lac Eske.*
- *Kealy's Seafood Bar, Greencastle,* ***T (077) 81 010****. Près du port. Menu avec fruits de mer.*
- *Ubiquitous, 47 Upper Main Street, Buncrana,* ***T (077) 62 530****. Bar et restaurant. Beaucoup de choix. (Plats : env. 10 IR £, soit 12,70 €.)*
- *Yellow Pepper, Main Street, Letterkenny. Petits déjeuners, plats variés le soir. (Env. 10 IR £, soit 12,70 €.)*

Shopping

- *Magee's, The Diamond, Donegal. Tricots irlandais, mais surtout tweed du Donegal. (Ouv. du 1er juillet au 31 août, du lun. au ven. de 9 h à 18 h, sam. de 11 h à 18 h ; du 1er septembre au 30 juin, du lun. au ven. de 9 h à 18 h.)*

Loisirs

Excursions en mer

- *Pour voir les falaises de Slieve League depuis la mer : The Craft Shop, Kilcar,* ***T (073) 38 002****.*

Sports

Golf

- *Rosapenna Hotel, Downings,* ***T (074) 55 301****. Stages et séjours.*
- *Terrains : Buncrana, Chloic Cheann Fhaola, Cruit Island, Gaoth Dobhair, Otway, Redcastle (9 trous) ; Ballybofey & Stranorlar, Ballyliffin, Bundoran, Donegal, Dunfanaghy, Greencastle, Letterkenny, Naran & Portnoo, North West, Portsalon, Rosapenna (18 trous).*
- *Renseignements : Golfing Ireland, 18 Parnell Square, Dublin 1,* ***T (01) 87 26 711****.*

Pêche

- *Doherty's, Main Street, Donegal,* ***T (073) 21 119****.*
- *Renseignements : Northern Regional Fisheries Board, Station Road, Ballyshannon,* ***T (072) 51 435****.*

Sports nautiques

- *Donegal Surf Co., The Promenade, Bundoran,* ***T (072) 41 340****. Surf.*
- *Inishowen Adventures, Moville Boat Club,* ***T (077) 82 460****. Voile, planche à voile, plongée.*
- *Malinmore Outdoor Pursuits Centre, Malin Bay,* ***T (073) 30 123****. Plongée, canoë.*

Location de vélos

- *Bike Shop, Waterloo Place, Donegal,* ***T (073) 22 515****. Location de vélos et conseils d'itinéraires.*
- *Byrne's, Ardara,* ***T (075) 41 156****. Agent Raleigh.*
- *Doherty's, Main Street, Donegal,* ***T (073) 21 119****.*

Randonnées équestres

- *Castle View Ranch, Ardara,* ***T (075) 41 212****.*
- *The Stracomer Silver Strand Equestrian Centre, Tullan Strand, Bundoran,* ***T (072) 41 288****. Sorties sur les plages pour débutants et pour cavaliers confirmés.*

Randonnées pédestres

- *Bealach na Gaeltachta, ensemble de quatre itinéraires à travers les régions du Gaeltacht : Falcarragh Gortahork-Gweedore-Dunlewey ; Dungloe-Burtonport-Annagry-Crolly ; Fintown-Cloghan-Commeen ; Ardara-Kilcar-Glencolumcille.*

Écrire à : Udaras na Gaeltachta, Main Street, Dingle, Co. Kerry ; **e-mail : info@gaelsaoire. ie***.*

- *SOS Walking Tours, Ardai Bheag, Gort-a-Choirce,* ***T (074) 24 797****.*

Escalade

- *Gartan Outdoor Education Centre, Churchill, Letterkenny,* ***T (074) 37 032****. Sorties et stages d'escalade, mais aussi stages de canoë en mer, surf, planche à voile.*

Adresse utile

- *Office du tourisme, Quay Street, Donegal,* ***T (073) 21 148****.*

Comté de Down

Indicatif téléphonique : **028**.

Arriver

En train

- *Gare ferroviaire, Bangor Station, Abbey Street,* ***T (028) 91 47 41 43****.*

En bus

- *Ulsterbus,* ***T (028) 91 27 11 43****.*

Circuler

En bus

- *Renseignements : Ulsterbus,* ***T (028) 91 27 11 43****.*

Se loger

- *Ballycastle House,* ***T (028) 42 78 83 57****. Au sud de Newtownards. Bed & breakfast dans une ferme authentique à proximité des Mount Stewart Gardens. (À partir de 25 £ par personne, soit 41,75 €.)*
- *Burrendale Hotel & Country Club, 51 Castlewellan Road, Newcastle,* ***T (028) 43 72 25 99****. À 5 mn d'un des meilleurs golfs du pays, le Royal County Down. Équipements de qualité. (À partir de 50 £ par personne, soit 83,50 €.)*
- *Drumrawn House, 139 Central Promenade, Newcastle. Vue sur la mer et charme georgien. (À partir de 18 £ par personne, soit 30 €.)*
- *Marine Court Hotel, The Marina, Bangor,* ***T (028) 91 45 11 00****. Les pieds dans l'eau, cet hôtel moderne dispose aussi d'une piscine chauffée. (À partir de 45 £ par personne, soit 75,15 €.)*

● *Old Inn, Crawfordsburn,* **T (028) 91 85 32 55**. *Le plus vieil hôtel d'Irlande (1614). Décor et ambiance authentiques. (Repas du soir : env. 20 £, soit 33,40 €.)*

● *Pierview House, Seacliff Road, Bangor,* **T (028) 46 33 81 28**. *Charme victorien. (À partir de 20 £ par personne, soit 33,40 €.)*

Auberge de jeunesse

● *Barholm, 11 The Strand, Portaferry,* **T (028) 42 72 95 98**. *Chambres particulières de qualité. (Tarif : 11 £ par personne, soit 18,37 €.)*

Campings

● *Castle Ward Caravan Park, Domaine de Castle Ward, Stranford,* **T (028) 44 88 16 80**. *(Tarif : 6 £ la nuit, soit 10,02 €.)*

● *Exploris Touring Caravan Park,* **T (028) 42 72 86 10**. *Emplacements pour camping-cars à Portaferry.*

● *Tollymore Forest Park, 176 Tullybrannigan Road,* **T (028) 43 72 24 28**. *À 3 km de Newcastle. (Tarif : de 6 à 10 £ par tente, soit 10,02 à 16,70 €.)*

Se restaurer

● *Avant Garde Café Bar, 132 Main Street, Bangor,* **T (028) 91 45 44 28**.

● *The Cosy, 28 Dufferin Avenue, Bangor,* **T (028) 91 46 65 72**. *Une jolie collection de théières fait partie du décor. (Ouv. du lun. au jeu. de 10 h à 16 h 30, ven. et sam. de 10 h à 19 h. Plats : env. 4 £, soit 6,68 €.)*

● *Grace Neill's Pub & Bistro, 35 High Street, Donaghadee,* **T (028) 91 88 25 53**. *Figure dans le Livre des records comme le plus ancien pub d'Irlande. (Ouv. du lun. au sam. Spécialités à l'heure du déjeuner : de 6 à 10 £, soit 10,02 à 16,70 €.)*

● *Grainger's, Gray's Hill, Bangor,* **T (028) 91 46 77 47**. *(Ouv. du lun. au sam. pour déjeuner et dîner, dim. pour déjeuner. Menu « moderne » : env. 8 £, soit 13,35 € ; repas du soir : env. 14 £, soit 23,40 €.)*

● *Shanks, Blackwood Golf Club,* **T (028) 91 85 33 13**. *Il faut réserver à l'avance pour trouver une place dans ce restaurant chic décoré par Sir Terence Conran. (Ouv. du mar. au sam. pour déjeuner et dîner, dim. et lun. pour déjeuner. Env. 25 £, soit 41,75 €.)*

Loisirs

Croisières

● *Donaghadee (traversées en été seulement). Renseignements : office du tourisme de Portaferry,* **T (028) 42 72 98 82**.

Observation des oiseaux

● *Des Rogers, Portaferry,* **(028) 42 72 82 97**.

● *Birdwatch Northern Ireland, 12 Belvoir Close, Belvoir Park, Belfast BT8 7PL,* **T (028) 90 69 32 32**.

Sports

Golf

Le golfeur n'aurait aucun mal à trouver son bonheur dans ce comté constellé de terrains.

● *Terrains : Crossgar, Helen's Bay, Mahee Island, Temple (9 trous) ; Ardglass, Banbridge, Bangor, Bright*

Castle, Carnalea, Donaghadee, Downpatrick, Hollywood, Kilkeel, Kirkistown Castle, Ringdufferin, Rockmount, Royal Belfast, Scrabo Newtownards, Spa Ballinahinch, Warrenpoint (18 trous) ; Blackwood, Clandeboye (36 trous) ; et le plus prestigieux, le Royal County Down (36 trous).

- *Renseignements : Golfing Ireland, 18 Parnell Square, Dublin 1,* **T (01) 87 26 711**.

Canoë

- *Tollymore Outdoor Centre,* **T (028) 43 72 21 58**. *Sorties et stages de canoë et d'escalade.*

Navigation et pêche en haute mer

- *Renseignements : office du tourisme de Bangor,* **T (028) 91 27 00 69**.

Location de vélos

- *Wiki Wiki Wheels, 10b Donard Street, Newcastle,* **T (028) 43 72 39 73**.

Randonnées équestres

- *Drumgooland House, 29 Dunnanew Road, Seaforde, Downpatrick,* **T (028) 44 81 19 56**. *Itinéraires de randonnées de 3 à 6 jours.*
- *Mount Pleasant Horse Trekking Centre,* **T (028) 43 77 86 51**. *Près de Castwellan Forest Park. Trekking dans le parc forestier.*

Randonnée et camping

- *Hill Treker, 115 Central Promenade, Newcastle,* **T (028) 43 23 842**. *Location et vente d'équipement. Information sur les circuits de randonnée.*
- *The North Down Coastal Path. Renseignements : office du tourisme de Bangor,* **T (028) 91 27 00 69**.

Escalade

- *Tollymore Outdoor Centre,* **T (028) 43 72 21 58**. *Sorties et stages d'escalade et de canoë.*

Adresses utiles

- *Office du tourisme, 10-14 Central Promenade, Newcastle,* **T (028) 43 72 22 22**. *(Ouv. du lun. au sam. de 10 h à 17 h, dim. de 14 h à 18 h.)*
- *Office du tourisme, Castle Street, Portaferry,* **T (028) 42 72 98 82**.
- *Tower House Tourist Office, Quay Street, Bangor,* **T (028) 91 27 00 69**.

Urgences

Appel gratuit : **T 999**.

Comté de Fermanagh

Indicatif téléphonique : **028**.

Arriver

En bus

● *Gare routière, Shore Road, Enniskillen. En face de l'office du tourisme. 10 liaisons par jour avec Belfast (2 h). Le bus de Derry dessert Enniskillen, puis Omagh. Renseignements :* ***T (028) 66 32 26 33****.*

Circuler

En bus

● *Bus Éireann, Ulsterbus, à la gare routière d'Enniskillen, Shore Road, en face de l'office du tourisme. Renseignements : gare routière,* ***T (028) 66 32 26 33****.*

En ferry

● *Fermanagh Lakeland Forum, derrière l'office du tourisme d'Enniskillen. Ferries gratuits pour les lacs. Renseignements : office du tourisme, Wellington Road, Enniskillen,* ***T (028) 66 32 31 10****.*

Se loger

● *Manor House Country Hotel, Killadeas,* ***T (028) 68 62 15 61****. À 11 km d'Enniskillen. Jolie situation sur le lac. 50 ch. environ. (À partir de 70 £ par personne, soit 117 €.)*

● *Railway Hotel, 34 Forthill Street, Enniskillen (sur la route d'Omagh),* ***T (028) 66 32 20 84****. Hôtel ancien de 19 ch. (À partir de 28 £ par personne, soit 46,75 €.)*

● *Tullyhona Farm Guesthouse, Marble Arch Road, Florence Court,* ***T (028) 66 34 84 52****. (À partir de 50 £ par personne, soit 83,50 €.)*

Hébergement économique

● *Lakeland Canoe Centre, Castle Island, Enniskillen,* ***T (028) 66 32 42 50****. Dortoirs et camping sur Castle Island. Accès par ferry gratuit. (Lit en dortoir : 9 £, soit 15,03 € ; lit et petit déjeuner : 12 £ par personne, soit 20,04 €.)*

Campings

● *Blaney Caravan Park,* ***T (028) 68 64 16 34****. Sur l'A46 vers Beleek. (Tentes : 6 £, soit 10,02 € ; caravanes : 11 £, soit 18,37 €.)*

● *Castle Archdale Caravan Park,* ***T (028) 68 62 13 33****. À 12 km au nord d'Enniskillen. Camping et auberge. (Tentes : 10 £, soit 16,70 € ; caravanes : 12 £, soit 20,04 €.)*

● *Lakeland Canoe Centre, Castle Island, Enniskillen,* ***T (028) 66 32 42 50****. Camping et dortoirs sur Castle Island. Accès par ferry gratuit. (Tentes : 8 £, soit 13,36 €.)*

● *Mullynascarthy Caravan Park,* ***T (028) 67 72 10 40****. Au sud* *d'Enniskillen, près d'Upper Lough Erne. (Tentes : 6 £, soit 10,02 € ; caravanes : 12 £, soit 20,04 €.)*

Se restaurer

- *Inchaclare Complex, Killadeas,* ***T (028) 68 62 85 50****. Restaurant avec vue sur le lac Inférieur.*
- *Lusty Beag Island,* ***T (028) 68 63 13 42****. Sur l'île de Boa. Salon de thé et saumon fumé.*
- *Manor House Country Hotel, Killadeas,* ***T (028) 68 62 15 61****. (Menu : env. 20 £, soit 33,40 €.)*
- *Melvin House, 1 Townhall Street, Enniskillen,* ***T (028) 66 32 20 40****. Petit déjeuner, plat du jour et repas du soir tous les jours.*
- *Oscar's, 29 Belmore Street, Enniskillen,* ***T (028) 66 32 70 37****. (Env. 14 £, soit 23,38 €.)*

Shopping

- *Buttermarket, Queen Elizabeth Street, Enniskillen,* ***T (028) 66 32 44 99****. L'ancien marché restauré réunit plusieurs magasins d'artisanat.*

Sortir

- *Ardhowen Theatre,* ***T (028) 66 32 54 40****. À 2 km du centre d'Enniskillen. Spectacles, théâtre, musique.*
- *William Blake, Church Street, Enniskillen,* ***T (028) 66 32 21 43****. Pub et musique.*

Loisirs

Croisières

- *Renseignements : centre d'informations touristiques, Wellington Road, Enniskillen,* ***T (028) 66 32 31 10****.*

Observation des oiseaux

- *À Crom Estate. Renseignements :* ***T (028) 67 73 81 74****.*

Sports

Golf

- *Terrains : Castle Hume, Enniskillen (18 trous).*
- *Renseignements : Golfing Ireland, 18 Parnell Square, Dublin 1,* ***T (01) 87 26 711****.*

Pêche

- *Renseignements : office du tourisme d'Enniskillen,* ***T (028) 66 32 31 10****.*

Sports nautiques

- *Lakeland Canoe Centre, Castle Island, Enniskillen,* ***T (028) 66 32 42 50****. Location de matériel : canoë, planche à voile, ski nautique, bateaux. Également location de vélos.*

Location de vélos

- *Lakeland Canoe Centre, Castle Island, Enniskillen,* ***T (028) 66 32 42 50****. Également location de matériel nautique.*

Randonnées pédestres

- *Renseignements : office du tourisme d'Enniskillen,* ***T (028) 66 32 31 10****.*

Adresse utile

● *Office du tourisme, Wellington Road, Enniskillen,* ***T (028) 66 32 31 10****. (Ouv. de Pâques au 30 septembre, du lun. au ven. de 9 h à 17 h 30, sam. de 10 h à 18 h, dim. de 11 h à 17 h ; du 1er octobre à Pâques, du lun. au ven. de 9 h 30 à 17 h 30.)*

Urgences

Appel gratuit : **T 999**.

Comté de Monaghan

Indicatifs téléphoniques

Carrickmacross : **042**.
Monaghan : **047**.

Arriver

En bus

● *Gare routière, North Road, Monaghan,* ***T (047) 82 377****.*

Circuler

En bus

● *Ulsterbus. Renseignements : gare routière de Monaghan,* ***T (047) 82 377****.*

● *McConnon's, Church Square Monaghan,* ***T (047) 82 020****. Compagnie de bus privée.*

Se loger

● *Creighton Hotel, Fermanagh Street, Clones,* ***T (047) 51 284****. Repas à l'heure du déjeuner et le soir. (À partir de 25 IR £ par personne, soit 31,70 €.)*

● *Lakeside Hotel, North Road, Monaghan,* ***T (047) 83 59 19****. (À partir de 35 IR £ par personne, soit 44,40 €.)*

● *Nuremore Hotel & Country Club, Carrickmacross,* ***T (042) 96 61 438****. Un terrain de tournoi 18 trous entoure ce bel hôtel. (À partir de 80 IR £ par personne, soit 101,60 €.)*

Auberge de jeunesse

● *Castleblayney Hostel, au centre d'aventures de Lough Muckno,* ***T (042) 46 256****. Lits en dortoir. Possibilité de camper. (Lit en dortoir : 11,50 IR £, soit 14,60 €.)*

Camping

● *Castleblayney Hostel, au centre d'aventures de Lough Muckno,* ***T (042) 46 256****.*

Se restaurer

● *Andy's Bar & Restaurant, 12 Market Street, Monaghan. (Plat du jour : env. 5 IR £, soit 6,34 € ; dîner : 18 IR £, soit 22,86 €.)*

● *Creighton Hotel, Fermanagh Street, Clones,* ***T (047) 51 284****. Repas à l'heure du déjeuner et le soir dans cet hôtel fréquenté par les pêcheurs.*

Sports

Golf

- *Terrains : Castleblaney, Clones, Mannan Castle (9 trous) ; Nuremore, Rossmore (18 trous).*
- *Renseignements : Golfing Ireland, 18 Parnell Square, Dublin 1,* ***T (01) 87 26 711****.*

Randonnées équestres

- *Greystones Equestrian Centre,* ***T (047) 88 100****. Ce centre situé près de Glasslough, sur le domaine de Castle Leslie, fait partie du Horse Riding Ireland, 4 centres de vacances équestres haut de gamme. Cross-country, perfectionnement, chasse à courre.*

Randonnées pédestres

- *Renseignements : office du tourisme de Monaghan,* ***T (047) 81 122****.*

Adresse utile

- *Office du tourisme, Market House, Market Square, Monaghan,* ***T (047) 81 122****. (Ouv. du 1er mars au 31 octobre, du lun. au ven. de 9 h à 18 h, sam. de 9 h à 13 h.)*

Urgences

Appel gratuit : **T 999**.

Comté de Tyrone

Indicatif téléphonique : **028**.

Arriver

En bus

- *Ulsterbus assure 9 liaisons par jour de Belfast à Omagh (durée du trajet : 1 h 45) et 7 liaisons vers Derry (durée du trajet : 1 h 30). Renseignements :* ***T (028) 90 33 30 00****.*
- *Gare routière, 3 Mountjoy Road, Omagh,* ***T (028) 82 24 27 11****.*

Circuler

Le meilleur moyen de locomotion est le vélo. On trouve des vélos à louer à l'auberge de jeunesse d'Omagh.

- *Omagh Independent Hostel, 9A Waterworks Road,* ***T (028) 82 24 19 73****.*

Se loger

- *Greenmount Lodge, Greenmount Road,* ***T (028) 82 84 13 25****. Bed & breakfast. Repas du soir possible. (À partir de 45 £ par personne, soit 75,15 €.)*
- *Royal Arms Hotel, 51-53 High Street, Omagh,* ***T (028) 82 24 32 62****. Situé en pleine ville, cet hôtel existe depuis 1787. (Tarif : 30 £ par personne, soit 50,10 €.)*
- *Silverbirch Hotel, 5 Gortin Road, Omagh,* ***T (028) 82 24 25 20****. Hôtel*

de 46 ch. rénovées. Bien situé pour la découverte de la région. (À partir de 45 £ par personne, soit 75,15 €.)

Auberge de jeunesse

- *Omagh Independent Hostel, 9A Waterworks Road,* ***T (028) 82 24 19 73****. Également location de vélos.*

Campings

- *Drum Manor Forest Park,* ***T (028) 87 75 96 64****. À 4 km à l'ouest de Cookstown. Une trentaine de sites pour caravanes et camping-cars. (De 6 à 10 £ par nuit, soit 10 à 16,70 €.)*
- *Gortin Glen Caravan Park,* ***T (028) 81 64 81 08****. À 10 km au nord-est d'Omagh.*

Se restaurer

- *Grant's, 29 George Street, Omagh,* ***T (028) 82 25 09 00****. Plats variés et fruits de mer. (Ouv. du lun. au jeu. de 12 h à 22 h, ven. et sam. de 12 h à 22 h 30, dim. de 17 h à 22 h. Plat du jour : env. 5 £, soit 8,35 €.)*
- *Mellon Country Inn, 134 Beltany Road, Omagh,* ***T (028) 81 66 12 24****. (Ouv. du lun. au sam.)*

Shopping

- *Tyrone Crystal Factory,* ***T (028) 87 72 53 35****. Au nord-est de la ville de Tyrone, sur la route de Cookstown, cette fabrique de cristal vend des pièces « imparfaites » avec une remise de 25 %.*

Sports

Golf

- *Terrains : Aughnacloy, Fintona (9 trous) ; Dungannon, Killymoon, Cookstown, Newtownstewart, Omagh, Strabane (18 trous).*
- *Renseignements : Golfing Ireland, 18 Parnell Square, Dublin 1,* ***T (01) 87 26 711****.*

Pêche

- *C.A. Anderson, 64 Market Street, Omagh,* ***T (028) 82 24 23 11****.*

Location de vélos

- *Conway Cycles, 157 Lough Macrory Road, Omagh,* ***T (028) 82 27 12 58****.*

Randonnées équestres

- *Edergole Riding Centre, 70 Moneymore Road, Cookstown,* ***T (028) 86 76 29 24****. École d'équitation avec bed & breakfast. Randonnées de 3 jours dans les montagnes de Sperrin.*

Randonnées pédestres

- *The Ulster Way. Renseignements : office du tourisme d'Omagh,* ***T (028) 82 24 78 31****.*

Adresse utile

- *Office du tourisme, Sperrin Centre, 1 Market Street, Omagh,* ***T (028) 82 24 78 31****. (Ouv. du 1er avril au 30 septembre, du lun. au ven. de 9 h à 17 h.)*

Urgences

Appel gratuit : **T 999**.

L'IRLANDE REPÈRES

Les bras des péninsules irlandaises sont tendus vers l'océan Atlantique et le continent américain. Terre d'accueil des misérables émigrés d'Érin pendant plus de 150 ans, ce continent a toujours été considéré par eux comme moins éloigné et plus accessible que son voisin le plus proche, à qui il garde le dos tourné. Aujourd'hui, l'Irlande entre dans le XXIe siècle forte d'une nouvelle identité comme membre à part entière de l'Union européenne.

Faire Vivre Voir

L'ÎLE D'ÉMERAUDE

Dotée d'un climat océanique, la petite île verte au nord-ouest de l'Europe possède une étonnante variété de paysages. Basses terres, tourbières ou pâturages au centre, dans un cadre en relief de basses montagnes et de côtes rocheuses, l'Irlande est souvent comparée à une cuvette ébréchée !

SITUATION : L'île est située au large de la côte nord-ouest du continent européen, entre 51°5 et 55°5 de latitude nord et entre 5°5 et 10°5 de longitude ouest.
SUPERFICIE : 84 421 km², dont 70 282 pour la République d'Irlande et 14 139 pour l'Irlande du Nord.
POPULATION : Au dernier recensement, la République comptait 3 523 401habitants. La population d'Irlande du Nord est d'environ 1,6 million d'habitants.
CAPITALE : Dublin (1 058 264 hab.).
PRINCIPALES VILLES :
Belfast (279 240 hab.),
Cork (179 954 hab.),
Limerick (79 137 hab.),
Derry (72 330 hab.),
Galway (57 363 hab.).
LANGUE : L'irlandais, langue nationale, et l'anglais sont les langues officielles en Irlande.
MONNAIE : Punt (livre irlandaise), livre sterling (Irlande du Nord).
DIVISIONS ADMINISTRATIVES : La République d'Irlande est divisée en 26 comtés. Six autres comtés forment l'Irlande du Nord.
RÉGIME POLITIQUE : Démocratie parlementaire.
CHEF DE L'ÉTAT : Mary McAleese (depuis 1997).
DRAPEAU : Tricolore (vert, blanc, orange).
PRINCIPALES RESSOURCES ÉCONOMIQUES : Industries de haute technologie, agriculture, pêche, tourisme.

Un relief en cuvette

Une vaste plaine calcaire cernée de collines et de montagnes côtières et criblée de lacs et de rivières, tel est le relief de l'Irlande. L'eau est omniprésente et la plaine du milieu, mal drainée, est pleine de tourbières. Le point culminant, Carrantouhil (Kerry), s'élève à 1 040 m. Le cours de la Shannon, le fleuve le plus long, est de 370 km et le plus grand lac, Lough Neagh, fait 396 km². Quatre grands types de relief, massifs de quartz, de granit, de calcaire et plateaux de basalte, entourent la plaine centrale. Des glaciers ont creusé les vallées en U, formé les lacs des montagnes, poli le plateau du Burren et créé une ceinture de *drumlins*, petites collines ovoïdes, de Cavan à Mayo.

« L'Irlande est un climat »

C'est le dramaturge George Bernard Shaw qui parle ainsi de son pays. L'île est effectivement tout un climat, sans aucun doute largement influencé par sa météo capricieuse. Officiellement, le climat de l'Irlande est tempéré et d'une grande douceur pour sa latitude. Les hivers sont peu rigoureux et la neige est rare, grâce à l'influence de l'océan Atlantique et du Gulf Stream. En février, mois le plus froid, les températures varient de 4 à 7 °C. Toutefois, les Irlandais subissent un climat mouvementé : si une belle journée n'est jamais acquise, de même une mauvaise journée n'est pas faite pour durer, car les vents d'ouest, qui soufflent en continu, chassent les averses ou en apportent. Il ne serait pas faux de dire que les quatre saisons sont représentées tous les jours en Irlande.

La pluie aussi fait des apparitions fréquentes, jusqu'à 265 jours par an dans certaines régions du Sud-Ouest où les hautes terres des montagnes attirent les nuages. Les comtés de Wexford et Waterford, *the sunny South-East*, au sud-est, sont les comtés les moins arrosés. Le Kerry est le plus humide. Malgré

Noms de lieux

Ard (« haut ») : Ardara, Ardpatrick, Ardrahan.
Ath (« gué ») : Athenry, Athlone, Athleague.
Baile (« ville ») : Ballylongford, Baile Atha Cliath, Ballinasloe, Ballinlough.
Carraig (« roc ») : Carrickfergus, Carrignavar, Carriganimmy.
Cill (« petite chapelle, oratoire ») : Kildare, Killkee, Kilkenny, Killiney, Killarney.
Dun (« fort ») : Dun Laoghaire, Dungarven, Donegal, Dun Aengus.
Drom (« crête ») : Dromaragh, Dromgariff, Dromore.
Gleann (« vallée ») : Glendalough, Glengariff, Glenbeigh.
Lough (« lac ») : Loughaclerybeg, Loughanavally, Loughinisland.
Rath (« ferme fortifiée ») : Rathdrum, Rathgar, Rathfarnam.
Ros (« forêt ») : Rosslare, Roscommon, Roscrea.
Tobar (« puits ») : Tubber, Toberscanavan, Tobercurry.

l'omniprésence de la pluie et du vent, les Irlandais ont envie de croire aux miracles et ne regardent pas à la dépense pour les maillots de bain et crèmes solaires à l'arrivée de chaque été. Parfois, cette foi est récompensée par de belles et chaudes journées. Il est rare toutefois que les températures dépassent les 25 °C. Les visiteurs qui s'étonnent, dans les rues ou sur les plages, de l'absence d'imperméables et de tenues adaptées à l'humidité en général (sauf chez les touristes), comprendront que cet optimisme joue un rôle essentiel dans l'équilibre psychologique d'un pays profondément éprouvé par un climat « tempéré », mais imprévisible.

L'île aux oiseaux

Lacs, rivières, marécages, estuaires, l'omniprésence de l'eau explique la prédominance des oiseaux sur les autres espèces animales en Irlande : oiseaux rares, oiseaux de mer, oiseaux de proie, espèces menacées en font le paradis de l'ornithologue. De plus, les hivers tempérés attirent un nombre impressionnant d'oiseaux migrateurs, venus du nord de l'Europe, de l'Arctique ou du Canada. Les poissons sont très abondants dans les lacs et rivières ainsi que dans les eaux côtières, également fréquentées par de nombreuses colonies de phoques gris et de dauphins.

C'est un fait bien connu que saint Patrick a chassé les serpents d'Irlande : un seul membre de la famille des reptiles, le lézard commun, est représenté sur l'île. Chez les batraciens, seul le crapaud des roseaux se montre occasionnellement. Taupes et belettes sont elles aussi absentes. Une trentaine d'espèces de mammifères sont recensées, les plus courantes étant le cerf, le renard, le

Le saumon du savoir

Toutes les pièces de monnaie irlandaise portent au dos le dessin d'un animal. De tous ces animaux, c'est le saumon qui, traditionnellement, est doté d'une intelligence extraordinaire. Les légendes abondent sur la quête du saumon magique, *the salmon of wisdom*. Sionna, l'une des petites-filles du roi Lir, tenta d'attraper ce « saumon du savoir », qu'il fallait manger pour accéder à la connaissance. Mais le poisson parvint à s'échapper et Sionna se noya à la source de la Shannon, fleuve auquel elle donna son nom. Nombreux sont ceux qui convoitèrent le saumon magique insaisissable pendant des décennies. C'est finalement le maître du jeune Fionn McCumhail qui l'attrapa. Le jeune élève, chargé de garder le précieux poisson qui cuisait sur la braise, se brûla en le touchant : c'est ainsi qu'il acquit tous les pouvoirs magiques du saumon, en suçant ses doigts brûlés.

blaireau, l'écureuil roux, la loutre et le lapin. Le dernier loup d'Irlande a été tué en 1700, près de Killarney. La plupart des animaux sauvages et plus de 60 espèces de végétaux sont protégés par un décret sur la protection de la nature (Wildlife Act, 1976). Plus de 60 sanctuaires accueillent les oiseaux, tandis que réserves naturelles, parcs nationaux et réserves forestières offrent un habitat idéal à la vie sauvage.

Sous le ciel irlandais

Jadis couverte d'une épaisse forêt de chênes, l'Irlande est aujourd'hui le pays le moins boisé d'Europe. Un déboisement massif fut entrepris dès le VIe siècle afin de bâtir des navires anglais et d'empêcher que la forêt ne serve de repaire aux rebelles irlandais. Aujourd'hui, il ne subsiste qu'environ 1 % de la forêt d'origine.
L'orchidée-mouche fleurit dans le Burren et l'orchidée-abeille dans les dunes de sable côtières qui abritent d'autres merveilles, telles les asperges sauvages ou gaulthéries du Canada. Dans les tourbières, les bruyères abondent près des genêts, ainsi que l'aromatique myrte des marais ou la carnivore urticulaire.
Au mois de mai, la floraison des massifs de rhododendrons, avides de terre acide, éclaire le paysage de ses lumineuses touches mauves. En été, à défaut d'orangers, d'immenses buissons de fuchsias donnent un air exotique aux bords des routes tout autour de la côte.
Les espèces arctiques et alpines que l'on trouve dans le Burren subsistent depuis l'ère glaciaire à côté des espèces méditerranéennes. Au printemps, une débauche de fleurs transforme ce plateau karstique. Dans les comtés de Kerry et de Cork, Killarney et Glengariff possèdent une flore rare d'espèces océaniques et tropicales, fougères, lichens, arbousiers et aloès.

Le désert irlandais

Les tourbières les plus importantes d'Europe se trouvent en Irlande. Véritables étendues désertiques, elles occupent 15 % du pays sous deux formes principales, les tourbières climatiques, peu épaisses, appelées *blanket bogs* (« tourbières de couverture »), et les tourbières topographiques, *raised bogs* (« tourbières relevées »). Les tourbières dites topographiques, telle l'immense Bog of Allen qui s'étend à travers la plaine centrale sur 120 000 ha, ont une profondeur de 6 à 10 m par endroits. D'aspect similaire, les tourbières climatiques sont situées à l'ouest du pays, du nord au sud et sur les hauteurs. Principale source d'énergie et combustible ancestral, cette ressource massivement exploitée est considérée à tort comme inépuisable et cet écosystème unique est menacé à long terme.

UN PAYS EN QUÊTE D'INDÉPENDANCE

Tour à tour colonie des Vikings, des Normands ou des Anglais, l'Irlande a vécu plus de 1 000 ans en tant que pays occupé, toujours en quête d'indépendance. Deux facteurs majeurs expliquent la grande différence qui existe entre ce pays et le reste de l'Europe : l'Irlande n'a connu ni la civilisation romaine ni les guerres mondiales qui ont déchiré le continent.

Une naissance douloureuse

L'État libre d'Irlande, créé en 1922, fait ses premiers pas plus que péniblement. Le traité tant attendu, signé à Londres en 1921, est source de nombreuses déceptions et comporte une clause inacceptable d'allégeance à la couronne britannique. La signature de cet accord, qui forme un État de seulement 26 comtés sur 32 et confère au pays un statut de membre du Commonwealth, sans le droit de se constituer en république, provoque une guerre civile sanglante. Le pays libre est divisé et ceux qui n'acceptaient pas le partage de l'île considèrent l'abandon de l'Ulster comme une blessure insupportable. Les Irlandais doivent attendre 15 longues années entre la signature du traité et la naissance de la constitution irlandaise, qui, en 1937, rejette l'allégeance à la couronne britannique pour celle à la Très Sainte Trinité. Ce n'est qu'en 1949 que la République d'Éire est déclarée et que l'Irlande ne fait plus partie du Commonwealth.

Un héritage difficile

La jeune République, qui vient de fêter ses 50 ans, porte en elle la culpabilité d'avoir abandonné un enfant chéri. La province d'Ulster, terre des légendes ancestrales, fut la plus irlandaise des provinces et l'une des dernières à céder devant l'envahisseur. Mais, pour la toute jeune nation,

CHRONOLOGIE

	EN IRLANDE	EN EUROPE
7500 av. J.-C.	**7500 av. J.-C.** Premier peuplement d'Irlande.	**8500-3500 av. J.-C.** Homme de Neandertal.
750 av. J.-C.		**750 av. J.-C.** Fondation de Rome.
600 av. J.-C.	**600 av. J.-C.** Première invasion celte.	
250 av. J.-C.	**250 av. J.-C.** Seconde invasion celte.	
125 av. J.-C.		**125 av. J.-C.** Conquête de la Gaule transalpine par les Romains.
Ve s.	**455** Saint Patrick fonde une église à Armagh. Christianisation de l'île.	**476** Fin de l'Empire romain d'Occident.
VIII-IXe s.	**795** Premiers raids vikings.	**800** Charlemagne empereur.
XIe s.	**1014** Bataille de Clontarf. Le roi de Munster, Brian Boru, remporte une victoire sur les Vikings, mais meurt sur le champ de bataille.	**1099** Première croisade et prise de Jérusalem.
XIIe s.	**1180-1223** Invasions anglo-normandes.	**1118** Fondation de l'ordre des Templiers.
XVIe s.	**1556-1598** Début de la politique de plantation. Arrivée des premiers colons protestants.	**1556-1598** Édit de Nantes.
XVIIe s.	**1601** Bataille de Kinsale. Défaite des seigneurs irlandais, qui fuient alors vers l'Europe.	
	1649 Arrivée de Cromwell et répression violente. Les villes de Drogheda et Wexford sont rasées.	
		1685 Révocation de l'édit de Nantes.
	1690 Bataille de la Boyne. Victoire de Guillaume d'Orange sur les catholiques.	

XVIIIe s.	**1798** Échec de la rébellion de Wolfe Tone et des United Irishmen.	**1789-1794** Révolution française.
XIXe s.	**1845-1850** La Grande Famine.	**1860** Traité de commerce franco-anglais.
XXe s.	**1916** Échec de la révolte de Pâques et de la proclamation de la République. Exécution des chefs de l'insurrection.	**1914-1918** Première Guerre mondiale.
	1921 Signature du traité anglo-irlandais. Partition de l'île.	
	1922-1923 Guerre civile.	
	1937 Nouvelle constitution pour l'État libre d'Éire.	**1939-1945** Seconde Guerre mondiale.
	1949 Proclamation de la République d'Irlande. L'Irlande quitte le Commonwealth.	
	1955 Entrée de l'Irlande à l'ONU.	**1953** Guerre d'Indochine.
	1972 Dimanche sanglant à Derry. 13 manifestants sont tués.	**1972** Les deux Allemagnes se reconnaissent mutuellement.
	1973 Entrée de la République d'Irlande dans la CEE.	
	1983-1984 Forum pour une Nouvelle Irlande.	**1983** Lech Walesa, leader syndicaliste polonais et président de la République en 1990, reçoit le prix Nobel de la paix.
	1985 Accord anglo-irlandais de Hillborough.	**1989** Chute du mur de Berlin.
		1991 Guerre du Golfe.
	1994 Cessez-le-feu de l'IRA et de l'UDF en Irlande du Nord.	**1994** La Russie tente d'assujettir la Tchétchénie.
	1998 Northern Ireland Peace Agreement.	**1998** Affrontements entre Kosovars réclamant l'indépendance de la province serbe du Kosovo et forces de sécurité serbes.

qui avait si péniblement gagné sa liberté, persister dans son refus lui aurait coûté sa propre survie. Au début, une « commission des frontières » devait voir le jour pour modifier la nouvelle frontière, qui n'avait rien de définitif, mais peu à peu le Sud tournait le dos à l'Ulster, l'abandonnant à son triste sort. Cependant, si l'« État libre » s'est laissé amputer de cette province, le « membre fantôme » était toujours vivant dans la conscience collective, que ce souvenir, même enfoui, faisait terriblement souffrir.

La politique de colonisation et de « plantation » du gouvernement anglais a eu pour résultat, en Ulster, une population largement protestante, sauf dans le Donegal, comté resté dans la République. Cette majorité exclut systématiquement les catholiques du pouvoir, leur infligeant sans scrupules des conditions de vie totalement discriminatoires en matière d'emploi, de logement et même de droit de vote. Les éruptions de violence qui agitèrent la province à la fin des années 60 étaient prévisibles et inévitables. À Derry, où les catholiques (majoritaires dans cette ville) ont particulièrement souffert de l'exclusion, un mouvement pour la défense des droits civiques vit le jour. Chaque manifestation de ce mouvement provoqua des réactions violentes de la part des forces de l'ordre protestantes extrémistes et, en 1969, le gouvernement anglais envoya des troupes britanniques en Irlande du Nord. La présence militaire fut un signal de guerre et le mouvement pacifique céda la place aux armées clandestines, comme la protestante UDF, Ulster Defence Force (« Unité de défense de l'Ulster »), et la catholique IRA, Irish Republican Army (« Armée républicaine de l'Irlande »). Près de 30 années de conflits meurtriers devaient s'ensuivre et des victimes furent à déplorer sur le territoire anglais aussi bien que sur le sol irlandais. 1991 marque le début de la fin des hostilités, avec les premières négociations de paix. Par la suite, plusieurs rencontres anglo-irlandaises tracèrent peu à peu le chemin vers un accord satisfaisant.

En 1995, pour la première fois depuis 20 ans, l'armée britannique cessa ses patrouilles de jour en Irlande du Nord. La bombe qui, le 15 août 1998, fit 29 morts et 200 blessés dans la paisible ville d'Omagh a renforcé la détermination de tous à trouver une solution durable. Aujourd'hui, les Irlandais rejettent la violence et essaient de faire face aux « troubles » en cherchant une solution équitable et équilibrée dans le respect des uns et des autres. Pour la première fois, ardeur nationaliste et élans patriotiques devront céder la place au bon sens et peut-être, avec beaucoup d'efforts, à la paix.

Vers un pays moderne

L'entrée de l'Irlande dans la Communauté économique européenne en 1973 a permis au pays de sortir progressivement de son état d'insularité et d'acquérir une nouvelle identité européenne. Paradoxalement, cette adhésion a provoqué énormément d'opposition chez les Irlandais, convaincus, à l'époque, que l'indé-

pendance tant désirée serait remise en cause par l'appartenance à une association qui comptait l'Angleterre parmi ses membres. En réalité, la Communauté européenne a offert au jeune pays un soutien financier et psychologique qui lui a permis de trouver une force inespérée.
En 1990, l'élection de la première femme présidente, Mary Robinson, célèbre dans le pays comme l'avocate libérale défendant les droits des victimes de lois discriminatoires – homosexuels, mères célibataires et autres exclus –, était une belle preuve de l'évolution de l'Irlande ultracatholique vers une société résolument moderne.

Mary Robinson

La première femme présidente d'Irlande est une brillante avocate, catholique mariée à un protestant. Elle est un symbole de progrès dans un pays attaché aux valeurs conservatrices, et son élection fut une heureuse surprise. Élevée à Ballina, dans le comté de Mayo, la plus jeune professeur de droit de l'université de Trinity, à Dublin, est élue au Sénat en 1969. Avant de dynamiser l'image de la présidence irlandaise, Mary Robinson a beaucoup fait parler d'elle lors d'un procès célèbre qui l'opposa à l'État d'Irlande dès 1980. Représentant un collègue homosexuel devant la Haute Cour, puis la Cour suprême, l'avocate a plaidé sans succès l'abrogation des lois punissant l'homosexualité. C'est finalement devant la Cour européenne des droits de l'homme, à Strasbourg, qu'elle obtint gain de cause. À la fin de son mandat présidentiel, en 1997, Mary Robinson fut nommée haut commissaire des droits de l'homme aux Nations Unies.

LE TIGRE CELTIQUE

Le soudain vent de prospérité qui déferle sur l'Irlande porte le nom de « tigre celtique ». Sur son passage, les Irlandais ébahis, mais ravis, retiennent leur souffle dans l'espoir que ce phénomène auquel ils sont si mal préparés ne dévore pas tout ce qu'ils chérissent.

« Failté », bienvenue au XXIe siècle

Ceux qui sont partis n'en croient pas leurs yeux : en quelques années, l'Irlande a fait le grand saut pour rejoindre le monde moderne. Ce bouleversement considérable s'est opéré à grande vitesse depuis 1995 et les Irlandais, jusqu'alors habitués aux rôles d'éternels émigrés, se trouvent soudain face à un retournement de situation inattendu : l'arrivée d'immigrants d'Europe de l'Est et d'ailleurs en quête d'une terre d'accueil. Ironiquement, les réactions sont mitigées devant cette vague d'immigration, phénomène inconnu jusqu'ici, et il va falloir beaucoup de vigilance pour empêcher la méfiance insulaire de nourrir un serpent en son sein : un sentiment d'intolérance, voire de racisme naissant. À son entrée dans le nouveau millénaire, le pays doit faire face à la difficulté de conserver son âme et sa personnalité et de trouver son équilibre dans un monde où les ennemis ont changé de visage et ne s'appellent plus famine ou exil, mais matérialisme et égoïsme.

Femmes politiques

La présidente Mary Robinson (1990-1997) a fait beaucoup pour dynamiser la fonction de président en Irlande et son élection surprise a été la preuve d'une volonté de changement dans un pays où la majorité des habitants a moins de 25 ans. Mary McAleese, qui lui a succédé, est elle aussi un ancien professeur de droit. Elle est plus conservatrice que Mary Robinson, mais son élection montre à nouveau un désir d'innovation, puisque la nouvelle présidente de la République est citoyenne d'Irlande du Nord. Les pouvoirs présidentiels sont limités et la fonction « d'avant Mary Robinson » était plutôt honorifique. Même si le rôle de Premier ministre n'a jamais été tenu par une femme jusqu'à ce jour, les femmes sont bien représentées au Parlement. Depuis 1997, Mary Hearney, leader du parti des Démocrates progressifs, occupe le poste de *tanaiste*, vice-Premier ministre.

Société

La société irlandaise est touchée par autant de transformations radicales que celle de l'économie ces dernières années et il semblerait qu'il n'y ait que l'institution du pub qui

Soif d'Irlandais

Porter

La bière noire est un des deux breuvages nationaux d'Irlande. Cette *dry stout* ou *porter* est une bière unique, noire et crémeuse, très parfumée, avec une légère saveur de grillé. La *stout* irlandaise est moins douce que celle qui est brassée en Angleterre ou en Écosse. La Guinness, la plus célèbre de ces bières, brassée à Dublin, est connue dans le monde entier, mais, en Irlande, la Murphy, brassée à Cork, et la Beamish ont aussi des amateurs. La *porter* qui est destinée à l'exportation est plus forte que celle qui est consommée sur place, histoire de supporter le voyage, sans doute.

Hot whiskey

Les Irlandais allonge volontiers leur whiskey à l'eau fraîche en été et à l'eau chaude en hiver. Le *hot whiskey* est servi dans tous les pubs, du nord au sud, dès que l'on passe à l'heure d'hiver. Les vapeurs de ce grog réchauffent en cas de refroidissement : 1 tranche de citron piquée de 4 clous de girofle dans 1 mesure de whiskey (Paddy, Jameson, Powers ou autre), que l'on sucre avant d'ajouter de l'eau bouillante. Cette recette s'applique aussi au *poitin* (voir A à Z), qu'il vaut mieux éviter de boire pur. Dans certaines régions, un verre de « punch » signifie un *poitin* chaud.

Irish-coffee

Devenu une tradition depuis qu'il fut inventé par un barman irlandais de Shannon, il y a plus de trente ans, l'irish-coffee se boit au travers d'une couche de crème fraîche battue qui le coiffe. Pour la préparation d'un verre de ce délicieux breuvage noir et blanc, mettez une bonne cuillère à café de sucre dans une mesure de whiskey, ajoutez du café très chaud, puis de la crème battue de la façon suivante pour qu'elle reste en surface : tenez une cuillère au-dessus du verre, puis ajoutez la crème tout doucement en la faisant glisser sur le dos de la cuillère.

demeure inébranlable dans cette nouvelle ère. Les valeurs sûres, comme la famille et la religion, subissent de violentes secousses et le nombre de mères célibataires atteint des chiffres impensables jusqu'alors. Inimaginable aussi le divorce, tout de même légalisé en 1995 après un référendum qui ne l'a approuvé qu'à 50,3 % contre 49,7 %. À deux reprises, en 1983 et de nouveau en novembre 1992, les électeurs irlandais ont confirmé leur refus de l'avortement et la Constitution garantit « le droit à la vie du fœtus ». La contraception est légale depuis une dizaine d'années, mais tous ces changements, intégrés en Europe depuis plusieurs années déjà, font figure de révolution destructrice dans un pays profondément catholique, traditionnel et conservateur.

Clivages

Tous les Irlandais ne sont pas invités à partager le grand gâteau de la nouvelle économie croissante et même si le taux de chômage est plutôt faible, le clivage grandissant entre les *haves* et les *have nots* (« ceux qui ont » et « ceux qui n'ont pas ») est tristement flagrant. D'autres fossés importants se creusent, entre les citadins et les ruraux, les jeunes et les anciens, désemparés dans une société qu'ils ne reconnaissent plus et où ils ont le sentiment d'avoir perdu leurs repères. Les pessimistes diront que le poète avait raison de clamer : *Romantic Ireland is dead and gone* (« L'Irlande romantique est morte pour toujours »). Mais, dans les rues et dans les pubs, les jeunes Irlandais sont présents, pétillants et pleins d'espoir. Et que les pessimistes se rassurent, « l'Irlande romantique » en a vu d'autres !

Les hommes

ROUX ET ROUSSEUR

Le cliché veut que tous les Irlandais soient dotés de flamboyantes crinières rousses et que leur peau soit tachée de son. En réalité, il est très probable que les Irlandais, hommes bruns aux yeux clairs, aient hérité leur rousseur des Vikings et leur blondeur des Anglais. Toujours est-il que le visiteur ne sera pas déçu de constater que l'on compte bien plus de boucles rousses en Irlande qu'ailleurs.

LES IRLANDAIS À L'ÉTRANGER

Après les pirates irlandais de l'époque préchrétienne, les moines irlandais du Moyen Âge partirent eux aussi vers le continent avec pour mission de fonder des centres d'enseignement chrétien en Europe. Ils s'installèrent à Wurzburg en Allemagne, à Saint-Gallen en Suisse et à Bobbio en Italie. Au XVIIe siècle, la domination anglaise poussa de nombreux Irlandais à se joindre aux armées françaises, autrichiennes et espagnoles. Ces Irlandais contraints à l'exil, appelés les « oies sauvages », s'installèrent dans ces pays. Des séminaires irlandais furent fondés à Louvain, Lisbonne, Nantes, Paris, Rome et Salamanque pour former les prêtres catholiques privés d'enseignement sacerdotal par les lois pénales mises en place par les Anglais protestants.

L'émigration sur une grande échelle au-delà de l'Europe débuta plus tard et les grandes vagues d'émigration vers le Canada, l'Australie et la Nouvelle-Zélande eurent lieu au XVIIIe siècle. C'est lors de la Grande Famine des années 1840 que le pays connut une émigration massive vers l'Amérique du Nord, mais aussi vers l'Australie ou l'Argentine. À cette époque, près de 1 million d'Irlandais quittèrent l'île et l'exode ne fit que croître jusqu'à la fin du XIXe siècle.

La participation irlandaise à la vie politique des États-Unis commença tôt, quatre des signataires de la déclaration d'indépendance étant Irlandais et neuf autres d'origine irlandaise. John Fitzgerald Kennedy, premier président catholique des États-Unis, était la fierté des Irlandais. Lors de son assassinat, il fut pleuré comme un fils.

Moins heureuse, l'émigration vers la Grande-Bretagne a toujours été élevée, mais aucun rêve de gloire ne venait colorer cet exil où la survie l'emportait et où la réussite semblait hors de portée de catholiques à l'accent irlandais. Psychologiquement, la proximité géographique et les *a priori* des uns et des autres contribuèrent à faire de cet exil un état provisoire, même si, pour des milliers de personnes, le provisoire dura plus d'une génération.

Bouillon de culture

La présence du *bard* (« barde »), du *seanchai* (« conteur ») et du *file* (« poète »), personnages de la plus haute importance qui ont toujours joui de fonctions et de considération élevées dans la culture irlandaise, explique peut-être la place occupée par ses écrivains dans la littérature de langue anglaise. Fait d'autant plus curieux que les Irlandais doivent jongler avec les mots d'une langue gref-

Le vampire irlandais

L'île des saints et des savants a aussi engendré un monstre de renommée mondiale, le comte Dracula. La vraie patrie du vampire n'est pas la Transylvanie, comme tout porte à l'imaginer, mais la verte Irlande. Bram Stoker (1847-1912), auteur du deuxième livre le plus vendu au monde après la Bible, s'est inspiré, certes, des œuvres de son compatriote Sheridan Le Fanu (1814-1873), mais surtout des histoires racontées par sa mère au sujet de la Grande Famine qui endeuilla le pays en 1845, source d'images d'apocalypse. Les pauvres gens souffraient tant de la faim et de la misère, dans l'ouest de l'Irlande, qu'ils dormaient toute la journée dans les cimetières, se levant la nuit comme des morts-vivants pour saigner les animaux. Plus récemment, le réalisateur irlandais Neil Jordan a renouvelé ce thème cher aux Irlandais dans son film *Entretien avec un vampire*.

fée et taire ceux de la langue ancestrale. Samuel Beckett ou James Joyce, tous deux exilés en France et en Italie, écrivaient en français et Samuel Beckett traduisait lui-même ses œuvres en anglais. À l'évidence, le pays est une pépinière d'écrivains, de poètes et de dramaturges et même les mauvaises langues qui prétendent que les Irlandais massacrent celle de Shakespeare, avec leur accent des îles, sont forcées de constater que pas moins de quatre d'entre eux, Seamus Heaney (1995), Samuel Beckett (1969), George Bernard Shaw (1925) et William Butler Yeats (1923), sont prix Nobel de littérature.

Le seigneur de la danse

Un vieux dicton prétend : « Si tu lances une pierre dans un pub, tu peux être sûr qu'elle touchera au moins trois poètes. » Ce qui est certain, c'est que les musiciens y sont aussi nombreux que les poètes. Des groupes récents forts d'un énorme succès, comme U2, les Cranberries ou les Corrs, ont tous été nourris d'une autre musique qui s'exporte moins facilement, la musique traditionnelle, celle des ballades, des *sessions* et des *céili*. Le chanteur Van Morrison a tenté de marier ces deux mondes dans un disque qu'il a enregistré avec les Chieftains, célèbre orchestre de musique traditionnelle. Il est difficile de décrire ce que dégagent de si particulier ces mélodies qui font taper des pieds et battre le cœur de générations d'Irlandais. Il faut assister à une séance improvisée dans un pub avec des musiciens de qualité pour éprouver des émotions fortes et saisir un fragment de ce bonheur éphémère. Tour à tour mélancolique ou endiablée, cette musique se joue avec violon, *uileann pipes* (cornemuse à soufflet), flûte, banjo et accordéon, au rythme d'un tambour doté de pouvoirs indéniables, le *bodhràn*.
Indissociable de la musique, la danse irlandaise connaît un véritable renouveau depuis la création d'un spectacle au succès planétaire, *Riverdance*, et la prestation de sa

L'héritage intact

Malgré de nombreuses craintes, la nation moderne n'a rien perdu de son âme de poète et la nouvelle génération est bien là pour prendre la relève. Les nouveaux écrivains ont pour noms McGahern, McCann, McCabe, Doyle, Durcan, McLiam-Wilson, O'Connor. Les temps ont changé et l'heure de l'exil n'est plus d'actualité. Le pays qui a interdit la publication d'*Ulysse* jusqu'aux années 60 fait à présent preuve de tolérance envers les artistes. Ils sont nombreux à s'y s'installer, autant en quête d'inspiration et de tranquillité qu'attirés par l'exemption d'impôts que le gouvernement irlandais leur accorde.

vedette, Michael Flately. Contre toute attente, le *rince*, ou *damhsa*, plutôt démodé voire franchement dépassé, a retrouvé sa place et les Irlandais, toutes générations confondues, veulent l'apprendre et le pratiquer. Très rythmée, plus proche du flamenco ou du *tapdance* que d'autres danses folkloriques européennes, la *dance* irlandaise fait travailler uniquement le bas du corps, du bassin jusqu'aux pieds, en gardant la tête haute, le tronc rigide et les bras immobiles le long du corps.

Depuis deux ans, un Centre de la musique traditionnelle irlandaise s'est ouvert à Dublin, à Smithfield Village. Céol présente l'histoire, les instruments, les chants, la musique et la danse et permet de s'initier à cette musique populaire et vivante, grâce à une superbe installation moderne et interactive.

Des fêtes et des funérailles

Bealtaine, *lunasa* et *samhain*, en irlandais les mois de mai, d'août et d'octobre, portent les noms des trois fêtes principales célébrées par les Irlandais avant l'ère chrétienne. Des trois, seule *Samhain* a survécu jusqu'à nos jours, sous la forme de Halloween. Dans certaines régions irlandaises, une partie des rites pratiqués à cette occasion s'est renouvelée de façon symbolique jusqu'au XXe siècle. On dit que ce soir-là, Sam-

Oiche Samhna

La nuit des morts, ou Halloween, on mangeait, suivant la région, du *colcannon*, plat à base de chou et de pommes de terre, ou un *barm brack*, brioche aux fruits. Le plat comme la brioche contenaient plusieurs objets censés prédire la fortune de celui qui les trouvait, symboles parfois terrifiants pour les enfants crédules : un anneau doré (mariage), un pois ou un chiffon (pauvreté), un haricot ou une pièce (richesse), un bouton ou un dé (célibat), ou encore un morceau de bois (mort ou punition). Plus tard dans la soirée, les yeux bandés, chacun trempait ses doigts dans une des soucoupes posées sur la table. Toutes contenaient les mêmes objets que le plat ou le gâteau, mais à ces éléments s'ajoutaient la terre ou les cendres (mort) et l'eau (voyage, émigration). Ces traditions, encore vivantes dans les années 60 mais qui se perdent peu à peu, rappellent celles pratiquées par les Celtes, qui réunissaient les cendres des feux de la nuit de Samhain. Chaque membre du clan déposait une pierre, qu'il marquait à son nom, autour des cendres pour former un cercle. Le lendemain matin, toute pierre abîmée ou déplacée signifiait la maladie ou la mort dans l'année pour celui à qui elle appartenait.

hain, seigneur de la Mort, se promène avec les siens et qu'il faut allumer des feux immenses et manger des mets spéciaux pour l'éloigner des hommes et des bêtes. Habitués ainsi à la nécessité d'apprivoiser la mort, les Irlandais ont conservé une saine défiance à son égard et une solidarité à toute épreuve devant elle. L'observateur peut se trouver désorienté ou même désemparé par l'apparente légèreté irlandaise dans des circonstances graves, mais ce qu'il pourrait considérer comme un manque de contenance est en fait l'obligation de défier la tristesse et de remplir un devoir envers le défunt. Jadis, lors des veillées funéraires, on devait faire honneur au mort au cours d'une grande fête d'adieu. Boisson aidant, on lui rendait la vie une dernière fois, chacun faisant danser le mort, invité d'honneur, à qui l'on servait à boire et à manger et qui avait ses cartes pour participer au jeu. L'influence de l'Église catholique finit par atténuer ces pratiques, mais les enterrements sont toujours l'occasion de convivialité, teintée d'autant d'humour que de regrets.

La gastronomie des poètes

Le beurre, le lait, le pain, les pommes de terre, le bacon et le chou sont les principaux composants du menu traditionnel irlandais. Considéré comme le plat national, le ragoût de mouton, irish-stew, est moins répandu qu'on ne peut l'imaginer et, malgré les eaux prolifiques des lacs et des mers, le bacon et les saucisses sont bien plus appréciés que le poisson et les fruits de mer. Toutefois, le tourisme, le Marché commun et le pouvoir d'achat ont modifié les critères de la cuisine irlandaise, qui est en train d'évoluer. Confrontée à des choix jusque-là inexistants, la ménagère irlandaise assimile toutes ces nouvelles possibilités d'une façon un peu anarchique, mais le goût se forme et la cuisine s'améliore.

L'IRLANDE DE A À Z

AN LAR

An lar (« le centre ») est souvent la seule indication affichée sur les autobus en route pour le centre-ville. C'est bon à savoir quand on débarque à l'aéroport et que l'on cherche à rejoindre cette destination.

AFTERNOON TEA

À ne pas confondre avec *teatime* (plus loin). Servi entre 15 h et 17 h dans toute bonne maison et dans les hôtels : petits sandwichs de pain de mie au concombre ou au jambon, tarte aux pommes, scones, petits gâteaux, à consommer avec crème fraîche, confiture à la fraise et thé.

BANSHEE

Bean si, c'est la femme fée. Terrifiante, son cri annonce la mort. Jadis, les grands-mères dépassées par les enfants turbulents menaçaient de faire appel à la Banshee pour les calmer. Les enfants sages ont rarement affaire à elle.

BARM BRACK

Brioche aux fruits consommée à toute heure tartinée de beurre. Celle du soir de Halloween contient des « surprises ». Le *tea brack*, version plus simple de ce pain sucré, est confectionné sans levure.

B & B

Bed & breakfast (« lit et petit déjeuner »), formule d'hébergement chez l'habitant. Les Irlandais sont fiers de leur petit déjeuner copieux.

BEAGLING

Cette « chasse » à courre se pratique en hiver. Le lièvre est traqué, sans être tué, par des chiens de race beagle.

BODHRÀN

Ce tambour sur lequel est tendue une peau de chèvre ne se joue pas à plat comme un tambour classique. Le musicien le tient à la main telle une roue et bat les rythmes à la main ou avec une petite baguette de bois. Le mot *bodhar* signifie « sourd » en gaélique et l'on peut penser que les vibrations de cet instrument merveilleux touchent même les malentendants.

BONES

« Les os. » C'est le joueur de *bodhràn* qui emploie parfois des os (de mouton en général) pour battre le rythme dans un orchestre de musique traditionnelle. Actionnés par des mouvements du poignet, un peu à la manière des castagnettes, les os possèdent une puissance mystérieuse capable de donner des frissons dans le dos. L'accompagnement aux cuillères, *the spoons*, est plus courant et, quoique efficace, le son métallique ne transmet pas l'étonnante émotion des os ou du *bodhràn*.

BLACK & TAN

Cette boisson populaire dans certaines régions de l'ouest de l'Irlande est un mélange, moitié Guinness, moitié bière rousse. Le nom s'inspire des mercenaires sans uniforme distinct, souvent des vétérans de la guerre 1914-1918, venus réprimer les Irlandais à la demande du gouvernement anglais en 1920-1921.

CÉILI

Le *céili* est une soirée dansante, animée par un orchestre traditionnel, un *céili band*, comme ceux du comté de Clare, le Kilfenora Céili Band ou le Tulla Céili Band, qui sont particulièrement réputés. Tout le monde danse, nul besoin d'être en couple, mais mieux vaut observer les déplacements des uns et des autres avant de se lancer. Personne n'est exclu de ces figures de danse particulièrement conviviales mais assez sportives. Si l'on possède la forme physique suffisante, à la fin de la soirée, on a au moins croisé ou fait tourner chaque personne de l'assistance. Des danses en ligne, comme « le siège d'Ennis », « les murs de Limerick » ou « la botte d'orge », sont des classiques. Seule la *old time waltz* peut exiger la présence d'un partenaire, mais les soirées *céili* n'en comportent pas forcément et l'ambiance bon enfant permet à toutes les générations de s'amuser ensemble. Le *set dancing* exige plus de prouesses et, de nouveau à la mode même à Dublin, ces soirées sont très courues.

CHEMIST

« Pharmacie. » En général, en Irlande, c'est ici qu'on achète les fournitures pour la photographie. Des boutiques spécialisées s'implantent peu à peu dans les grandes villes.

CRIOS

Ravissante ceinture tissée à la main, cette longue bande de tissu multicolore se noue autour de la taille, avec les pans frangés sur le côté. La *crios* faisait partie du costume des habitants des îles d'Aran, qui portaient aussi des mocassins faits à la main.

CUIGÉ

Ce mot signifie « un cinquième » (1/5), et chaque province irlandaise s'appelle *cuigé* : Cuigé Uladh (Ulster), Cuigé Connacht (Connaught), Cuigé Mumhan (Munster) et Cuigé Laighean (Leinster). On a vite fait le calcul : il manque bien une pièce au puzzle. Les rêveurs diront que la cinquième province a disparu sous l'océan et qu'on la voit parfois au large des îles d'Aran, mais c'est de l'autre côté du pays, dans le comté de Meath, qu'on en retrouve la trace, dans le comté des rois de Tara et de Newgrange, qui fut jadis Cuigé Mi (Meath).

ÉIREANNACH

Ce mot signifie « irlandais ». Le pays s'appelle Éire, Érin ou Éireann en gaélique. Dans la poésie romantique ou nationaliste, l'Irlande est toujours représentée par une femme triste et sombre au cœur brisé : Banba, Roisin Dubh, Dark Rosaleen, Cathleen Ni Houlahain.

FAILTÉ
Le mot gaélique pour « bienvenue » : l'accueil des Irlandais est chaleureux.

FRY
En Irlande, le visiteur peut se voir proposer un *fry* pour le petit déjeuner ou à tout autre moment. Œufs, saucisses, boudin (blanc et noir), bacon cuit à la poêle sont les ingrédients de ce plat bien nourrissant. Les grands buveurs de bière l'apprécient beaucoup pour récupérer après une nuit d'excès. Le soir, un *mixed grill* ressemble beaucoup à un *fry*, mais avec steak, tomates et champignons en plus.

GAA
L'association des jeux irlandais, Cumann Luthchleas Gael (Gaelic Athletic Association), est responsable de la gestion, de l'organisation, de la pratique et de la promotion des jeux irlandais dans tout le pays. Chaque comté possède une succursale qui représente cette puissante association, avec au minimum un président et un secrétaire. Des succursales existent au Canada, aux États-Unis, en Australie, en Angleterre et dans plusieurs pays d'Europe, dont la France. Le GAA a son musée, situé au stade de Croke Park, à Dublin.
Autrefois, cette association, fondée en 1884, interdisait la pratique de sports « étrangers », comme le football et le rugby. Aujourd'hui encore, l'utilisation de trophées de fabrication étrangère est passible d'une amende, et les documents officiels doivent être rédigés sur papier irlandais pour être considérés comme valables.

HARPE
Emblème de l'Irlande, la harpe figure sur tous les papiers officiels du pays et le passeport de chaque citoyen irlandais en porte une sur la couverture et sur chaque page intérieure. Les pièces de monnaie sont toutes frappées d'une harpe sur une face. Pas un extrait de naissance, pas la moindre lettre officielle sur lesquels ne figure ce beau symbole.
Turlough O'Carolan (1670-1738) fut le plus grand des harpistes irlandais. Un festival à Keadue (Roscommon) célèbre tous les ans, au mois d'août, ce musicien aveugle, dont plusieurs orchestres de musique traditionnelle, comme les Chieftains et d'autres, ont repris les compositions, d'une simplicité et d'une harmonie réellement inoubliables.
Aujourd'hui, la plus ancienne harpe d'Irlande est exposée dans la Long Room de l'ancienne bibliothèque de Trinity College, à Dublin.

HIBERNIA
Nom latin de l'Irlande. De nombreuses associations irlandaises utilisent ce mot, ainsi que l'adjectif *hibernian*.

LEPRECHAUNS
Le « petit peuple » d'Irlande : ce sont les lutins de l'île, futés et fourbes. Il ne faut sous aucun prétexte leur faire confiance.

MAC
« Fils », en gaélique. « Le fils de », comme le normand *Fitz*. S'écrit habituellement « Mc » devant un nom de famille (« Mac » en Écosse).

MARTELLO

Du nom du cap Mortella, en Corse, ces petites tours qu'on voit sur la côte irlandaise furent érigées par les Anglais comme tours de guet à l'époque napoléonienne. Celle de Sandycove, près de Dublin, abrite depuis 1962 un musée James-Joyce. La première scène d'*Ulysse* se déroule en effet dans cette tour, où l'écrivain séjourna quelques jours au mois d'août 1904.

OIFIG AN PHOIST

« Bureau de poste. » Le terme anglais, *post office*, n'est pas toujours indiqué.

OIREACTAIS

Tous les mots ayant trait au gouvernement sont des mots gaéliques. Oireachatais désigne le parlement irlandais. Divisé en deux maisons, le Dàil, ou Assemblée nationale, où siègent 166 élus appelés TD's (Teachtai Dalai), et le Sénat, ou Seanad Éireann, où 60 Seanad (« anciens »), aux pouvoirs limités, sont nommés par le Taoiseach (Premier ministre) et les universités. Les deux principaux partis politiques sont le Fianna Fail et le Fine Gael. Les nouveaux partis adoptent des noms anglais.

PADDY

Diminutif de « Patrick », c'est le nom qui désigne un Irlandais, employé parfois de façon péjorative en Angleterre ou en Irlande du Nord. Paddy devient ainsi le « Belge » de blagues plus ou moins drôles. La réponse de Paddy à l'Anglais est que, s'il semble si bête, c'est pour que l'Anglais puisse le comprendre. Paddy est aussi une marque de whiskey.

POITIN

Alcool clandestin de pommes de terre. Le *poitin* est une eau-de-vie – ou plutôt eau-de-feu (*firewater*) – très forte, qu'il vaut mieux éviter, ou à la rigueur goûter en punch, allongée d'eau chaude avec une tranche de citron piquée de clous de girofle. Dans certaines régions, où cet alcool est courant, la police arrête les voitures pour vérifier le contenu des coffres.

Une version *light* « officielle » de cette boisson se vend en toute légalité dans les pubs.

ROAD BOWLING

Jeu de boules irlandais. On le pratique à Armagh (Irlande du Nord) et à Schull (Cork), surtout le dimanche après-midi. Traditionnellement, le jour des championnats est le premier dimanche d'août.

SAMHAIN

L'une des trois fêtes traditionnelles irlandaises, devenue Halloween. Ce mot désigne également « octobre » en gaélique et est le nom du dieu de la mort. Les morts ont le pouvoir de sortir de leur tombe ce soir-là et les vivants doivent tout faire pour les décourager et les éloigner avec de grands feux.

SEANOS

Ce mot gaélique, qui signifie « à l'ancienne mode », désigne une manière traditionnelle de chanter a cappella. Les anciens chanteurs *seanos* prenaient la main de leurs voisins et l'actionnaient à la manière d'un rameur pour se donner de l'énergie et battre le rythme.

SHAMROCK
Le trèfle est le second emblème de l'Irlande. Moins officiel que la harpe, le trèfle occupe une place affective plus importante. Bénit à la messe le jour de la Saint-Patrick, le porte-bonheur national est porté à la boutonnière ce jour-là. Saint Patrick, conscient de l'importance du chiffre 3 et du triskèle, qui symbolisait le cycle de la naissance, de la vie et de la mort dans l'esprit celte, s'est servi de cette plante pour expliquer la Sainte Trinité.

SHANDY
Boisson panachée, moitié bière, moitié limonade.

SIOPA
Mot irlandais pour « magasin ».

SLAINTE
C'est un toast : « À votre santé ! » (en anglais : *Cheers !*).

TAOISEACH
Le Premier ministre. Jadis, les structures du clan celte étaient gérées par un chef qui s'appelait Taoiseach, chef élu et non héréditaire. Le Premier ministre irlandais conserve ce titre à ce jour.

TEATIME
« L'heure du thé. » Le thé fait partie intégrante de la vie en Irlande. Avec ou sans cérémonie, *a cup of tea*, ou même *a drop of tea*, fait toujours l'affaire et dans tous les cas. Les Irlandais sont aussi attachés à ce breuvage qu'à d'autres en principe bien plus forts. Toutefois, certaines maisons, à la campagne surtout, servent un thé si fort qu'il est imbuvable sans des quantités importantes de sucre et de lait bien crémeux. À la ferme, ce thé reste toujours au chaud, prêt à être servi à tout moment et à toute personne qui passe. En ville, même si le thé est plus léger et que les sachets ont largement remplacé les feuilles, le rituel demeure. La vie irlandaise est constamment ponctuée de pauses-thé, ou *tea breaks*, et le *teatime*, véritable « heure du thé », désigne, en Irlande, le repas du soir.

TIN WHISTLE/PENNY WHISTLE
C'est une petite flûte métallique jouée par les musiciens irlandais. La flûte traversière (*concert flute*) est également employée.

TRAVELLERS
« Les hommes libres de la nation des voyageurs », en Irlande, s'appellent les *travellers*. Irlandais orphelins de la Grande Famine, descendants des dépossédés des plantations anglaises ou cousins de la famille européenne des Gitans, personne ne connaît avec certitude l'origine de ces nomades qui forment une population distincte d'environ 4 000 familles. Chaque famille compte de nombreux enfants. Les familles de plus de 20 enfants ne sont pas exceptionnelles. Les jeunes se marient vers 15 ans, mais l'espérance de vie n'est pas élevée et se situe autour de 53 ans. Tour à tour traités de *knackers* ou de *tinkers*, les nomades ont du mal à s'intégrer et à se faire accepter par la société sédentaire. Tous les termes qui les désignent dans le langage courant sont péjoratifs, même si le mot *tinker*, à l'origine, désignait le métier exercé par ces hommes qui

travaillaient et réparaient le fer-blanc. À l'époque, ils sillonnaient le pays dans des roulottes tirées par des chevaux. Aujourd'hui, les chevaux se font rares, mais les *travellers* continuent à prendre la route plusieurs mois par an, même quand ils disposent d'un logement, et font souvent métier de ferrailleur ou de brocanteur.

UACHTARAN

Le président. Le mot *uachtar* signifie « crème », et par conséquent tout ce qui se trouve en haut, comme le président. Aràs an Uachtarain, la résidence du président, se trouve à Dublin, à Phoenix Park.

UISCE BEATHA

« Whiskey », littéralement « eau-de-vie ». Certains vont jusqu'à prétendre que Dieu inventa le whiskey pour empêcher les Irlandais de dominer le monde...

UILEANN PIPES

Le mot *uileann* signifie « coude ». Le *uileann pipes*, c'est la cornemuse à soufflet irlandaise. Ce magnifique instrument, qui se joue assis, serait une adaptation de la cornemuse dans laquelle on souffle, comme celle des Écossais, dans le but de faire moins de bruit à l'époque où la musique irlandaise fut interdite.

INDEX

Autres titres de la collection Objectif Aventure

Antilles françaises

•

Asie centrale

•

Brésil

•

Cuba

•

Égypte

•

Grands Parcs de l'Ouest américain

•

Hongrie

•

Mexique

•

Maroc

•

Mauritanie

•

Népal

•

Syrie-Jordanie

•

Turquie

Achevé d'imprimer en janvier 2001
par I.M.E. - 25110 Baume-les-Dames
N° éditeur : FZ 2865
Dépôt légal : Février 2001